MANDSCHUREI
Shenyang
Tonghua
Kimch'aek
NORDKOREA
Dandong
Sinuju
Hamhung
Hungnam
JAPANISCHES MEER
Wonsan
P'yongyang
Namp'o
Haeju
Naesong
SORAK-GEBIRGE
Seoul
Gyeongju
SÜDKOREA
GELBES MEER
Taejon
Pohang
Daegu
Kyongju
Busan
Kwangju
JAPAN

Anneli Schinkel

Seidentochter

ANNELI SCHINKEL

Seidentochter

Ein Adoptivkind aus
Korea findet
seine leiblichen Eltern

金
河
泳

EHRENWIRTH

Zum Schutz der Rechte sämtlicher Personen wurden einige Namen, Orte und Details verändert.

Ehrenwirth in der Verlagsgruppe Lübbe

Originalausgabe

Text in Zusammenarbeit mit Sylvia Gredig, Köln
Fotos im Innenteil: privat
Satz: Dörlemann Satz, Lemförde
Gesetzt aus der Adobe Caslon
Druck und Einband: GGP Media GmbH, Pößneck

Printed in Germany
ISBN 978-3-431-03736-4

5 4 3 2 1

Sie finden uns im Internet unter: www.luebbe.de
Bitte beachten Sie auch: www.lesejury.de

어머님께 바칩니다

Für Omma

Inhalt

Vorwort

Ich bin ein Adoptivkind. Im Alter von vier Monaten von Korea nach Deutschland gebracht. Und dort wurde ich von den Eltern in Empfang genommen, die für mich bis heute meine Eltern sind und immer bleiben werden. Wenn ich das Album anschaue, das Mama und Papa nach meiner Ankunft in Deutschland für mich angelegt haben, dann weiß ich, wie sehr sie sich auf mich gefreut, wie liebevoll sie ihr Baby aus Südkorea empfangen haben. Ich wuchs in Geborgenheit auf und kann mir kein besseres Zuhause vorstellen. Und doch beschloss ich eines Tages, auf Spurensuche zu gehen. Auf die Suche nach meinen Wurzeln, nach meiner Mutter. Sie anzuschauen und zu sehen, ob ich ihr ähnlich bin, das war mein großer Wunsch. Gibt es irgendwo einen Menschen auf dieser Welt, dem ich ähnle? Von dem ich das fröhliche Lachen habe, die Nase, die Augen?

Als ich von anderen Adoptierten hörte, die nach langem, leidvollem Suchen tatsächlich ihre leiblichen Eltern fanden, zweifelte ich daran, dass auch ich solch ein Glück haben könnte. Schließlich hatte ich keine Anhaltspunkte. Ich war ein Findelkind. Ein kleines Bündel ohne Namen. Es gab kein gesichertes Geburtsdatum und keine Hinweise auf meine Familie.

Aber dieses Findelkind bekam neue Eltern. Eltern in einem fernen Land, in Deutschland. Und etwas später kam noch ein Bruder hinzu, auch ein Adoptivkind aus Südkorea. Mama und Papa taten alles dafür, dass mein Bruder und ich der Kultur des Landes, in dem wir geboren worden waren, nicht völlig entfremdet wurden, doch uns beiden war das manchmal sogar zu viel. Wir hatten nicht das Bedürfnis, Korea in unser Leben zu integrieren, wir waren als Kinder und Jugendliche mit ganz anderen Fragen und Wünschen beschäftigt – bis wir im März 2003 eine Einladung nach Seoul erhielten, zu einem Seminar für adoptierte Koreaner im Ausland …

Auf dem Weg nach Korea

Mein Bruder Jannik und ich sind auf dem Weg nach Südkorea, einer Halbinsel vor China, die etwas kleiner ist als Baden-Württemberg und Bayern zusammen. Es soll ein sehr bergiges Land sein, in dessen Hauptstadt Seoul etwa zehn Millionen Menschen leben, also ein knappes Viertel aller Südkoreaner. Es ist das Land, in dem ich im Juli 1982 geboren wurde und das ich im November 1982 als Adoptivkind verlassen habe.

Damals war die Reisezeit doppelt so lange wie heute; nach einem 24-Stunden-Flug trug mich eine Stewardess aus der Maschine und übergab mich in der Empfangshalle des Frankfurter Flughafens meinen Adoptiveltern. Janniks Ankunft drei Jahre später verlief ähnlich. Und heute fliegen wir als junge Erwachsene gemeinsam von dem gleichen Flughafen aus in die entgegengesetzte Richtung – zurück in unser Geburtsland.

Während wir auf das Boarding warten, kreisen meine Gedanken immer wieder um meine Ankunft hier in Deutschland vor ungefähr 20 Jahren.

Früher konnte ich nicht oft genug hören, wie mich meine Eltern erwartet und empfangen haben. Und als ich einmal eine schwangere Frau sah, fragte ich Mama: »Bin ich auch aus deinem Bauch gekommen?« Mama verneinte es, und gemeinsam schauten wir uns das Album mit den Bildern an, die kurz nach meiner Landung in Deutschland entstanden sind. Ich wollte alles immer ganz genau wissen, auch warum sie keine eigenen Kinder hatten. Und meine Eltern gaben mir auf alle Fragen eine Antwort. Von Beginn an haben sie mir erzählt, dass sie mich adoptiert haben – mein asiatisches Aussehen ließ ihnen aber auch keine andere Wahl. Sie nahmen Bilder- und Kinderbücher zu Hilfe und haben wirklich mit einer Engelsgeduld auch meine neugierigsten Fragen beantwortet.

Sie müssen vor meiner Ankunft sehr aufgeregt gewesen sein. »Dieses Warten in der Empfangshalle vor dem Ausgang ist mir so vorgekommen wie das Warten auf eine Niederkunft im Kreißsaal«, erzählt Papa heute noch gern.

»Das hat eine Ewigkeit gedauert«, fügt Mama dann jedes Mal hinzu.

Im Warten hatten meine Eltern Übung. Statt zehn Monate wie bei einem leiblichen Kind hatten sie von der ersten Auskunft über eine Adoption bis zu dem Zeitpunkt, an dem ich rechtmäßig, also auch »auf dem Papier«, ihr Kind geworden war, zwei Jahre Geduld aufbringen müssen, eine lange Zeit, in der es sich manche Paare vielleicht auch noch einmal anders überlegen.

Erst im Sommer 1982 erfuhren meine Eltern, dass terre des hommes ihnen ein Adoptivkind vermitteln würde. Damals mussten sie festlegen, aus welchem Land ihr Kind stammen sollte. Sie entschieden sich für ein Waisenkind aus Südkorea, weil die Chance, einen Säugling oder ein Kleinkind zu bekommen, größer war als bei Adoptionen aus den meisten anderen Ländern.

Auch zum Geschlecht ihres Adoptivkindes durften sie einen Wunsch äußern. Meiner Mutter war es nicht wichtig, ob ein Junge oder ein Mädchen zu ihnen kam, mein Vater jedoch wollte als erstes Kind am liebsten eine Tochter.

Als meine Eltern schließlich die Zusage für ein Mädchen aus Südkorea erhielten, suchten sie sogleich fieberhaft nach einem passenden Namen. Sie wollten ihn selbst mit Liebe auswählen, und nicht das fortführen, was vielleicht irgendein koreanischer Sachbearbeiter begonnen hatte. Sie entschieden sich schließlich für Anneli, so hieß eine Spielkameradin von Papa, als er noch klein war, und dieser Name hatte ihm immer gefallen. Anneli konnte man außerdem in Anne-Li abwandeln, für den Fall, dass ich mir später einmal einen asiatisch klingenden Namen wünschen würde.

Mama erzählte, dass sie total aufgeregt gewesen sei, als sie endlich den Brief mit dem »Kindervorschlag« in Händen hielt, in dem sie zum ersten Mal von mir erfuhr und auch zwei Fotos von mir sah. Noch heute gefallen mir diese ersten beiden Bilder, die es von mir gibt, nicht so richtig. Im Spaß habe ich sogar einmal behauptet: »Bei den Bildern hätte ich mich nicht genommen.«

Aber Mama sagt immer, sie habe sich sofort in mich verliebt und von diesem Tag an hätten sie es kaum erwarten können, mich am Flughafen in Empfang zu nehmen. Adoptivmütter verlieben sich anscheinend genauso blind in ihre Kinder wie andere Mütter auch.

Die Geschichte meiner Ankunft habe ich durch die wiederholten Erzählungen meiner Eltern so verinnerlicht, dass ich die Bilder wie einen Film vor meinem inneren Auge abspulen kann. Während sich die Wartehalle immer mehr füllt, sehe ich in Gedanken alles genau vor mir: Am Donnerstag, den 25. November 1982 um 9.20 Uhr, harren meine Eltern nervös in der Empfangshalle des Frankfurter Flughafens aus. Mama steht gewappnet mit einer Tasche da, in der sind Windeln, Babycreme, eine Kinderdecke mit einem weißen Pferdchen und Herzen darauf und einem kleinen Plüschbär, den ich später einmal »Eumelchen« taufen würde. Sie und Papa sind nervös, denn sie wissen nicht sicher, ob ich tatsächlich in dem Flieger bin.

Das Gefühl, als sie mich endlich in ihren Armen halten dürfen, ist überwältigend. Mamas Augen glänzen, wenn sie davon erzählt.

»Du hattest einen schicken türkisfarbenen kleinen Anzug aus Frotteestoff an, der eigentlich viel zu warm war, und um das Handgelenk trugst du ein kleines Namensschild, wie es

Neugeborene im Krankenhaus auch tragen«, höre ich ihre Stimme. »Und du hast aus Leibeskräften geschrien. Wir konnten dich zuerst gar nicht beruhigen.«

Ich war bestimmt völlig übermüdet, wollte eine frische Windel, etwas zu essen und schlafen …

»Unser Flug, Anneli.« Jannik stupst mich an und sortiert sein Gepäck. Das Boarding beginnt, und die Hektik der anderen Passagiere steckt uns an. Eine halbe Stunde später nehmen wir unsere Plätze in der Maschine ein.

In unserem Flieger sitzen beinahe ausschließlich Koreaner. Als mich die blonde Stewardess der Lufthansa dann wenig später auf Englisch anspricht, antworte ich spontan auf Deutsch. Irritiert lächelt mich die junge Frau an. Ich lächle zurück. Das wäre geklärt, denke ich. Heute macht es mir nicht mehr ganz so viel aus, nicht als Deutsche erkannt zu werden. Das war aber auch schon einmal anders. Als ich 13, 14 war, wünschte ich mir nichts sehnlicher, als blond zu sein und richtig deutsch auszusehen. Einfach nicht durch ein anderes Äußeres auffallen! Ohne Angst vor fremdenfeindlichen Übergriffen leben. Fuhr ich allein Straßenbahn, stieg ich immer in den Waggon gleich hinter dem Fahrer, so hatten es mir meine Eltern beigebracht. Auch sie machten sich Sorgen, dass mir oder Jannik einmal etwas passieren könnte. Ihre Sorgen hatten sich besonders auf mich übertragen, sodass ich zum Beispiel Ostdeutschland bis vor kurzem noch mied. Vor wenigen Monaten war ich in Berlin. Da habe ich jedes Mal mein Herz ganz deutlich klopfen hören, wenn jemand auch nur aus großer Entfernung auf mich zukam, der dem Aussehen nach der rechtsradikalen Szene angehören konnte.

Hier im Flugzeug fallen Jannik und ich gar nicht auf, ein Vorgeschmack auf Seoul. Zwei schlitzäugige Menschen auf dem Weg nach Asien sind nichts Besonderes.

Ich lehne meinen Kopf an die rote Kinderdecke mit dem

weißen Pferdchen und den Herzen, die mich auf jede weite Reise begleitet. Sie war schon in Amerika und in der Karibik – und jetzt ist sie mit mir unterwegs nach Südkorea. Was uns dort wohl erwarten wird? Wie fremd wird uns unser Geburtsland sein? Ich schließe die Augen und hänge meinen Gedanken nach …

Ich muss eingenickt sein, denn als ich die Augen wieder öffne, um auf die Uhr zu schauen, sind mehr als zwei Stunden vergangen. Ich blicke zu Jannik hinüber. Versunken betrachtet er die Wolken unter uns. Ob er sich gerade auch fragt, was wir in Südkorea alles erleben werden? Jetzt grinst er mich an, und ich bin froh, dass wir die Reise zusammen unternehmen.

Jannik hat gerade Abitur gemacht, und ich habe angefangen zu studieren. Irgendwie hatte ich mir das Studium aber spannender vorgestellt, deshalb habe ich mich im Januar um einen Ausbildungsplatz beworben, weiterstudieren kann ich später dann immer noch. Bernhard, mein Freund, versuchte mich immer damit aufzumuntern, dass es nach dem Grundstudium bestimmt interessanter würde, aber ich habe mich fürs Erste gegen die Uni entschieden. Im Oktober werde ich eine Ausbildung zur Organisationsassistentin bei einer großen Stuttgarter Firma beginnen. Dem intensiven Auswahlverfahren nach zu urteilen, werden wir Azubis uns dort nicht langweilen, und ich freue mich schon, mein Organisationstalent spielen zu lassen und zu tun, was ich am besten kann: kommunizieren …

Während ich an zu Hause und an Bernhard denke, spüre ich ein klein wenig Heimweh aufkommen. Bis vor einem Jahr hatten wir mehr oder weniger eine Wochenendbeziehung, dann sind wir gemeinsam nach Stuttgart gezogen. Ich genieße unsere Nähe, kann es mir gar nicht mehr anders vorstellen. Zusammenzuleben ist so viel schöner, wir brauchen uns nicht erst zu verabreden, müssen keine Taschen mehr packen, um bei dem anderen zu übernachten, können jeden Tag miteinander frühstücken ... »Ich wünsch dir viel Glück«, hat er zum Abschied gesagt. Bei diesem Gedanken muss ich schlucken.

Jannik und ich werden nach dem Seminar noch einige Tage mit unseren Eltern in Südkorea verbringen. Sie haben sich frei genommen, und die Flüge sind gebucht. Ich werde aber nicht nur mit meiner Familie das Land erkunden und auf den dürftigen Spuren meiner Vergangenheit wandeln. Das eigentlich Aufregende aber, das, was meinen Bauch seit Wochen mit einem Kribbeln versorgt, ist, dass wir außerdem zu einer Fernsehsendung eingeladen sind. Eine Live-Sendung, mit deren Hilfe Menschen ihre vermissten Angehörigen ausfindig machen können. Ich hatte von einer koreanischen Freundin etwas über diese Sendung gehört. Und dann habe ich mich an Bum-Goo erinnert, Papas langjährigen Freund, der Journalist in Korea ist. Ich habe ihm gemailt, um ihn zu fragen, ob er die Show kenne und ob ich nicht an der Sendung teilnehmen könnte. Mir war die Idee spontan gekommen, und ich hatte, ohne über das Für und Wider nachzudenken, gehandelt. Wenn ich irgendetwas über meine Herkunft, meine leibliche Mutter, erfahren wollte, waren die Medien die einzige Chance, denn ich hatte ja keinerlei Anhaltspunkte außer den Fotos und den wenigen Informationen, die meine Eltern bei der Adoption erhalten hatten. Die Antwort-E-Mail aus Korea ließ nicht lange auf sich warten:

Liebe Anneli,
du bist in der *Achim-Madang-Show!*

Bum-Goo hatte seine Kontakte genutzt und mich sogleich bei der Sendung angemeldet. Damit hatte ich nicht gerechnet, aber ich freute mich, dass ich die Möglichkeit bekam, nach dem Menschen zu suchen, dem ich vielleicht ähnlich war, meiner leiblichen Mutter.

Ich werde also in einer Fernsehshow auftreten, schießt es mir jetzt noch einmal durch den Kopf, und mir wird schwindlig. Ein Glück, dass mich in Korea niemand kennt, es muss mir also nicht peinlich sein. Aber selbst wenn, ich will diese Chance keinesfalls ungenutzt verstreichen lassen!

Meine Eltern unterstützen mein Vorhaben, sie kommen am letzten Seminartag zu uns nach Seoul, und darüber bin ich sehr froh. Sie haben uns früher schon immer gesagt, dass, wenn wir Kinder einmal »groß« sind und Lust haben, unser Geburtsland zu bereisen, sie das gern mit uns gemeinsam unternehmen – vorausgesetzt natürlich, wir wollen sie dabeihaben.

Jannik ändert alle zwei Minuten seine Sitzposition und scheint kein Auge zuzutun. Ihn nervt der hohe Geräuschpegel im Flugzeug. Doch er hat auch keine Lust, sich zu unterhalten.

Die Einladung zu dem Seminar in Korea fällt mir ein. Der Brief lag im März im Briefkasten meiner Eltern – ein Wunder, dass er uns noch erreicht hat, er war an unsere alte Adresse in Köln gerichtet, wo wir seit 13 Jahren nicht mehr wohnen. Der koreanische Staat ermöglicht 30 Adoptierten aus der ganzen Welt, ihr Geburtsland kennen zu lernen und sich mit der Kultur des Landes vertraut zu machen. Ich ziehe nun den Brief aus meiner Tasche unter dem Sitz und lese noch einmal das vielfältige Programm, das uns die koreanische Kultur nahebringen soll. Das klingt alles interessant, aber ich muss gestehen, dass ich mich besonders auf den Austausch mit den anderen Adoptierten freue. Wie haben sie es erlebt, in einem anderen Land aufgewachsen zu sein? Wie kommen sie damit zurecht, dass ihre kulturelle Identität nicht asiatisch, geschweige denn koreanisch, geprägt ist?

Hatten sie eine glückliche Kindheit, oder wünschten sie sich, in Korea groß geworden zu sein? Und welche Erwartungen setzen sie in das Seminar?

Ich bin vor allem gespannt auf den Moment, wenn ich aus dem Flieger steige und zum ersten Mal in meinem Leben in einem Land bin, in dem ich aussehe wie jede andere auch. Endlich einmal nicht auffallen. Niemand wird mich mustern und sich fragen, wo ich herkomme, bestimmt werde ich auf Koreanisch angesprochen.

Momentan denke ich nicht daran, wie interessant es sein wird, die Paläste und Tempel zu besichtigen, ich denke nicht einmal daran, dass ich das Kinderheim besuchen möchte, in dem ich vor der Adoption gelebt habe und hoffentlich Einsicht in meine Adoptionsakte nehmen darf.

Im Augenblick kommen mir ganz andere Dinge in den Sinn: Ich möchte zu einer Kosmetikerin gehen und mir von einer »echten« Koreanerin die Augen schminken lassen. Ich werde in koreanischen Modemagazinen blättern, durch Kaufhäuser bummeln und anprobieren, was bei Koreanerinnen in meinem Alter gerade in ist. Sie sind sicher auch alle eher klein, und ich werde keine Probleme mit den Ärmel- oder Hosenlängen haben. Eine Hose kaufen, die nicht gekürzt werden muss!

»Was grinst du so?«, fragt mich Jannik.

»Ach, ich bin wahnsinnig gespannt, wie es in Korea sein wird …«

Intensivkurs Korea

Am Morgen des 24. Juni 2003 landen wir in Seoul. Eine junge Betreuerin holt uns – insgesamt vier Deutsche und zwei Belgier – am Flughafen ab. Ich habe vor Aufregung nun doch nicht darauf geachtet, wie ich mich hier unter lauter Koreanern fühle. Oder war es einfach so selbstverständlich? Erst als wir in dem Minibus sitzen, kann ich die Eindrücke aufnehmen und wirken lassen.

Seoul sieht völlig anders aus als die europäischen Großstädte. Die Stadt scheint keiner anderen, die ich bisher besucht habe, zu ähneln. Es gibt achtspurige Fahrbahnen, sehr viel Verkehr, Hochhäuser links und rechts und überall geschäftiges Treiben. Auf den schmalen Bürgersteigen drängen sich die Menschen, die meisten scheinen in Eile zu sein. Zur Straße hin sind Verkaufsstände aufgebaut, viele kaum größer als ein Bauchladen. Die Händler bieten nicht nur den Passanten ihre Waren an – wenn die Ampeln Rot zeigen, kommen sie auch zu den Wagen und halten den Fahrern frittierten Fisch, frisches Gemüse, Haushaltsgeräte und alle möglichen anderen Dinge hin. Die drohenden Regenwolken am Himmel beunruhigen sie offenbar gar nicht.

Nach einer Weile biegen wir ab und erreichen das lebendige Uni-Viertel, dann hält der Bus auch schon vor dem Gästehaus. Unsere Betreuerin verteilt die Zimmerschlüssel: Immer zwei bewohnen ein Zimmer, Männer und Frauen getrennt.

Schade, ich wäre gern mit Jannik in einem Zimmer gewesen. Wir nehmen jeder unseren Schlüssel entgegen und bedanken uns höflich.

Ich teile mein Zimmer mit Claire, einer jungen Frau aus Frankreich, die bereits seit einigen Wochen in Korea ist und einen Sprachkurs absolviert. Während ich auspacke, wechseln wir noch ein paar Worte, danach ist auch schon Zeit für das angekündigte Mittagessen.

In der hauseigenen Mensa kommen alle 30 Adoptierten dann zum ersten Mal zusammen. Jedem von uns wird ein Schüsselchen Suppe und eines mit Reis an seinen Platz gestellt. Außerdem gibt es ein Fleischgericht und Kimchi. Ich freue mich, mal wieder etwas typisch Koreanisches zu essen und nehme Kimchi zum Reis. Dieses in Salz eingelegte und mit Chili und viel Knoblauch gewürzte Gemüse – Chinakohl ist fast immer dabei – servieren die Koreaner traditionell beinahe zu jeder Mahlzeit. Die koreanischen Freunde von Mama und Papa haben Kimchi des Öfteren für unsere Familie zubereitet, und auch bei Besuchen in koreanischen Restaurants in Deutschland konnten Jannik und ich es schon dutzende Male probieren. Wer weiß, vielleicht hätte mich sonst dieser durchdringende Geruch nach Scharfem und Milchsaurem abgestoßen.

Im Anschluss an das Essen bittet uns Somi, eine studentische Betreuerin, für die Anmeldeformalitäten in ihr Büro. Dann dürfen wir den Rest des Tages frei gestalten.

Die meisten wollen sich nach der langen Anreise ausruhen. Jannik und ich aber haben eine Verabredung mit Freunden: Bum-Goo und seine Frau Se-Kyong sowie Jie-Oun, ein Germanistikprofessor, und seine Frau Kum-Hwa, die viele Jahre in Deutschland gelebt haben, holen uns am Nachmittag ab, und wir fahren zu einem der typischen Bierlokale. Durch die Fenster des kleinen Lokals, in dem Bier vom Fass und einfache Speisen serviert werden, beobachte ich die Wolken am Himmel, die sich in Sekundenschnelle beinahe schwarz zu färben scheinen. Dann fällt plötzlich sintflutartiger Regen. Bum-Goo erklärt uns, dass wir nicht gerade zur besten Reisezeit in Korea sind. »Der Regen wird euch die nächsten Tage sicher nur für wenige Stunden verschonen«, sagt er bedauernd. »Die beste Zeit, um hierherzukommen, ist der Frühling oder der Herbst; im Frühsommer gibt es starke Regenfälle und Überschwemmungen, und im Juli und August sind Taifune nicht selten.«

Ich hätte wohl besser meine Regenjacke angezogen …

Wir kennen uns gut untereinander, tauschen uns angeregt aus, aber bald machen sich die Strapazen der langen Reise bemerkbar, und Jannik und ich wollen nur noch in unsere Betten. Im strömenden Regen kehren wir zum Gästehaus zurück. Ich kann kaum noch meine Augen offenhalten. Nach der Verabschiedung von unseren Freunden wünsche ich auch Jannik eine gute Nacht und gehe zu meinem Zimmer.

Leise stoße ich die Tür auf – und es trifft mich beinahe der Schlag. Plötzlich wieder hellwach, halte ich mir die Hand vor die Nase. Im Zimmer riecht es derart intensiv nach Mottenkugeln, dass ich erst einmal zum Fenster haste und es weit aufreiße. Dann begebe ich mich auf die Suche nach der Quelle des Übels, die diesen penetranten Geruch verbreitet. Wenige – flache – Atemzüge später werde ich unter dem Waschbecken fündig.

Erleichtert kuschele ich mich nach Entsorgung der Kugeln ins Bett, doch die rechte Entspannung will sich noch immer nicht einstellen. Ich wünsche mir mein schönes, weiches Kopfkissen herbei, denn in dem, das unter meinem Kopf liegt, befinden sich anscheinend klein geschnittene Kunststoffhalme, die hart sind und pieksen, sodass ich nicht zögere, das Kissen sofort aus dem Bett zu verbannen. Wenig später falle ich dann endlich in einen tiefen Schlaf.

»Ich habe kein Auge zugetan«, brummt Jannik am nächsten Morgen am Frühstückstisch und macht ein langes Gesicht.

»In dem Bett kann ich nicht gut liegen. Und das Kissen ist ja wohl ein Witz. Bei einer Cocktailparty wäre die Füllung vielleicht noch zu gebrauchen, aber nicht unterm Kopf.«

Ich wundere mich über Janniks Redestrom, sonst ist er morgens eher schweigsam. »Ich wollte ein Kissen einpacken, aber Papa meinte, das wäre völlig unnötiger Ballast. Genauso wie meine dicke Jacke. Dabei ist es richtig kalt heute Morgen.«

Jannik verzieht den Mund. Mit der Redewut ist es anscheinend schon wieder vorbei, ich konzentriere mich aufs koreanische Frühstück mit Suppe, Reis und Kimchi. Jannik mag das, aber ich verzichte am Morgen auf die warmen Speisen und greife zum Toast.

Nach dem Frühstück steht eine Einführung in die koreanische Sprache auf unserem Plan, und ich frage mich, ob meiner Zunge das Formen der ungewohnten Buchstaben und Silben wohl leichtfallen wird. Ich weiß von meiner Freundin Jin-Ah, die Koreanistik in Tübingen studiert, dass das Alphabet, Hangeul, schnell zu erlernen ist. Aber wenn ich die Koreaner sprechen höre, empfinde ich die Melodie der Sätze und die Laute als fremd.

Ich bin enttäuscht, als ich merke, dass es mir tatsächlich ganz und gar nicht leichtfällt, Koreanisch zu sprechen. Mir will sich die Aussprache einfach nicht erschließen. *Yoyûm ôttôhke chinaeshimnikka?* – Wie geht es Ihnen? Gott, oje, diese Sprache ist ein Kunstwerk, und ich stocke bereits nach den ersten Silben. Ein wenig besänftigt mich, dass sich selbst jene, die Korea erst im Alter von fünf oder sechs Jahren verlassen haben – also zu einem Zeitpunkt, als sie die Sprache bereits beherrschten –, jetzt ebenso schwertun und nicht einmal ein Déjà-vu beim Hören oder Sprechen einzelner Worte oder Floskeln erleben.

Ich bin froh, als der zweistündige Sprachunterricht zunächst beendet ist; da das Programm mehrere *lectures on korean language* vorsieht, werden wir noch oft genug die Gelegenheit haben, uns in der koreanischen Sprache zu üben.

Nach einer kurzen Pause, in der wir uns umziehen können, findet die offizielle Eröffnungsfeier in einem großen Saal statt. Wir hätten uns anscheinend schick machen sollen, aber nicht alle – mich und Jannik eingeschlossen – haben passende Garderobe dabei. Unzufrieden blicke ich an mir hinunter: Jeans und T-Shirt sind nicht gerade festlich. Für die Abschlussfeier werde ich mir von Mama etwas Feineres mitbringen lassen.

Nachdem alle Teilnehmer an den Tischen im Saal Platz genommen haben, treten die beiden koreanischen Programmleiterinnen an das Rednerpult. Eine von den beiden – Frau Park – spricht uns auf Englisch an, besser gesagt, sie heißt uns mit einem breiten amerikanischen Akzent willkommen. Auch ihre kupferblond gefärbten Haare mit dem typischen Föhnpony, den viele langhaarige Amerikanerinnen tragen, und sogar ihre Gestik und Mimik lassen deutlich erkennen, dass diese Frau Amerika-erfahren ist – ich selbst war in meiner Schulzeit für ein halbes Jahr in den USA, und mir sind einige amerikanische Eigenarten noch vertraut. Frau Park erklärt uns den Ablauf dieser offiziellen Eröffnungsfeier und kündigt an, dass wir später alle gemeinsam die Nationalhymne der Republik Korea singen werden und sie die Strophen deshalb mit uns einstudieren wolle. Meine Begeisterung hält sich in Grenzen, obwohl mir die Melodie des Liedes gefällt. Jannik sieht mich belustigt an, ihm scheint das Singen mehr Spaß zu machen. Wir üben also den Text, der uns in Lautschrift ausgeteilt worden ist, und singen artig, wenn auch nicht unisono, die fremde Nationalhymne. Erleichtert lasse ich schließlich das Textblatt sinken. Es ist nun ganz still in dem Saal, und wir hören zum weiteren Einstieg einen kleinen Vortrag darüber, dass wir – die Adoptierten –

alle Koreaner seien und uns deshalb unserer koreanischen Wurzeln bewusst werden sollten.

Soso, denke ich skeptisch, mir gefällt dieser bestimmte Unterton überhaupt nicht. Und ich spüre, wie sich von einem Augenblick zum nächsten Widerspruch in mir regt. Klar sind wir hier alle geboren worden, aber die meisten von uns – ich blicke mich noch einmal um –, die meisten von uns wirken nicht typisch koreanisch, sondern holländisch, belgisch, deutsch, amerikanisch … Unser Aussehen ist vielleicht koreanisch, aber unser Verhalten und unsere Kleidung sind ganz unterschiedlich. Ich wette, es ist möglich, bei 90 Prozent der Teilnehmer zu erraten, aus welchem Land sie kommen.

Ich bemühe mich, dem Vortrag weiter zuzuhören, viel lieber würde ich erfahren, was den anderen Adoptierten durch den Kopf geht.

Noch zweimal unterbricht Frau Park ihre Rede, um die Hymne mit uns zu üben. Oh nein! Ich brauche dringend eine Singpause.

Deshalb hole ich meine Kamera aus der Tasche und filme den Wechsel von Rede und Gesangsstunde für Bernhard, Mama und Papa. Als ich den brummenden Jannik vor der Linse habe, kann ich ein Lachen kaum unterdrücken.

Jetzt zeigt Frau Park noch, wie wir uns vor dem Singen der Hymne zu verbeugen haben, wie die Hand aufs Herz zu legen und die Flagge vor uns anzuschauen ist, und dann ist es so weit: 30 erwachsene Menschen, die allesamt kaum ein Wort Koreanisch verstehen, verbeugen sich, legen die Hand aufs Herz, blicken auf die Fahne und singen die südkoreanische Nationalhymne.

Mit Verstummen des letzten Tons beginnt dann der eigentliche Akt der Begrüßung. Der Präsident des staatlichen Instituts, das zusammen mit dem koreanischen Ministerium für Erziehung das Seminar veranstaltet, hält zu unserem Empfang eine Rede.

Er betont darin immer wieder, wie stolz wir doch darauf sein sollten, dass Korea unser »*mother country*« sei. Mein Zuhause ist aber in Deutschland, schießt es mir durch den Kopf, und ich fühle mich zunehmend unwohl.

Nach einer Weile blickt er bedeutungsvoll in die Runde und sagt: »Wir hoffen, dass dieses Programm Ihnen helfen wird, sich selbst als Töchter und Söhne Südkoreas zu identifizieren.«

Ich ermahne mich im Stillen, nicht so kritisch zu sein, schließlich gibt es unter uns einige, die ein Heimatgefühl bisher vermisst haben und hoffen, hier etwas zu finden, das diese Lücke füllt. Für sie sind die Worte des Präsidenten sicher auch hoffnungsvoll.

Meine wohlwollende Stimmung findet jedoch bereits zum Schluss der Rede wieder ihr Ende, denn eine Seminarteilnehmerin wird ausgewählt, die mit der Hand auf dem Herzen für unsere ganze Gruppe schwören soll, dass wir uns so verhalten werden, dass der südkoreanische Staat stolz auf uns sein kann. Mir ist dieser Staatskult uns Adoptierten gegenüber äußerst suspekt. Vor 20 Jahren hat man uns gern ins Ausland abgegeben. Und jetzt scheint man uns zurückgewinnen zu wollen?

Zum Glück ist für den weiteren Tag kein Pflichtprogramm vorgesehen, und Jannik und ich ziehen mit einer kleinen Gruppe los, um das Viertel zu erkunden. Ausnahmsweise regnet es gerade einmal nicht, und der Bummel durch die Gassen, die von der Hauptstraße abgehen, wird richtig nett. Geschäfte reihen sich hier aneinander, und gleichgültig ob Markenartikel oder Fälschungen, hier gibt es alles zu kaufen. Auf den vielen bunten Leuchtreklamen und Werbeschildern stehen neben den koreanischen Schriftzeichen hin und wieder auch vertraute englische Wörter, und als es dunkler wird, erinnert mich die Gegend sogar an Chinatown in New York.

Wir gehen in ein Starbucks – vergessen für einen Moment fast, dass wir in Seoul sind, wir könnten in irgendeinem anderen Starbucks auf der Welt sein – und lernen uns bei Latte macchiato, Cola und Thai latte besser kennen. Zuerst klären wir noch einmal, wer aus welchem Land kommt und ob er oder sie zum ersten Mal in Korea ist. Nach dieser Vorstellrunde gibt es jedoch nur noch ein Thema für uns: die Adoption.

Jeder erzählt den anderen in Kurzfassung seine Adoptionsgeschichte, und ich lausche gebannt. Es ist so spannend zu hören, was die anderen erlebt haben!

Einige sind schon zum zweiten oder dritten Mal hier und schildern die Eindrücke, die sie bei ihrer ersten Rückkehr in ihr Herkunftsland gesammelt haben. Manche haben das Kinderheim, in dem sie bis zu ihrer Adoption lebten, die ehemaligen Pflegeeltern oder sogar ihre leibliche Familie besucht. Ich beneide diejenigen, für die ihre Vergangenheit kein blinder Fleck mehr ist. Am meisten beeindruckt es mich, wenn jemand von der Begegnung mit seinen leiblichen Eltern berichtet. Werde ich jemals solch eine Geschichte erzählen? Ich kann es mir beim besten Willen nicht vorstellen. Doch ich habe es mir vielleicht auch noch nie so sehr gewünscht wie in diesem Moment.

Ich hoffe, dass wir noch viele Gelegenheiten haben werden, mit den anderen zusammenzusitzen und uns auszutauschen.

»Wie mache ich in zehn Tagen aus Europäern, Amerikanern und Australiern ethnischer koreanischer Herkunft waschechte Koreaner?«, so könnte der Titel des Seminars lauten. Die Geschichte Koreas, die Kultur, Traditionen und Bräuche, Musik, Tanz, Sport, Ausflüge in die Natur und nicht zuletzt die koreanische Sprache füllen die nächsten Tage.

Wir besichtigen zuerst den malerisch gelegenen und

prächtigen Gyeongbokgung-Palast aus dem Jahre 1394, der bedeutendste Palast aus der Joseon-Dynastie, denn in Korea wird viel Wert auf geschichtliches Wissen gelegt. Schon die kleinen Kinder bekommen in der Schule Unterricht in Landeskunde, wie wir erfahren – wir haben also viel aufzuholen, und so ist gleich die nächste Station an diesem Tag das Historische Museum von Seoul. Damit wir aber nicht nur unseren Geist beanspruchen, gibt es nach dem Museumsbesuch ein Training in Taekwondo.

Jannik ist ganz begeistert, denn er hat zu Hause erst vor wenigen Monaten einen ersten Kurs in dieser koreanischen Kampfkunst gemacht und freut sich über eine Fortsetzung hier in Seoul.

In einer großen Halle, in der über 50 Kinder im Grundschulalter trainieren, erhalten wir eine Einführung. Sowohl große Körperbeherrschung als auch mentale Konzentration sind erforderlich, um die verschiedenen Bewegungen auszuführen. Ich muss schmunzeln, als wir, alle im Alter zwischen 18 und 38 und in unserer Straßenkleidung, den Erst- und Zweitklässlern in ihren weißen Taekwondo-Trikots gegenüberstehen. Diese kleinen koreanischen Mädchen und Jungen sehen niedlich aus und schauen uns sehr freundlich an. Ich kann mir aber nicht vorstellen, dass sie tatsächlich Lust haben, mit ein paar ungeübten Erwachsenen zu kämpfen. Doch unsere Betreuerinnen hegen keine Bedenken, und ich bekomme schließlich ein Mädchen als Partnerin zugeteilt, das mir schüchtern und ohne ein Wort zu sprechen Zeichen gibt für das, was ich zu tun habe. Ich erlerne die Grundbewegungen der Hände und der Füße, übe verschiedene Standpositionen, lasse meine Faust unsicher nach vorn schnellen, stoße die Arme von mir und trete mit den Füßen aus. Ich möchte mich vor diesem Mädchen nicht allzu ungeschickt anstellen und gebe mir Mühe, alles richtig zu machen. Immer wieder suche ich den Blickkontakt mit Jannik, der mit seinem Trainingskid eine richtig gute Figur macht. Er lächelt mich an – oder amüsiert er sich über mich?

Dieser erste Ausflugstag in Korea hat uns allen einen guten Eindruck davon vermittelt, mit welchem Stolz auf das Land und seine Geschichte und mit wie viel Drill und Disziplin die Kinder hier aufwachsen. Mir wird klar, wie verschieden das Leben hier und in Deutschland ist. Ich fühle mich fremd und bekomme schon nach dem kurzen Aufenthalt ein wenig – ungewohntes! – Heimweh. Doch für viel Traurigkeit bleibt keine Zeit. Ich schaffe es kaum regelmäßig, an einem der Seminarcomputer meinen Freunden zu mailen. Dabei gibt es so viel zu berichten …

Beinahe jeden Tag regnet es für mehrere Stunden, sodass wir das Gästehaus nicht mehr ohne Regenjacken verlassen. Auch im historisch nachempfundenen Folk Village, südlich von Seoul, werden wir auf unserem Weg von einer traditionellen Hütte zur nächsten wieder einmal vom Regen überrascht. Nach anfänglichen Tropfen prasselt auf einmal eine solche Wasserflut auf uns nieder, wie ich es noch nie zuvor erlebt habe. In Sekundenschnelle sind wir klatschnass.

Ich laufe mit Jannik und ein paar anderen zu einem Souvenirshop in der Nähe, in dem wir uns unterstellen und uns die Zeit vertreiben, bis der Wolkenbruch nachlässt. Und hier gibt es auch genug zu sehen – und zu kaufen. Jede Menge traditionelle Keramik, asiatische Püppchen in bunten Seidengewändern, Buddha-Figuren in allen Größen, Bücher, T-Shirts und Hausschuhe aus Stoff, reich mit Stickerei verziert und vor allem mit Hartgummisohlen. Ich kaufe ein Paar und ziehe die nassen Socken und Turnschuhe aus und die exotischen roten Schühchen an. Selbst über den aufgeweichten Lehmboden tragen sie mich etwas später trockenen Fußes zum Bus zurück. Ein sehr nützliches Andenken!

Besonders gut gefällt mir die Zubereitung der Mahlzeit

und das gemeinsame Essen an der großen Tafel nach unserem Ausflug. Wenn dieser Programmpunkt so häufig wiederholt würde wie der Koreanisch-Unterricht, dann wären wir sicher alle entspannter.

Die Veranstalter des Programms legen aber mehr Wert darauf, dass wir intensiv koreanische Traditionen praktizieren, und so sehen wir am nächsten Tag nicht nur koreanischen Tänzern zu, sondern müssen auch selbst tanzen. Hierfür erzählt uns eine Balletttänzerin eine Geschichte, die wir gleich darauf zur Musik in Bewegung umsetzen sollen. Hm. Eine Geschichte tanzen … Ich würde mich stattdessen lieber in Luft auflösen. Besonders befremdlich finde ich es, mit dem Kopf dabei »asiatisch« hin und her zu wackeln. Ich fühle mich unwohl. Jannik zu beobachten muntert mich dann aber wieder auf: Er und die anderen Männer aus unserer Gruppe sehen urkomisch aus, wie sie durch den Raum tänzeln und die Arme schwingen. Doch jetzt zu lachen wäre alles andere als angemessen. Lächeln hingegen ist ausdrücklich erwünscht!

Das Lächeln vergeht mir jedoch schlagartig, als wir auch noch ins traditionelle Trommeln eingewiesen werden. Die Koordination der geforderten Tanzschritte und Trommelschläge überfordert mich. Während sich Tyler, der Amerikaner neben mir, mit geschlossenen Augen völlig den fremden Klängen und seiner Trommel hingibt, versuche ich krampfhaft, den Rhythmus zu halten. Gern würde ich unserer Betreuerin sagen: »Tut mir leid, aber Trommeln und Tanzen liegen mir nicht, ich mache lieber einen Spaziergang.« Aber keiner von uns hat bisher das Programm geschwänzt – obwohl sich die meisten nach mehr freier Zeit sehnen, in der all die Eindrücke und Erlebnisse sacken können.

Wir genießen tatsächlich jede freie Minute. Bereits nach den ersten Tagen haben sich Grüppchen gebildet, ich freunde mich besonders mit Roos aus den Niederlanden, Camille aus der Schweiz, Lisa aus Deutschland und Susan aus den USA an. Abends setzen wir uns oft noch zusammen und philosophieren über unser Dasein als Adoptierte. Einige von uns haben zum Teil sehr ernüchternde und traurige Erfahrungen gemacht. Susan erzählt uns zum Beispiel, dass sie einmal einen Freund hatte, dessen Eltern von Korea nach Amerika ausgewandert waren und die sie als Freundin ihres Sohnes nicht akzeptieren wollten. Schließlich sei sie ja von ihrer koreanischen Familie »ausgestoßen« worden und man wisse nicht, welche genetischen Veranlagungen sie habe … »Das hat doppelt wehgetan«, sagt sie. »Mein Freund hat dem Druck seiner Eltern schließlich nachgegeben und sich von mir getrennt.«

Ich bin sehr betroffen. Solch eine negative Reaktion auf meine Herkunft habe ich in meinem Leben zum Glück noch nie erleben müssen.

»Adoptierte haben immer psychische Probleme. Das glauben doch die meisten!«, behauptet Freja, eine Dänin, die mit Ende dreißig eine der Ältesten von uns ist. »Mit so einem Verlust gleich zu Beginn des Lebens, was soll denn da aus einem werden.«

Einige von uns nicken bestätigend.

»Ist doch auch kein Wunder«, mischt sich Camille ein. Sie war am Abend zuvor noch in der Adoptionsagentur, die sie als Baby in die Schweiz vermittelt hatte. »Erst geben einen die leiblichen Eltern weg, und dann bekommt man Adoptiveltern, die nicht einmal versuchen nachzuvollziehen, warum man sich für Korea interessiert und diese Reise machen möchte. Und jetzt ist man hier, allein auf der Suche nach ein paar Anhaltspunkten zur eigenen Lebensgeschichte, und findet nicht einen Minihinweis. Da muss man doch einen Knacks bekommen.«

Die Wut und der Kummer, die sich bei manchen von den Frauen angestaut haben, erfüllen den Raum.

Ich würde gern einwerfen, dass es auch Adoptiveltern gibt, die sich sehr wohl für die Herkunftsländer ihrer Adoptivkinder interessieren und sie auch bei der Suche nach der leiblichen Familie unterstützen. Aber ich zögere und höre erst einmal weiter zu, was die anderen zu sagen haben.

Die Redebeiträge werden jetzt immer hitziger.

»Ihr könnt doch nicht alle Probleme im Leben auf eure Adoption zurückführen«, wettert Roos jetzt.

Ich bin froh, dass eine endlich ausspricht, was ich die ganze Zeit denke, und melde mich ebenfalls zu Wort.

»Nichtadoptierte haben doch auch Probleme, fühlen sich auch unverstanden von den Eltern, wissen auch nicht, wer sie genau sind und was sie vom Leben wollen. Wer bei seinen leiblichen Eltern aufwächst, kann genauso glücklich oder unglücklich sein wie ein Adoptierter.«

Jetzt wird wild durcheinandergeredet. Die Meinungen gehen auseinander, und wir kommen nur schwer auf einen gemeinsamen Nenner. Zum Schluss finden wir dann doch noch einen guten Abschluss, indem eine von uns formuliert, dass nicht jede Schwierigkeit als Folge der Adoption angesehen werden kann. Wir können nicht jede Zurückweisung oder Niederlage damit erklären, dass wir adoptiert worden sind.

In dieser Nacht liege ich noch lange wach und denke über meine eigene Adoption nach. Auch ich möchte gern meine leibliche Mutter ausfindig machen und sehen, woher ich komme. Das schon. Aber es quält mich nicht, es nicht zu wissen. Bisher hat mich dieser blinde Fleck in meiner Vergangenheit nicht belastet. Aber wer weiß, wie es später einmal sein wird. Was ist, wenn ich einmal eigene Kinder habe und sie mich fragen, warum ich zur Adoption freigegeben wurde. Was kann ich ihnen dann antworten?

Und natürlich ist die Suche auch mit Angst verbunden. Schließlich weiß ich nicht, was auf mich zukommt, wenn ich tatsächlich fündig werde. Im Moment bezweifle ich jedoch eher, dass ich überhaupt jemals etwas über meinen Lebensanfang erfahre ...

Träume, an die ich mich nicht erinnere, haben mir einen unruhigen Schlaf beschert, und ich bin froh, als das Klingeln des Reiseweckers den Tag ankündigt.

Ich versuche jetzt so oft wie möglich, mit Roos und den anderen Frauen Seoul auf eigene Faust zu erkunden. Wir bummeln durch die Geschäfte, halten dabei Ausschau nach Koreanerinnen und beobachten, welche Kleidung, welchen Schmuck und welche Kosmetik sie kaufen. Die Mode ist anders als in Westeuropa. Zwar tragen Mädchen, Highschool-Schülerinnen vermutlich – wenn man sie nicht in ihrer Schuluniform sieht –, eher Bequemes: eine weite Jeans, Turnschuhe und einen Pulli. Die jungen Frauen dagegen, Studentinnen zum Beispiel, sind oftmals sehr weiblich und schick gekleidet, tragen Kleider oder Röcke und Stöckelschuhe dazu. Sie sind blass geschminkt und wirken extrem gepflegt und perfekt zurechtgemacht. Die meisten Koreanerinnen sind mehr als schlank – wir erfahren, dass eine Frau, die dem koreanischen Schönheitsideal entsprechen möchte, richtig dünn sein muss. Ich kann über die kleinen Kleidergrößen nur staunen: Wer soll da hineinpassen?

Als wir wieder einmal die Mittagspause für einen Stadtbummel nutzen, vergleichen wir uns mit den Frauen, die uns begegnen. Obwohl wir vermutlich auf den ersten Blick nicht besonders auffallen, so unterscheiden wir uns doch durch unsere Kleidung und unser Verhalten deutlich von den Asiatinnen. Koreanerinnen (wie auch Koreaner) halten sich die Hand vor den Mund, wenn sie lachen. Auch der Gang der Frauen ist anders, sie tippeln schnell und leichtfüßig vorwärts, es kommt mir vor, als ob sie kaum die Füße vom Boden heben, geschweige denn die Fußsohlen abrollen.

Große Werbebanner zeigen Asiatinnen, die nur noch wenige koreanische Gesichtsmerkmale aufweisen. Das irritiert uns. Die meisten haben große, runde Augen und ein vollkommen westliches Augenlid. Von Somi, der studentischen Betreuerin, lassen wir uns später erklären, dass westliche Augenlider dem absoluten Schönheitsideal in Korea entsprechen. Somi wurde von ihrer Mutter gedrängt, sich die Augen operieren zu lassen; der Termin für diese Operation steht in wenigen Wochen an. »Mir selbst ist es gar nicht wichtig«, sagt sie zu uns. »Und Angst habe ich natürlich auch.«

»Und warum tust du das dann?«, frage ich verwirrt.

»Meine Mutter meint, ich habe mit den neuen Augen viel bessere Chancen auf dem Arbeitsmarkt, und einen Mann finde ich dann sicher auch schneller.«

Staunend und sprachlos schauen wir Somi an.

»Viele Südkoreaner würden sich heutzutage nicht nur gern die Augen operieren lassen. Vor allem junge Frauen wünschten sich auch eine westliche ›Langnase‹, ein schmaleres Gesicht und ein spitzes Kinn.«

Ich empfinde es als Widerspruch, auf der einen Seite möglichst westlich sein zu wollen, aber sich andererseits – ganz in koreanischer Tradition – den Eltern völlig unterzuordnen. Doch das behalte ich für mich.

Das Seminar scheint nun immer schneller zu vergehen, und es dauert nur noch wenige Tage, dann kommen Mama und Papa. Die Aussicht darauf, sie bald wiederzusehen, hebt meine Stimmung deutlich. Doch jetzt muss ich erst mal meinen Rucksack für einen zweitägigen Ausflug zu einer »Mädchenschule« und zum Sorak-Gebirge im Nordosten Südkoreas packen. Auch heute hängen dunkle Wolken tief am

Himmel, und der Gedanke, durch die Berge Südkoreas zu wandern, ist nicht allzu verlockend. Korea ist für herrliche Wanderrouten bekannt, aber bei diesem Dauerregen ...

Die Mädchenschule bereitet junge Frauen auf das Eheleben und die Haushaltsführung vor. Wir lernen hier, wie eine klassische koreanische Teezeremonie durchgeführt wird. Teetrinken in Korea ist etwas völlig anderes als Teetrinken in Deutschland oder irgendeinem anderen nichtasiatischen Land. Tee wird hier nicht bloß aufgebrüht, in Tassen gegossen und genossen; Teekochen wird zelebriert, es ist Ritual, Charakterschulung, Lebensgefühl und Philosophie – und es ist anscheinend eine lange Liste an Regeln nötig, um eine Teezeremonie richtig durchzuführen.

Es verstreicht eine volle Stunde, ohne dass wir auch nur einen Schluck Tee probiert haben. Meine Beine schlafen langsam ein und gern würde ich Frau Chung, die uns alles zeigt und erklärt, behilflich sein, damit es schneller geht. Damit würde ich aber die Zeremonie stören, denn für die Teezubereitung nimmt man sich ja gerade viel Zeit. »Vor allem auf das richtige Einschenken kommt es an«, erläutert Frau Chung jetzt und lächelt. »Denn nur wer das beherrscht, erweist seinem Gegenüber den nötigen Respekt.«

Während wir dann endlich den heißen Tee schlürfen, bricht der Himmel draußen auf und die Sonne schickt wärmende Strahlen durchs Fenster. Wir können sie im Garten der Mädchenschule genießen, mit Erfrischungen, Süßigkeiten und einer traditionellen Wippe, dem *nôlddwigi*, das es früher häufiger in Korea gab. Das *nôlddwigi* besteht aus einem langen Brett, das über einem mit Reisstroh gefüllten Sack liegt. Es war vor allem bei jungen Mädchen und Frauen zur Yi-Dynastie beliebt, da diese damals hinter hohen Mauern abgeschlossen von der Außenwelt lebten und durch das Hochspringen Einblick in die Nachbargärten und die Umgebung bekamen.

Mutige Freiwillige dürfen das Wippen ausprobieren, und ich sehe verwundert, wie Janniks Arm hochschnellt. Tatsächlich hat er nach wenigen Versuchen heraus, wie er günstig abspringen und landen kann. Sportlich war er einfach schon immer, denke ich.

Als wir am Abend das Hotel nahe dem Sorak-Gebirge beziehen, stellen wir verwundert fest, dass »traditionelle Zimmer« für uns gebucht sind, das heißt, dass wir in Zweierzimmern auf dicken Decken auf dem Boden schlafen werden. Die meisten von uns sind nicht gerade glücklich darüber, zumal es auch Zimmer im *western style* mit bequemen Betten gibt. Aber man möchte uns eben so viel wie möglich von der koreanischen Kultur nahebringen, und Koreaner schlafen traditionell nun einmal auf dem Boden. Letztendlich sind wir nach einem Cocktailabend in einem eigens für uns reservierten Partyraum so müde, dass meine Zimmernachbarin und ich nichts daran auszusetzen haben. Am Morgen wachen wir dann aber doch mit Rückenschmerzen auf: unsere verwöhnten europäischen Glieder spüren eben den Unterschied zu einer weichen Matratze.

Ich strecke meine Arme und blicke aus dem Hotelfenster. Hier liegt die Welt wie gemalt in dicken Nebelschwaden entrückt. Land der Morgenstille, kommt es mir in den Sinn, so wird Korea genannt … Kaltfeuchte Luft strömt durch das geöffnete Fenster ins Zimmer, es muss die Nacht über stark geregnet haben, und ich bin mir sicher, dass wir die Wanderung nicht machen können. Doch unsere Betreuer sind anderer Meinung, mir scheint, sie wollen um jeden Preis das Programm durchziehen, dem Wetter und allen Befindlichkeiten zum Trotz. Und so wandern wir mit Regenzeug und Rucksäcken los. Die weißen Schwaden haben sich zum Glück aufgelöst, aber mal wieder zieht sich der Himmel zu. Dennoch stapfen wir den Weg ins Gebirge hinauf, der durch den Regen weniger einem befestigten Weg, sondern mehr einer matschigen Geröllpiste ähnelt. Als immer größere Steinbrocken den Weg blockieren und erste dicke Tropfen vom Himmel fallen, geben auch unsere Betreuer auf, und wir kehren wieder um, besteigen den Reisebus und besuchen eine Töpferei, in der sich jeder eine eigene Tasse töpfern und bemalen darf. Fein, das macht großen Spaß. Die Tasse kriegt einen Ehrenplatz in meinem Küchenregal!

Die Rückfahrt nach Seoul vergeht dann beinahe wie im Flug, denn unser Bus verwandelt sich mithilfe eines Mikrofons in eine fahrende Karaoke-Bar. Auf dem Bildschirm des Fernsehers läuft ein Video mit Liedtexten, und unsere Betreuerinnen trällern sichtlich vergnügt ein koreanisches Liebeslied. Da es keinen von uns danach drängt, ebenfalls das Mikrofon zu ergreifen und einen Song zum Besten zu geben, machen die beiden einfach im Wechsel weiter. Wir kommen aus dem Lachen nicht mehr heraus. Draußen beginnt es zu dämmern, und im Bus erreicht die Party ihren Höhepunkt: Bis in die letzte Reihe singen jetzt alle die einfachen Refrains mit – »na na na, nananananana …«

Unsere Gruppe ist richtig zusammengewachsen, und so freuen wir uns alle mit Roos, als sie am vorletzten Abend des Seminars vor versammelter Mannschaft erzählt, dass sie ihren leiblichen Vater gefunden hat.

Susan und ich ziehen sie etwas später zur Seite und wollen alles ganz genau erfahren.

»Ich habe in meiner Akte den Namen meines Vaters gefunden. Er hat eine neue Frau und gemeinsam mit ihr zwei Söhne.« Roos knetet vor Aufregung ihre Hände.

»Und wie ist er?« Susan nickt Roos zu, damit sie endlich weitererzählt.

»Wir haben kurz miteinander telefoniert, und ich finde, er klingt eigentlich ganz nett. Aber er möchte nicht, dass seine

Frau erfährt, dass ich seine Tochter bin. Er will mir nicht erklären, warum.« Roos sieht jetzt gar nicht mehr glücklich aus. »Und ich weiß auch nicht, was mit meiner Mutter ist. Aber ich habe wohl noch eine Schwester, die auch von Holländern adoptiert wurde.« Ihre Stimme zittert, und mir läuft ein Schauer über den Rücken.

Das Glück, den leiblichen Vater gefunden zu haben, ist getrübt durch die neuen Fragen und Unsicherheiten. Eine Achterbahnfahrt der Gefühle! Geschichten von Adoptierten können so unglaublich kompliziert sein …

Ich sitze an diesem Abend neben Laura, einer Schweizerin, die in den 70er Jahren über terre des hommes adoptiert wurde. Wir kommen über Roos' Geschichte ins Gespräch, und Laura erzählt mir, dass sie selbst schon lange auf der Suche nach ihren leiblichen Eltern ist.

»Ich habe vor einiger Zeit an G.O.A.'L geschrieben, kennst du die Organisation?«

Ich schüttle den Kopf.

»G.O.A.'L wurde von adoptierten Koreanern aus Amerika und Europa gegründet, 1998, glaube ich. Jedenfalls unterstützen sie Adoptierte bei vielen Alltagsfragen, wenn man nach Korea reist oder sich dazu entschließt, für eine Weile in Korea zu leben. Außerdem helfen sie einem bei der Suche nach der leiblichen Familie in Korea.«

»Und? Konnten sie dir helfen?«, frage ich.

»Bisher habe ich noch niemanden gefunden. Aber vielleicht klappt es nächste Woche, da bin ich nämlich in einer Fernsehsendung, in der man Angehörige suchen kann.«

Mir verschlägt es für einen Moment die Sprache. Sollte Laura in derselben Show eingeladen sein wie ich?

»Ich bin auch in so einer Sendung. Der *Achim-Madang-Show*«, sage ich.

Und tatsächlich, wir sind beide als Gäste in diese Sendung eingeladen und hoffen, darüber unsere leiblichen Familien ausfindig zu machen. Was für ein Zufall! Wir müssen beide lachen, und Lauras Augenbrauen ziehen sich dabei lustig zusammen.

Nachdem schon alle in ihren Zimmern verschwunden sind – auch Jannik war nicht mehr dazu zu bewegen, noch ein bisschen mit mir aufzubleiben –, gehe ich noch einmal zu den PCs, die wir benutzen dürfen, und maile Bernhard, was ich in den letzten Tagen alles erlebt habe und dass ich ihn vermisse. Meine Eltern sind jetzt schon in der Luft und auf dem Weg nach Korea, sie werde ich morgen Nachmittag sehen. In meine Vorfreude mischt sich jedoch auch ein wenig Aufregung. Schließlich werden wir gemeinsam versuchen, die Vergangenheit und meine Adoptionsgeschichte so weit wie möglich zu erhellen. Als Erstes möchte ich zu der Adoptionsorganisation Holt Children Services, über die meine Adoption gelaufen ist. Vielleicht kann ich ja im Internet Erfahrungsberichte von Adoptierten recherchieren, die wie ich über Holt vermittelt wurden.

Ich gebe verschiedene Stichworte in die Suchmaschine ein und werde erstaunlich schnell fündig. Doch das, was ich zu lesen bekomme, ist nicht so erfreulich, wie ich es mir erhofft hatte. Ein junger Mann berichtet, dass er zu früh zur Adoption freigegeben wurde, denn als er voriges Jahr auf die Suche nach seinen Wurzeln ging, erfuhr er, dass seine Eltern ihn gar nicht hatten weggeben wollen. Er war unglücklicherweise »verloren gegangen«, und sie hatten ihn wochenlang gesucht. Wie kann so etwas passieren?, frage ich mich. Die Vermittlungsagentur hatte den Eltern sogar verschwiegen, dass ihr Kind im Ausland bei Adoptiveltern aufwuchs. Je mehr bewegende Lebensgeschichten ich lese, desto mehr Fragen kommen in mir auf. Fragen danach, wie wohl mein eigenes Schicksal seinen Lauf genommen hat.

Als ich den PC herunterfahre, ist es bereits nach Mitternacht und Zeit, endlich schlafen zu gehen.

Der nahende Abschied drückt am nächsten Morgen beim Frühstück die Stimmung. Die gemeinsame Zeit hat uns zusammengeschweißt. Unsere Betreuerinnen, allen voran Frau Park und die junge Somi, verstehen es, uns aufzumuntern. Und schließlich ist das Seminarprogramm noch nicht abgearbeitet! Heute werden wir mehr über die traditionelle Kleidung der Koreaner erfahren und auch selbst einen Hanbok, so der Name der koreanischen Trachten, anziehen dürfen. Obwohl beinahe jeder von uns solch ein traditionelles Gewand zu Hause hat, sind wir gespannt auf die Anproben.

Der Hanbok für die Frau besteht aus einer Jacke, einer Weste und einem weiten Kleid. Zu besonderen Anlässen wird noch eine Robe darüber getragen. Da Koreaner auf dem Boden sitzend essen, wäre ein enganliegendes Kleid auch unpraktisch. Der Stoff des Hanboks muss sanft wallend fallen und sich den Bewegungen der Trägerin anpassen. Vor allem Seide, Seidengaze und glänzendes Silbergarn verleihen den Trachten Geschmeidigkeit und edles Aussehen. Im Winter wärmt dicht gewebter Seidenbrokat, im Sommer werden leichtere Seidenstoffe getragen.

Der Hanbok für Männer besteht aus einer Jacke und einer Hose. Eine Robe für besondere Anlässe gibt es auch, sie ist ebenfalls weit geschnitten und erlaubt dem Träger ausreichend Bewegungsfreiheit.

Es gibt Hanboks in vielen verschiedenen Farbkombinationen, einige werden nur zu besonderen Festlichkeiten oder ausschließlich von Personen einer bestimmten Altersgruppe getragen.

Das Anziehen eines Hanboks und besonders das Binden der Brustschleife am Oberteil ist nicht einfach, und wir sind alle eine geraume Weile beschäftigt. Am Ende stehe ich Jannik wie in einem Kostüm gegenüber, und wir müssen beide lachen. Mit einem anderen Haarschnitt und hellem Puder geschminkt würde ich wohl tatsächlich für eine waschechte Koreanerin durchgehen, vorausgesetzt ich rühre mich nicht und sage keinen Ton.

Fast den ganzen Tag über hat die Sonne geschienen, die Regenzeit scheint allmählich ihr Ende zu finden. Nach der Kleiderprobe versammeln wir uns alle ein letztes Mal in dem großen Seminarraum. Wir hören einen Vortrag über korrektes Benehmen in Korea. Vor allem der Respekt gegenüber älteren Personen ist sehr wichtig. Man tut oder sagt nichts in der Öffentlichkeit, womit man eine andere Person in Verlegenheit bringen oder sie verletzen könnte. Für das richtige Verhalten gibt es zahllose Regeln. So dürfen Jüngere Ältere nicht beim Vornamen ansprechen – auch nicht, wenn sie befreundet oder sogar verwandt sind. Tut es einer doch, so verliert der Angesprochene an Ansehen.

Wieder einmal muss ich feststellen, welche großen Unterschiede zwischen Koreanern und Europäern bestehen.

Ich habe in den vergangenen zehn Tagen viel Neues erfahren und gelernt, in erster Linie über mein Herkunftsland und die Menschen, die hier leben. Aber ich habe auch etwas über mich erfahren. Das Seminar hat mir gezeigt, wie westlich ich bin. Eine waschechte Deutsche mit Schlitzaugen und asiatischem Teint. Ich bin froh, dass mir diese Reise nach Korea ermöglicht wurde und ich so freundlich aufgenommen worden bin, aber meine Heimat liegt einen langen Flug weit entfernt bei den »Langnasen«. Und auf zwei Langnasen freue ich mich jetzt besonders: meine Eltern, Martina und Gerd.

Kurz bevor meine Eltern bei uns im Gästehaus eintreffen, bin ich plötzlich traurig. Ich vermisse Bernhard. Wie schön wäre es doch, wenn er auch hierherkäme … Als ich Mama und Papa dann ohne ihn durch die Eingangshalle auf mich zusteuern sehe, bin ich dennoch überglücklich. Und ich freue mich, als Mama mir einen Brief von Bernhard zusteckt.

Mama und Papa haben nach koreanischer Sitte verschiedene Mitbringsel dabei, die Jannik und ich später den Mitarbeitern und dem Leiter des Seminars überreichen.

Die beiden werden als Ehrengäste zur Abschlusszeremonie eingeladen und dürfen kurz darauf live miterleben, wie ihre Kinder mit Hand auf dem Herzen die südkoreanische Nationalhymne singen und in feierlichem Rahmen eine Urkunde erhalten, als Bestätigung der Teilnahme an dem Seminar.

So, nun ist es zu Ende. Jannik und ich machen uns mit einer kleinen Gruppe auf den Weg, um zum Abschied in einer Bar noch etwas zu trinken. David, ein Deutscher, stellt uns dort seine beiden leiblichen Geschwister vor, die er selbst nur einen Tag vorher kennen gelernt hat. Auch für ihn ist die Spurensuche also endlich erfolgreich verlaufen. Er erzählt uns, seit vier Jahren stehe in seiner Adoptionsakte ein Vermerk, dass ihn seine leiblichen Geschwister suchen. Doch dies hatte er erst jetzt erfahren, obwohl er schon vor drei Jahren von Deutschland aus Kontakt zu der Vermittlungsstelle aufgenommen hatte.

David ist seinem älteren Bruder wie aus dem Gesicht geschnitten. Als ich die beiden heimlich beobachte, spüre ich, wie sich vor Rührung ein Kloß in meinem Hals breitmacht.

Was für ein Glück David doch hat! Ich habe schon als kleines Mädchen davon geträumt, eine ältere Schwester zu haben …

Der Abschied von meinem Frauengrüppchen ist mir besonders schwergefallen, wir haben uns aber alle versprochen zu schreiben und werden versuchen, uns irgendwann einmal zu treffen. Im Taxi fahren Jannik und ich nun mit Mama und Papa zum Gästehaus der Ewha Women University, wo sie bereits ihr Zimmer bezogen haben. Mein Bruder und ich bekommen jeder ein schönes kleines Einzelzimmer mit Bad und vor allem mit einem bequemen Bett! Nur kurz ziehen Jannik und ich eine erste Bilanz, dann besprechen wir alle den Ablauf des nächsten Tages – Jie-Oun wird uns abholen und zum Holt Children Services fahren. Wir verabreden uns für halb neun zum Frühstück.

Nach einem erholsamen Schlaf gehen wir am nächsten Morgen zu viert in den kleinen Supermarkt des Dormitoriums und kaufen Joghurt und Milch. Schwarzbrot, Nutella und Cappuccino-Pulver haben unsere Eltern von zu Hause mitgebracht. Mit dem Wasserkocher auf dem Zimmer haben wir kurz darauf alles, was wir fürs Frühstück benötigen. Ich genieße jeden einzelnen Bissen des kernigen Brots.

Später machen wir uns auf den Weg zum Haupteingang des Campus. Das Gästehaus liegt auf dem höchsten Hügel des Unigeländes, und wir müssen an sämtlichen Fakultätsgebäuden vorbei. Schmunzelnd beobachte ich die jungen Studentinnen, die in leichten Sommerkleidern den Berg hinaufstöckeln, unter dem Arm eine schicke Handtasche, in der einen Hand Bücher, in der anderen ein Heft oder eine Zeitung, die sie in Richtung Sonne halten, um so ihr Gesicht zu beschatten. Koreanerinnen tun alles dafür, nicht braun zu werden. Bei diesem Gedanken strecke ich den Kopf lustvoll in die Sonne und freue mich, dass der Endlosregen vorbei ist.

Am Campus-Haupteingang wartet Jie-Oun und begrüßt

uns überschwänglich. Allerdings wird der Tag nun doch nicht wie geplant verlaufen, denn der Termin bei der Adoptionsagentur Holt wurde verschoben. Stattdessen sollen wir uns heute beim Fernsehsender auf der Insel Yoido einfinden.

Ich werde schlagartig sehr nervös. Laura, die wie ich in der *Achim-Madang-Show* auftreten wird, hat mir erzählt, dass sie schon vor einiger Zeit eingewiesen wurde. Sie meinte, dass wir uns glücklich schätzen könnten, überhaupt ein paar Minuten vor laufender Kamera sprechen zu dürfen.

Jie-Ouns Hinweis, dass es sich bei dieser Show um eine der populärsten Sendungen des Fernsehkanals KBS 1 handele – ein sehr großer und wichtiger Sender in Korea –, steigert meine Aufregung noch.

Gegen Mittag erreichen wir die Flussinsel Yoido, auf der das Parlamentsgebäude, die Ministerien und andere wichtige Institutionen wie auch die Rundfunk- und Fernsehanstalten angesiedelt sind.

Das Gebäude, in der die Redaktion untergebracht ist, erscheint mir riesig. Die Redakteurin, Frau Choi, und ihr Assistent empfangen uns und führen uns in einen kleinen Raum in einer der oberen Etagen. Hier werden wir interviewt – Jie-Oun übersetzt.

Meine Eltern haben noch Kinderfotos mitgebracht, die in der Sendung gezeigt werden sollen. Unter den Bildern sind auch die beiden Schwarzweißaufnahmen, die den künftigen Eltern kurz vor meiner Ankunft in Deutschland zugesandt wurden: Auf einem der beiden Fotos liege ich – etwa zweieinhalb Monate alt – auf einer Decke und bin in voller Babygröße zu bewundern. Unten auf dem Bild ist eine Nummer zu lesen: K 82 – 3047. Wie bei einem Sträfling.

Auf der anderen Aufnahme trage ich ein Schild auf dem Bauch, auf dem mein koreanischer Name Kim Kyung-Joo steht. Der Familienname wird in Korea zuerst geschrieben, dann der Vorname. Mein Vorname Kyung-Joo ähnelt dem Namen der Stadt, in der ich gefunden wurde, in europäischer Schreibweise heute Gyeongju, früher Kyongju geschrieben.

Ich nehme die beiden Fotos noch einmal aus dem kleinen Stapel heraus und betrachte sie. Ich sehe ein Baby, dem die kräftigen Haare zu Berge stehen und das mürrisch in die Kamera blickt. Mama nickt mir sanft lächelnd zu, als würde sie ahnen, was in meinem Kopf vorgeht. Sie meint schon damals einen starken Lebenswillen in dem Babygesicht entdeckt zu haben. Die Fotos sind wichtig, wenn ich meine leibliche Mutter finden will. Vielleicht erkennt mich jemand auf ihnen wieder.

Ich schildere Frau Choi auf ihre Fragen hin, was ich aus den Adoptionsunterlagen weiß.

»Ich wurde Ende Juli 1982 vor einem kleinen buddhistischen Kinderheim in Gyeongju gefunden. Mein Geburtstag wurde auf den 26. Juli 1982 geschätzt. Da ich vermutlich ›aus Platzmangel‹ nicht in dem Kinderheim bleiben konnte, wurde ich nach wenigen Tagen in ein Babyheim nach Daegu und von dort dann zur Organisation Holt Children Services nach Seoul gebracht. In einem Übergangsheim von Holt blieb ich bis zu meinem Abflug nach Deutschland.« Ich schaue die Redakteurin fragend an und hoffe, ihr reichen diese mageren Angaben, denn viel mehr ist nicht über meinen Lebensanfang bekannt.

Das sind nicht viele Anhaltspunkte, aber Frau Choi nickt zufrieden und erklärt, dass ich erst gegen Ende der Sendung an die Reihe käme. »Dürfen wir noch einen Trailer mit Ihnen drehen, Frau Schinkel?«, übersetzt Jie-Oun.

Jetzt ist es an mir, zufrieden zu nicken.

Am nächsten Tag – es ist Sonntag – fahren wir mit Jie-Oun nach Gyeongju, um das Kinderheim zu besuchen, vor dem man mich gefunden hat. Ich bin noch nervöser als am Tag zuvor und weiß kaum, wohin mit meinen Händen. Ich hoffe, dass es in dem Heim vielleicht doch noch mehr Informationen gibt als jene, die meinen Eltern in den Adoptionsunterlagen mitgeteilt worden sind.

Als wir nach fünf Stunden Fahrt in Gyeongju ankommen, zieht sich der Himmel immer mehr zu und färbt sich dunkelgrau. Die Regenzeit ist wohl doch noch nicht ganz vorbei, denke ich, und schon prasseln die ersten Tropfen gegen die Autofenster. Dennoch versuche ich, mir die Gegend so genau wie möglich anzuschauen. Ist das hier meine Geburtsstadt? Vielleicht bin ich tatsächlich in einem der Häuser, die am Straßenrand liegen und vor meinen Augen vorbeiziehen, geboren worden …

Der Wagen stoppt. Wir steigen aus und treten in einen Hof ein, der zu einem kleinen, sehr einfachen Haus gehört. Ein paar Kinder kommen aus einer Tür gelaufen, und hinter ihnen erscheint eine Koreanerin. Jie-Oun begrüßt die Frau, eine Betreuerin, wie sich herausstellt, und erklärt ihr, weshalb wir hier sind. Sie bringt uns zum Leiter des Kinderheims, und als wir durch die engen Flure des Heims gehen, spüre ich, wie meine Kehle immer enger wird. Hier habe ich einmal gelebt, hier wurde ich als Findelkind aufgenommen, gefüttert, gewickelt und im Arm gehalten.

Der Heimleiter, ein sympathischer Mann um die 40, stellt sich vor, und wir erfahren, dass er der Enkel des buddhistischen Arztes ist, der das Heim gegründet hat. Jie-Oun erzählt ihm, dass ich laut meiner Akte im Juli 1982 vor diesem Heim aufgefunden worden sei. »Gibt es aus dieser Zeit vielleicht noch Unterlagen?«

Der Heimleiter hebt entschuldigend die Hände. »Nein, leider nicht«, erklärt er. »Mein Großvater war ein bekannter Arzt und hatte sehr viel zu tun mit der Untersuchung und Versorgung seiner Patienten und mit den Waisenkindern. Da ist alles Bürokratische zu kurz gekommen. Tut mir sehr leid.«

Nach dem Gespräch zeigt uns eine Betreuerin die Kinderzimmer und das Säuglingszimmer. Danach stellt sie uns einer älteren Frau vor, die schon 1982 in dem Heim gearbeitet hat und damals für die Pflege der Säuglinge zuständig war. Ihr Gesicht ist von Falten gezeichnet, sieht dabei aber kein bisschen streng aus. Ich schätze sie ungefähr auf Mitte 70. Die alte Dame blickt gerührt zu mir auf und sagt immer wieder, wie sehr sie sich freue, dass es mir so gut ergangen sei. Als sie mich umarmt, kämpfe ich mit den Tränen. Das alles geht mir viel näher, als ich erwartet habe. Ich stehe zum ersten Mal einem Menschen gegenüber, der mich in Korea als Baby im Arm gehalten hat. Sie war für einige Tage meine Ersatzmama, und meine ungewisse Vergangenheit bekommt in diesem Moment ein Gesicht. Ich versuche, mir das warmherzige Lächeln und die freundlichen Augen unauslöschlich einzuprägen.

Meine Eltern machen ein paar Fotos von uns beiden, dann knipsen wir auch das Haus und fahren danach zu einem Hotel. Dort werden wir die Nacht verbringen, um am nächsten Tag die Stadt Gyeongju zu besichtigen.

Ich sehe immer wieder das kleine, ärmliche Haus und die lächelnde alte Dame vor mir. Die Begegnung lässt mich nicht los. Ich frage mich, wie es erst wäre, wenn ich eines Tages tatsächlich meiner leiblichen Mutter gegenüberstehen würde …

Trotz des Regens ziehen wir unsere Sightseeingtour durch: die große, wunderschöne Tempelanlage von Gyeongju, die berühmten Königsgräber, die sich mitten in der Stadt befinden, und die bekannte Buddha-Statue hoch oben auf einem Berg. Beeindruckend! Da Jannik aber schon am Morgen über Kopfschmerzen klagt und sich am Mittag fiebrig fühlt, fahren wir früher als geplant zurück nach Seoul.

Endlich haben wir den Termin mit einer Sozialarbeiterin von Holt Children Services. Sie will sich für uns Zeit nehmen, um uns meine Akte zu zeigen. Sun-Young, eine koreanische Freundin, die in Frankfurt am Main Musik studiert hat, begleitet uns. Sie lebt inzwischen in den USA und hat einen Besuch bei ihrer koreanischen Familie mit unserer Koreareise abgestimmt. Jannik hat es nun richtig erwischt, und er muss das Bett hüten. Er und Mama sind heute deshalb nicht dabei.

Inzwischen gewöhne ich mich anscheinend an die Aufregung meiner Spurensuche und bin nicht mehr ganz so nervös. Mit der S-Bahn fahren wir in einen Stadtteil, den ich noch nicht kenne, und stehen später mitten in einer Wohngegend vor dem großen Gebäudekomplex von Holt. Wir werden zu einem der hinteren Häuser geschickt. Da in diesem Gebäudetrakt vorübergehend auch heute noch Kinder untergebracht werden, die auf eine Adoption warten, müssen wir wie in privaten Wohnungen üblich am Eingang unsere Schuhe ausziehen und in ein Regal stellen. Wir bekommen eine Art Frottee-Slipper, die wir über unsere Socken ziehen, damit es nicht so kalt ist, und begeben uns auf rutschigen Sohlen ein Stockwerk höher. In einem Besprechungsraum nehmen wir an einem Tisch Platz und warten auf die Sozialarbeiterin. In meinem Kopf schwirren tausend Gedanken umher. Mir fallen die Geschichten von einigen Seminarteilnehmern ein, die von ihren Besuchen bei Holt erzählt haben. Manche mussten ohne irgendwelche neuen Informationen wieder gehen, andere haben aus ihrer Akte Einzelheiten zu ihren Geburtsfamilien erfahren, die einen vage Hinweise, die anderen Namen und Adressen. Was werde ich gleich zu hören bekommen? Werde ich vielleicht den Namen meiner Mutter in den Akten finden? Alles ist möglich.

Endlich erscheint die Sachbearbeiterin mit einer Akte in der Hand freundlich lächelnd im Türrahmen.

Nach der Begrüßung nehmen wir wieder Platz am Tisch, Sun-Young setzt sich neben die Sachbearbeiterin, damit sie in die Akte blicken kann. Schließlich ist sie die Einzige von uns, die die koreanische Schrift lesen kann.

Ohne weitere Verzögerungen schlägt die Sozialarbeiterin nun die Akte auf und gibt wieder, was in den Papieren zu lesen ist.

»Sie sind in Gyeongju gefunden und registriert worden. Aber dass Sie nach der Stadt benannt wurden, wundert mich, es sind an diesem Tag nämlich mehrere Findelkinder gefunden worden, und da ist es eigentlich nicht üblich, den Namen des Ortes zu vergeben.«

Hm. Eine neue Unklarheit, die sich auftut. Aber keine neuen Informationen. Als ich schon ernüchtert die Schultern hängen lasse, fördert die Frau plötzlich ein Babyfoto von mir zutage, das ich noch nicht kenne. Ich sehe mir diesen kleinen Menschen genau an und kann kaum glauben, dass ich mich selbst betrachte.

Ich freue mich sehr über das Foto, schließlich habe ich nicht wie die meisten anderen in meinem Alter jede Menge Schnappschüsse der ersten Lebensmonate zu Hause, bin aber zugleich auch enttäuscht darüber, dass wir noch immer keinerlei weitere Anhaltspunkte zu meiner Geburtsfamilie haben. Die Sachbearbeitern fragt, vielleicht um von der mageren Ausbeute abzulenken, wie lange wir noch in Seoul bleiben, und ich erzähle ihr von der *Achim-Madang-Show* am nächsten Tag.

»Anneli, tun Sie das nicht!«, ruft sie fast schon empört. »Sie haben gute Adoptiveltern und sind in Deutschland glücklich. Was erhoffen Sie sich?«

»Ich möchte wenigstens versuchen, meine leiblichen Eltern zu finden!« Doch sie winkt ab und schüttelt energisch den Kopf.

»Das bringt gar nichts. Machen Sie das nicht!«

Verwirrt verlassen wir Holt, und erst draußen im Freien sind wir es, die sich empört Luft machen. Warum soll ich nicht in diese Sendung? Ich kann mir nicht vorstellen, dass es diese Frau einfach nur gut mit mir meint. Ihr massiver Widerspruch macht mich misstrauisch. Haben die etwas zu verbergen? Jetzt möchte ich erst recht ins Fernsehen!

Unglaublich! Morgen werde ich mit Mama und Papa vor laufender Kamera nach meiner leiblichen Mutter suchen. Ich muss etwas unternehmen, sonst platzt mir vor lauter Gedanken und Fragen der Kopf. Ich bitte Sun-Young, mich bei einem Bummel durchs Viertel zu begleiten – rund um die Uni ist ein wahres Shopping-Eldorado. Auf diese Weise kann ich mich ablenken und mein Äußeres vielleicht sogar noch ein wenig aufpeppen. Ein Friseurbesuch wäre jetzt genau das Richtige!

Sun-Young ist sofort dabei, und auch Papa möchte mitkommen, der mit seinem langen Zopf noch viel mehr Anlass für einen Friseurbesuch hätte als ich. Papas Größe und seine langen Haare sind immer wieder Anlass, Koreaner ins Staunen zu versetzen, und ich bin gespannt, wie der Friseur auf ihn reagieren wird. Vor allem, wenn er sich gar nicht von seiner Haarpracht trennen will.

Auf einer der Einkaufsstraßen befinden sich gleich mehrere Friseursalons, die mit farbenfrohen Schildern werben. Nicht zum ersten Mal stelle ich fest, dass mich diese Unmenge an Läden und Werbeschildern auf kleinem Raum und dieser permanente Kontrast von hypermodernen und völlig veralteten Geschäften nebeneinander stocken lässt. Ich kann mich erst gar nicht festlegen, welchen Friseur ich wählen soll. Im dichten Gedränge entscheiden wir uns schließlich für einen moderneren Salon und gelangen über eine große Freitreppe in einen weitläufigen und durchgestylten Raum. Ein junger Mann kommt auf uns zu – bestaunt meinen riesigen langhaarigen Vater –, führt mich zu einem Stuhl und reicht mir einen Umhang. Entspannt lehne ich mich zurück.

Ich hätte Lust, einen typisch koreanischen Schnitt auszuprobieren. Neugierig betrachte ich die Frisurenbilder an den Wänden. Vielleicht tut es meinem kräftigen Haar gut, einmal eine echte koreanische Schere zu spüren. Ich kann mir ein Grinsen nicht verkneifen und rutsche erwartungsvoll auf dem Stuhl hin und her.

Sun-Young und mein Vater haben inzwischen auf einem Sofa Platz genommen, das mindestens zehn Meter von mir entfernt steht. Na toll! Eine große Hilfe, meine Freundin!

Im nächsten Moment spricht mich auch schon der Friseur an, der mir die Haare schneiden wird. Sein gebrochenes Englisch ist nicht gut zu verstehen. Hilflos drehe ich mich mehrere Male nach Sun-Young um, die mir völlig vertieft in ein Gespräch mit meinem Vater nicht mehr als ihr Profil zuwendet. Kurzerhand beschließe ich, mir doch nur die Spitzen schneiden zu lassen. Auf Englisch äußere ich meinen Wunsch und zeige dabei deutlich auf meine Haarspitzen.

Als der Schnitt geklärt scheint, muss ich zum Haarewaschen in einen anderen Raum wechseln.

Zu Hause genieße ich es immer, die Haare vom Friseur gewaschen und dabei auch den Kopf massiert zu bekommen, und fühle mich danach herrlich entspannt. Selbst als kleines Kind habe ich mich jedes Mal gefreut, wenn ich vor dem Friseurspiegel Platz nehmen durfte und die flinke Schere und die fallenden Haarsträhnen beobachten konnte.

Der junge Mann, der mir jetzt die Haare wäscht, ist jedoch alles andere als zimperlich. Er traktiert meine Kopfhaut mit seinen Fingerkuppen ausdauernd und wie mit spitzen Schlägen, sodass ich völlig verkrampft darauf warte, dass die Prozedur endlich vorbei ist.

Erst eine Viertelstunde später sitze ich mit einem jadegrünen Frotteehandtuch um den Kopf wieder auf dem Stuhl vor dem Spiegel.

Der Friseur lächelt mich freundlich an und fragt, wann ich mein Haar das letzte Mal habe schneiden lassen, und ich antworte wahrheitsgemäß, dass es zwei, drei Monate her sei.

Daraufhin starrt er mich derart entgeistert an, dass ich meine, »zwei oder drei Jahre« geantwortet zu haben. Entsetzt stammelt er: »*Your hair – your hair in danger! Korean women go to haircutter every month!*«

Soso. Die gepflegte Koreanerin muss also einmal im Monat zum Friseur gehen!

Ich gehe zwar gern zum Friseur, aber immer in großen Abständen. Zum einen ist ein Friseurbesuch nicht billig, und zum anderen hält mein Schnitt meist mehrere Monate.

Als sich der schmächtige Mann wieder gefasst hat, greift er zur Schere und lässt sie in rasantem Tempo durch mein Haar fahren.

Das Ergebnis verblüfft mich: Ich kann keinerlei Unterschied zum Schnitt meines deutschen Friseurs erkennen. Ich bin froh, den Friseurbesuch gewagt zu haben, und nehme mir fest vor, vor unserem Rückflug auch noch zu einer koreanischen Kosmetikerin zu gehen.

Abends im Bett kann ich die Nervosität nicht länger zurückhalten. Mein Auftritt im Fernsehen spukt mir im Kopf herum. Ich drehe mich von rechts nach links und von links nach rechts. An Schlaf ist nicht zu denken.

Bernhard und ich haben uns bisher auf E-Mail- und Brieffeschreiben beschränkt, weil das Telefonieren doch recht teuer ist, aber jetzt ist es mir egal, wie viel es kostet, ich will einfach nur seine Stimme hören.

Ich ziehe mich also noch einmal an und gehe zu einem

Kartentelefon. Das Warten auf das Freizeichen kommt mir endlos lange vor. Doch dann meldet sich Bernhard gleich nach dem zweiten Klingeln.

»Hey, ist die Sehnsucht so groß?«, höre ich ihn fröhlich in den Hörer rufen. Es ist schön, seine Stimme zu hören.

»Ich kann nicht schlafen wegen morgen. Aber wenn ich die ganze Nacht wach liege, werde ich noch mit verquollenen Augen im koreanischen Fernsehen auftreten müssen.«

»Ach, mach dich doch nicht so verrückt. Du kriegst das schon hin. Sei einfach du selbst!«

»Und wie bin ich so, einfach ich selbst?«

»Locker, positiv denkend, fröhlich, offen ...«

»Schon gut, schon gut ...«

Wir lachen.

»Ich bin stolz auf dich! Du kannst mich ja direkt nach der Sendung anrufen«, sagt Bernhard, und wir legen wenig später auf.

Das hat gutgetan! Und Bernhard hat recht. Mich verrückt zu machen nutzt gar nichts. Schließlich habe ich nichts zu verlieren! Ich kann nur gewinnen!

Die Morgendämmerung taucht die Stadt in ein freundliches Licht. So menschenleer und ruhig habe ich Seoul bislang noch nicht erlebt. Nur hin und wieder begegnet unser Taxi einem anderen Wagen oder Motorroller, bis auf ein paar Händler, die ihre Stände aufbauen, ist kein Mensch auf den Straßen zu sehen.

Ich horche noch einmal tief in mich hinein. Stehe ich hinter dem, was ich tue? Und wieder die bohrende Frage, ob ich denn überhaupt eine Chance habe, meine leibliche Mutter zu finden. Werde ich sehr enttäuscht sein, wenn mich die Spurensuche nicht weiterbringt? Wenn ich mit dem gleichen Wissen, aber noch mehr Fragen als zuvor wieder in den Flieger zurück nach Deutschland steige?

Jannik, der noch immer erhöhte Temperatur hat und weiter das Bett hüten muss, hat mir eben noch viel Glück gewünscht und mich in den Arm genommen. Es tut gut, meine Familie bei mir zu haben. Ich greife nach Mamas Hand, sie drückt meine ganz leicht.

Mama versteht meine Gefühle und unterstützt mich, wo sie nur kann. Das ist nicht selbstverständlich, viele Adoptierte beklagen, dass ihre Adoptivmütter die leibliche Mutter als Konkurrentin betrachten und die Suche nach der Geburtsfamilie deshalb nicht mittragen.

Mama ist da ganz anders. Aber sie ist auch nicht bloß eine Adoptivmutter, sie hat selbst Heimerfahrung. Die ersten fünf Jahre ihres Lebens hat sie in einem Heim verbracht, und als ihre leibliche Mutter sie dann doch noch nach Hause holte, dachte Mama, sie sei adoptiert worden. Sie hatte damals ähnliche Gedanken und Empfindungen wie ich, und durch ihre Lebensgeschichte ist ihr meine Gefühlswelt nicht fremd. Sie hat großes Verständnis für meine Suche. Außerdem weiß sie, dass ich sie nicht weniger lieben werde, wenn ich meine leibliche Mutter finden sollte. Wenn …

»Hallo Anneli!«, ruft jemand hinter mir, dessen Stimme ich nicht gleich einordnen kann. Ich drehe mich um und blicke in Lauras lachendes Gesicht.

»Bist du auch so aufgeregt?«, frage ich als Erstes.

»Und wie«, gesteht sie. Sie zieht ihre Augenbrauen gespielt theatralisch zusammen, dann macht sie mich mit ihrem Freund und ihren Adoptiveltern bekannt, die kurzfristig nach Korea eingeflogen sind.

»Stell dir vor, ich habe inzwischen doch tatsächlich die Namen meiner Eltern herausbekommen. Wenn ich sie jetzt noch mithilfe der Sendung finde …« Lauras Stimme überschlägt sich beinahe, so aufgeregt ist sie.

Ich freue mich für sie, mit dieser Information sind ihre

Chancen relativ hoch, dass die Suche nach ihren leiblichen Eltern erfolgreich ist.

Jetzt trifft auch Jie-Oun ein, der in der Sendung übersetzen wird. Gerade rechtzeitig, denn Frau Choi kommt nun auf mich zu und erklärt noch einmal den Ablauf.

»Wir werden dir zwei oder drei Fragen stellen, ähnlich wie beim Vorgespräch.«

Ich presse ein »Okay« heraus. Mehr geht im Moment nicht.

»Da es so wenig konkrete Informationen über dich gibt, möchten wir auch an deine Eltern ein paar Fragen richten.«

Mama und Papa, die neben mir stehen, haben nichts dagegen.

Als die Redakteurin sich anderen Gästen zuwendet, sagt Papa, dass wir bestimmt nicht in die Sendung gekommen wären, wenn Bum-Goo die Moderatorin nicht kennen würde.

Ich stimme ihm zu. Die *Achim-Madang-Show* ist nicht für Adoptierte ins Leben gerufen worden und schon gar nicht für Findelkinder. Die meisten Gäste haben ihre Familien während des Koreakriegs aus den Augen verloren. In Süd- und Nordkorea vermissen auch heute noch viele Menschen nahe Verwandte oder Freunde. Und mit so wenig Anhaltspunkten wie bei einem Findelkind ist die Aussicht, Angehörige zu finden, realistisch betrachtet gleich null. In der Sendung geht es aber genau darum, möglichst viele Menschen zusammenzuführen und die Zuschauer an den Gefühlen dieser Menschen teilhaben zu lassen. Diese Sendung funktioniert auch nicht anders als vergleichbare in Europa. Mit mir als Gast ist sicher keine Quote zu machen.

Mehr Zeit für trübe Gedanken bleibt nicht, denn die Studiotüren öffnen sich, und wir werden zu unseren Plätzen geführt und verkabelt.

Wir sitzen in der untersten Reihe, die Sitzbänke sind wie

in einem Kolosseum angeordnet; Laura sitzt mit ihrer Familie uns gegenüber. Alle Gäste, die in der Sendung nach Angehörigen suchen, bekommen ein Namensschildchen, auf dem die Flagge des Landes abgebildet ist, in dem sie leben. Daneben steht der koreanische Name, auf meinem Schild also Kyong-Joo.

Kurz darauf gibt es das Zeichen, dass wir gleich »auf Sendung« sein werden. Es ertönt eine kitschige Musik, die sicher auch gut zu einer Kindersendung passen würde, und der Vorspann setzt ein, den wir auf einem kleinen Fernsehbildschirm verfolgen. Es ist eine animierte Landschaft zu sehen, und die Moderatoren fahren gemeinsam – als Wachsfigürchen – auf einem Fahrrad durch ihr »Teletubby-Land«.

Und dann beginnt die Show.

Im koreanischen Fernsehen

Die Moderatorin im rosafarbenen Kostüm und ihr Kollege verbeugen sich. Während sie den ersten Gast vorstellen, sind aus den Reihen hinter uns – zum großen Teil sitzen Frauen in dem kleinen Studio – laut »Ahhhs« und »Ohhhs« zu vernehmen. Mir kommen dieses Staunen und die Bekundungen von Mitgefühl einstudiert vor; vielleicht sind das alles Statisten? Trotz Inszenierung bekomme ich eine Gänsehaut, als ein adoptierter junger Mann sagt, dass er sich wie ein Baum ohne Wurzeln fühle, nicht wisse, wo er hingehöre, und dass er sich deshalb auf die Suche nach seiner leiblichen Familie gemacht habe. Bisher ohne Erfolg. Aber es sei sein größter Wunsch, seine Familie zu finden. Fotos des jungen Mannes werden gezeigt, während im Hintergrund dramatische Musik eingespielt wird.

Ich habe dieses erste Schicksal noch gar nicht völlig erfasst, als auch schon der zweite Gast an der Reihe ist: eine Frau, die bereits in einer früheren Sendung nach Angehörigen gesucht hat. Und nach wenigen Minuten treten die Mutter und der Bruder dieser Frau hinter einer Stellwand aus der Kulisse hervor. Die Frau und ihre Mutter brechen sofort in Tränen aus, und auch der Bruder kann seine Gefühle nicht zurückhalten. Es wird wohl keinen Studiogast geben, der jetzt nicht mit den Tränen kämpft.

Diese Frau hat ein unglaubliches Glück!, denke ich, und im selben Moment kommen mir auch schon wieder Zweifel über meine eigene Suche. Ob ich meine leibliche Mutter jemals kennen lernen werde?

In meinem Kopf dreht sich plötzlich alles. Die beiden Frauen liegen sich noch weinend in den Armen. Und die Musik klingt plötzlich schräg in meinen Ohren.

Im Fünf- bis Zehnminutentakt – Suche und Zusammenführung wechseln sich ab – werden die Gäste vorgestellt. Ich bekomme vor Aufregung von den einzelnen Gesprächen und Geschichten nicht mehr viel mit und rutsche nervös auf meinem Stuhl hin und her.

Dann aber ist Laura an der Reihe. Ihre Stimme zittert, als sie die Fragen beantwortet, die von einem Dolmetscher übersetzt werden. Der Kameramann schwenkt auf die Adoptiveltern, die zaghaft in die Kamera lächeln, Fotos aus Lauras Kinderjahren werden gezeigt, und schließlich hält sie ein Papier in die Kamera, auf der in koreanischer Schrift die Namen ihrer leiblichen Eltern stehen und die Bitte, dass die Eltern sich melden mögen.

Ich drücke Laura in diesem Moment ganz fest die Daumen.

Erst als ich mich schon frage, ob ich überhaupt noch an die Reihe komme, richtet sich die Kamera plötzlich auf uns. Das Publikum erfährt meinen deutschen, meinen koreanischen Namen und die wenigen Fakten, die aus meiner Adoptionsakte bekannt sind. Jie-Oun übersetzt uns flüsternd, was die Moderatorin sagt.

Danach werde jedoch nicht ich interviewt, sondern Papa. Der Moderator fragt nach seinem und Mamas Beruf.

»Ich bin Journalist und meine Frau gelernte Lehrerin, sie arbeitet jetzt als Sprechstundenhilfe bei einem Arzt«, antwortet Papa, und Jie-Oun, der kurz vom Moderator vorgestellt wird, übersetzt nun ins Koreanische.

»Ahhhs« und »Ohhhs« erfüllen den Raum.

Jetzt fordert mich die Moderatorin auf, die Fotos, die ich mitgebracht habe, zu kommentieren. Auf dem Bildschirm erscheinen nacheinander vier Aufnahmen von mir, und ich erzähle jeweils, wie alt ich war, als die Fotos gemacht wurden, und dass der Junge auf den Bildern mein Bruder Jannik ist, der ebenfalls aus Korea adoptiert wurde.

Jie-Oun übersetzt weiter: »Wenn deine leiblichen Eltern jetzt diese Sendung sehen würden, was würdest du ihnen sagen?«

Ich muss nicht lange überlegen. Genau darüber habe ich mir schon viele Gedanken gemacht, und daher antworte ich schnell: »Erst einmal würde ich ihnen sagen, dass ich ihnen absolut keine Vorwürfe mache, dass sie mich abgegeben haben. Ich würde ihnen auch gerne erzählen, was ich alles erlebt habe und dass es mir gut geht, dass ich eine wunderbare Familie gefunden habe und glücklich bin. Ich möchte sie einfach kennen lernen, etwas über sie erfahren und fragen, warum es dazu kam, dass sie mich abgeben mussten …«

Die nächste Frage richtet sich überraschenderweise an meine Mutter.

»Was denken Sie über die Sendung?«

Ich blicke zu Mama hinüber und sehe, wie sie um Fassung ringt. Stockend erklärt sie: »Ich finde es sehr bewegend …« Dann laufen ihr auch schon die Tränen über die Wangen. Leise fügt sie hinzu: »… und wünsche mir, dass alle ihre Familien finden.«

In diesem Augenblick kann auch ich meine Anspannung nicht länger verbergen, und mir steigen Tränen in die Augen. Das ist mir äußerst unangenehm, aber ich kann nichts dagegen tun. Zum Glück erklingt kurz darauf die Schlussmelodie, und der Abspann läuft über den Studiobildschirm.

Erleichtert, dass der Auftritt überstanden ist, stehen wir auf, kommen aber nicht weit, weil uns alle möglichen Leute die Hände schütteln. Der Redaktionsassistent spricht mich an, sagt in gebrochenem Englisch, dass er auch aus Gyeongju stamme und mir viel Glück bei meiner Suche wünsche. Frau Choi verabschiedet sich ebenfalls von uns und überreicht mir einen Warengutschein, den ich in einem großen koreanischen Kaufhaus einlösen kann.

Irritiert stecke ich das Kuvert ein. Ich habe jetzt gar keinen Sinn dafür und möchte erst einmal Bernhard anrufen.

In Deutschland ist es zwar mitten in der Nacht, aber wir haben abgemacht, dass ich mich gleich nach der Sendung melde, und so verdrücke ich mich in die stille Ecke des Studioflurs, wo ein Kartentelefon an der Wand hängt.

»Ich hab es geschafft. Ich war in der Sendung«, sage ich als Erstes.

»Cool. Wie lief's denn?«

Es tut gut, Bernhards Stimme zu hören.

»Gar nicht so cool. Mama und mir sind die Tränen gekommen. Richtig peinlich. Überhaupt wurde hier die ganze Zeit geheult.«

»Bei den Themen doch kein Wunder. Mach dir mal keinen Kopf. Das wäre sicher jedem so gegangen.«

Wir verabreden, dass ich später noch einmal Genaueres maile. Ich wünsche Bernhard eine gute Nacht und lege auf.

Erschöpft und hungrig begeben wir uns mit Jie-Oun in eine nahe gelegene Café-Bar und bestellen dort zur Stärkung jeder einen belegten Bagel.

Während wir auf das Essen warten, fällt mir wieder der Kaufhaus-Gutschein ein. Obwohl ich wirklich gern shoppen gehe, ist jetzt überhaupt nicht daran zu denken. Außerdem fliegen wir schon Samstag nach Deutschland zurück, wir haben also nur noch zwei Tage in Korea. Als ich eine junge Familie mit mehreren Kindern das Restaurant betreten sehe, kommt mir eine Idee: Ich könnte den Gutschein an das Kinderheim von Gyeongju schicken. Die Kinder dort hatten kaum Spielzeug, die brauchen diesen Gutschein eher.

Sobald mein Magen angenehm gefüllt ist, möchte ich erst einmal nur noch ins Bett. Mit einem Taxi fahren wir bis zur Einkaufsstraße nahe dem Campusgelände und schlendern den restlichen Weg zum Gästehaus. Als wir an einer Frau vorbeigehen, die Werbeflyer für einen Friseursalon verteilt, zeigt diese plötzlich auf uns und gestikuliert dabei wild mit den Händen. Das heißt, erst nach einer Weile erkenne ich, dass sie immer wieder ein Rechteck in die Luft zeichnet. Ich muss grinsen. Ob sie uns im Fernsehen gesehen hat? Anders ist ihre Geste nicht zu verstehen.

Im Gästehaus erwartet uns Jannik schon gespannt. Ich erzähle ihm in Kurzfassung, wie es war, und verabschiede mich dann. Für längere Gespräche bin ich viel zu müde. Ich stelle mir nicht einmal mehr die Frage, ob sich meine leibliche Mutter jetzt wohl melden wird.

Erst am Nachmittag erwache ich wieder aus einem tiefen Schlaf, dusche kurz und gehe dann zum Zimmer meiner Eltern. Dass ich noch am Morgen im koreanischen Fernsehen aufgetreten bin, erscheint mir wie ein Traum und weit weg.

»Habt ihr euch auch ausgeruht?«, frage ich Mama und Papa, die auf dem Bettrand ihres Doppelbettes sitzen.

Mama guckt Papa an, Papa guckt Mama an.

Hm. Ich spüre, dass etwas nicht stimmt. Die beiden wirken angespannt.

»Komm erst mal rein, Anneli«, sagt Mama. »Setz dich zu uns.« Sie rücken auseinander, sodass ich mich zwischen ihnen niederlassen kann. Doch ich zögere.

»Jie-Oun hat gerade angerufen …« Papa stockt.

»Er hat von Frau Choi erfahren, dass sich eine Frau gemeldet hat …«

Mir wird schwindlig.

»Sie behauptet, sie wäre deine Mutter …«

»Was? – Nee!«, stammele ich ungläubig.

»Doch, gerade eben. Die Frau hat gesagt, dass sie den ganzen Vormittag nach der Sendung geweint hätte. Ihre Tochter hat dann beim Sender angerufen.«

Ich kann es nicht fassen. Jetzt muss ich mich setzen. Damit habe ich überhaupt nicht gerechnet. Wie unter Schock starre ich sekundenlang vor mich hin. Mir laufen Tränen über die Wange, ich kann die Gefühle nicht sortieren. Kann gar nicht zuordnen, welche Gefühle mich zum Weinen bringen. Als ich mich endlich wieder gefasst habe, will ich alles wissen, was meine Eltern erfahren haben.

»Frau Choi hat mit dieser Frau lange gesprochen«, berichtet Mama jetzt. »Sie hat den Eindruck, dass die Anruferin glaubwürdig ist. Die Frau hat eine plausible Begründung gegeben, warum du ihr Kind sein könntest.« Mama streicht mir über den Rücken. »Aber um wirklich sicher zu sein, musst du morgen in der Uniklinik einen DNA-Test machen lassen.«

»Der Fernsehsender hat wohl in der Vergangenheit schlechte Erfahrungen gemacht und möchte erst die hundertprozentige Sicherheit, bevor sich Kind und Eltern treffen«, fügt Papa hinzu.

Ich sitze nach wie vor reglos da. Meine leibliche Mutter lebt vielleicht noch. Sie hat mich wiedererkannt. Ihre Tochter hat angerufen, dann habe ich womöglich eine Schwester. Ob sie auch einen Mann hat? In meinem Kopf herrscht Chaos. Wenn ich an meine leibliche Mutter dachte, habe ich immer eine alleinstehende Frau vor mir gesehen. Was auch sonst! Eine Frau ohne Mann, die in Not war und sich nicht anders zu helfen wusste, als ihr Baby abzugeben. Deshalb habe ich auch nur nach meiner Mutter gesucht, nie ist mir der Gedanke gekommen, dass sie einen Ehemann und weitere Kinder, also eine Familie haben könnte.

»Wie machen die den DNA-Test denn?«, schießt es plötzlich aus mir heraus. »Blut abnehmen, oder?« Meine Stimme zittert.

Ich habe seit Jahren schon panische Angst vor Spritzen, genauer gesagt vor diesen dünnen, langen Injektionsnadeln.

»Das wird nicht anders möglich sein.« Papa legt mir tröstend den Arm um die Schultern. »Wird bestimmt nicht so schlimm.«

Blut abnehmen lassen in einem fremden Land von einer fremden Krankenschwester. Am liebsten würde ich mir das Blut in Deutschland bei meiner Ärztin abnehmen lassen, um die DNA zu bestimmen. Aber das geht nicht. Ich muss hier einfach über meinen Schatten springen. Ich straffe die Schultern und nicke.

Ob sie wohl im gleichen Krankenhaus getestet wird?, geht es mir durch den Kopf. Ich könnte mich morgen vor dem Haupteingang postieren und warten. Sie würde mich ja auf jeden Fall erkennen, und wer weiß, vielleicht sehen wir uns ja so ähnlich, dass auch ich sie erkenne.

Als hätte Mama meine Gedanken erahnt, sagt sie: »Es ist schon wichtig, dass dieser DNA-Test gemacht wird, bevor ihr euch begegnet. Es werden so viele Gefühle in euch aufgewühlt, und sicher wäre es eine große Enttäuschung, wenn ihr dann am Ende doch nicht verwandt seid.«

Sie hat recht, das weiß ich.

»Aber was soll ich jetzt tun? Ich kann doch nicht hier rumsitzen! Dann werde ich verrückt vor lauter Gedanken.«

»Lasst uns zum Nam-Dae-Mun-Markt fahren, den kenne ich von früher.« Papa hat die rettende Idee, um auf andere Gedanken zu kommen. »Dieser Markt ist wirklich sehenswert. Es ist einer der größten in der Stadt, dort bekommt man alles, was du dir nur vorstellen kannst«, sagt er.

Die Stände des Nam-Dae-Mun-Markts laden zum Stöbern ein, und trotz des geschäftigen Treibens ist er auch ein Ort der Muße. Papas Medizin wirkt … Als wir an einem Brillengeschäft vorbeikommen, das in einer der Marktgassen liegt, fällt mir der Rat von Roos ein, mir in Korea eine Sonnenbrille zu kaufen, weil die auf »unseren Nasen« besser säßen.

Und in der Tat habe ich in Deutschland oft schon Schwierigkeiten gehabt, eine schicke Brille zu finden, die genau auf meine asiatische Nase passt.

Die Auswahl ist groß, ich probiere einige an und entscheide mich recht schnell für ein Modell. So richtig bei der Sache bin ich aber nicht.

In Gedanken versunken ziehen wir weiter durch die Marktgassen und bummeln an den bunten Auslagen vorbei.

Als Mama an einem Stand Körbe für Brötchen und Obst aussucht, ruft die Verkäuferin plötzlich immer wieder »TV, TV …« und deutet auf einen Fernseher im Inneren des Standes.

Auch sie muss am Morgen die Sendung angeschaut haben und verbeugt sich jetzt mehrere Male begeistert vor uns. Einen so großen Mann mit langen grauen Haaren, die in einem Zopf zusammengebunden sind, sieht man im hiesigen Fernsehen sicher selten.

Als Mama sich für zwei Körbchen entscheidet, schenkt die Verkäuferin uns noch besonders schöne Holzstäbchen und sagt etwas, das den Gesten und der Mimik nach »Ich wünsche Ihnen viel Glück bei Ihrer Suche« bedeuten könnte.

Es verblüfft mich, wie viele Koreaner während der Arbeit fernsehen, denn beinahe in jedem Marktstand oder Geschäft ist ein Gerät angeschlossen. Das wäre bei uns undenkbar.

Bevor ich schlafen gehe, maile ich Bernhard noch von einem Gästehaus-Computer aus, erzähle von der Sendung und schreibe ihm vor allem, dass sich eine Frau gemeldet habe, die meint, meine Mutter zu sein. Wie gern würde ich sein Gesicht sehen, wenn er diese Zeilen liest …

Ich bin so froh, bald wieder bei ihm zu sein.

Auch in dieser Nacht finde ich nur wenig Schlaf, immer wieder blicke ich auf die Uhr. Wer diese Frau wohl ist? Wie sie aussehen mag? Ist sie wirklich meine leibliche Mutter?

Der DNA-Test wird Klarheit bringen. Aber daran versuche ich jetzt erst einmal nicht zu denken.

Am nächsten Morgen treffen Mama, Papa und ich uns mit Kum-Hwa, Jie-Ouns Frau, die uns in die Uniklinik von Seoul begleitet. Sie hat eine Zeit lang als Krankenschwester in Deutschland gearbeitet und kann mir sicher gut zur Seite stehen. Ich bin nervös und ängstlich und bedränge Kum-Hwa schon während der Fahrt, bloß darauf zu achten, dass bei der Blutabnahme eine Butterfly-Kanüle verwendet wird, weil der Einstich damit weniger schmerzhaft ist.

Vom Haupteingang aus werden wir zu einem Nebengebäude geschickt. Eine junge Krankenschwester führt uns in einen kleinen Raum. Oje, hier soll ich mein Blut lassen?! Auf mich wirkt der Raum eher wie eine Abstellkammer und nicht gerade Vertrauen erweckend. Ich spüre, wie die Angst in mir wächst. Schon wieder erinnere ich Kum-Hwa an die Butterfly-Kanüle. Sie sagt, das sei kein Problem, und so setze ich mich auf den einzigen Stuhl in der Ecke.

Die Krankenschwester kommt, bindet mir meinen Arm mit einem breiten Gummiband ab, ich wünschte, wir könnten wenigstens ein paar Worte wechseln. In diesem Moment sticht sie zu – und verfehlt die Ader. Ich spüre, wie die Angst in mir hochsteigt. Erst nach einer Ewigkeit, so kommt es mir vor, ist endlich genug Blut in die Kanüle geflossen.

Es könne bis zu vier Wochen dauern, bis das Ergebnis des Tests vorliege, erläutert uns die Krankenschwester. Der Fernsehsender würde uns darüber informieren.

Wir verlassen die Klinik, und draußen atme ich erst einmal tief durch. So, das wäre geschafft.

Mama und ich überlegen, ob wir den Flug verschieben und in Seoul auf das Ergebnis des DNA-Testes warten sollen.

Meine Sehnsucht nach Bernhard ist aber inzwischen so groß, dass ich nicht noch länger von ihm getrennt sein möchte – schon gar nicht für einen ganzen Monat. Ich habe zwar bis zur Ausbildung ab Oktober keine Verpflichtungen in Deutschland, aber es würde mir nach den vielen Eindrücken und Gefühlen, die sich in mir angesammelt haben, guttun, mich von Bernhard fest in den Arm nehmen zu lassen, mit Freunden zu reden und endlich einmal wieder in mein überschaubares Leben in Deutschland einzutauchen. Also noch zweimal schlafen und dann …

Heute, am letzten Tag unseres Seoulaufenthaltes, sind Jannik und ich noch mit Somi verabredet. Sie wollte sich gern noch einmal mit uns treffen, bevor wir wieder nach Deutschland reisen. Jannik fühlt sich endlich auch wieder besser, und mir kommt die Ablenkung sowieso sehr entgegen, denn im Moment nutzt alles Grübeln ja nichts. Auf dem Weg ins Uni-Viertel spricht mich in der S-Bahn plötzlich eine junge koreanische Frau auf Englisch an. Auch sie hat die Fernsehsendung verfolgt und mich wiedererkannt.

Sie zerrt ihren Schlüsselbund aus der Tasche und nestelt daran herum.

»Ich möchte dir gern einen Glücksbringer schenken«, sagt sie und lächelt. Im nächsten Moment legt sie mir einen Anhänger aus Plastik in die Hand. »Den hat mir meine Lehrerin aus Hawaii mitgebracht, jetzt soll er dir bei der Suche nach deiner leiblichen Mutter Glück bringen.« Sie steht auf und wendet sich zum Ausgang. Die Bahn stoppt, und die junge Frau winkt mir von der Tür aus noch einmal zu, dann ist sie auch schon in der Menge auf dem Bahnsteig verschwunden. Gerührt betrachte ich den Schlüsselanhänger mit dem hawaiischen Muster, drehe ihn mehrere Male in meiner Hand und verstaue ihn schließlich gut in meinem Rucksack.

Das Treffen mit Somi bringt mich und Jannik auf andere Gedanken. Mein Bruder hat das Gästehaus genug von innen betrachtet und ist froh, wieder einmal unter Leuten zu sein.

Wir haben viel Spaß und reden wenig von mir und meiner Suche, sondern stürzen uns ins pralle Leben des Uni-Viertels.

Diese letzte Nacht in Korea ist die erste Nacht seit langem, die ich durchschlafe.

Jie-Oun und Kum-Hwa bringen uns nach dem Frühstück zum Flughafen – unsere Freunde waren in diesen Tagen hier in Südkorea sehr wichtig für uns. Wir nehmen sie noch einmal fest in die Arme. Dann warten wir wieder einmal auf den Flieger nach Deutschland …

Ich fliege in Bernhards Arme. Endlich!

»Ich hab dich vermisst«, sagt er mir leise ins Ohr und küsst mich.

Jetzt will ich nur noch nach Hause.

Ich brauche endlich eine Pause. Eine Pause von wichtigen, mein ganzes Leben auf den Kopf stellenden Ereignissen, von Menschen, die in mir ungekannte Gefühle auslösen, von all dem Fremden, das jetzt mein Eigenes sein soll. Ich will Freunde treffen, zu Grillpartys gehen, mein ganz normales deutsches Leben leben.

Am Montag, ich habe gerade die Korea-Fotos zum Entwickeln gebracht, meldet sich Papa auf meinem Handy.

»Bist du nicht in der Redaktion?«, frage ich verwundert. Denn es kommt wirklich selten vor, dass mein Vater mich zu seinen Arbeitszeiten anruft.

»Anneli, wir haben gefunden, was du gesucht hast.«

Ich stehe auf der Leitung. »Was meinst du damit?«

»Gerade eben hat Jie-Oun angerufen«, erklärt Papa. »Der Fernsehsender hat das Ergebnis der DNA-Analyse. Es ist zu 99,99 Prozent positiv. Du hast deine Mutter gefunden.«

»Aber Papa, die Krankenschwester meinte doch, es dauert bis zu vier Wochen, bis das Ergebnis da ist.« Ich bin völlig verwirrt.

»Ja, aber nun ging es eben schneller. Ist doch toll! Und du hast nicht nur deine leibliche Mutter gefunden, sondern auch deinen leiblichen Vater, zwei ältere Schwestern und einen jüngeren Bruder!« Papas Stimme klingt bewegt und ich höre, dass er mit den Tränen kämpft.

Ich kann es nicht glauben! Ich bin überwältigt und fassungslos zugleich.

Ganz langsam beginne ich zu begreifen, und Freude steigt in mir auf. Gleichzeitig bin ich unsicher. Ich weiß ja gar nicht, was jetzt auf mich zukommt.

»Papa, ich muss sofort Bernhard anrufen. Ich melde mich später noch mal.« Schon habe ich meinen Vater weggedrückt.

»Bernhard, ich hab meine leibliche Mutter gefunden! Papa hat gerade angerufen. Das DNA-Ergebnis ist schon da! Und ich habe auch noch Geschwister!«, rufe ich in mein Handy und vergesse all die Menschen um mich herum.

»Echt?« Bernhards Stimme überschlägt sich fast. »Wo bist du? Ich komme sofort zu dir!«

»Ich bin in der Stadt. Ich warte vor dem Bahnhof auf dich!«

Plötzlich stehe ich wie unter Strom. Ich will unbedingt noch einem Menschen erzählen, dass ich meine leibliche Mutter gefunden habe. Einem Menschen, der nachvollziehen kann, was mir das bedeutet. Sofort fällt mir Irmtraut ein, die Frau meines Patenonkels. Sie ist auch adoptiert worden, eine innerdeutsche Adoption. Sie kennt meinen Wunsch, weiß von der Suche. Sie selbst hat sich erst vor wenigen Jahren auf die Suche nach ihrer leiblichen Mutter gemacht und hat sie ebenfalls gefunden – auch bei ihr ein Wunder.

Schon bevor ich nach Korea geflogen bin, hatten wir uns getroffen, um uns in Ruhe auszutauschen, was mir bevorstehen könnte. Welche Hoffnungen, welche Gefühle, welche Gedanken mich bewegten …

Ich rufe bei der Auskunft an und lasse mich direkt weiterverbinden. Ein Glück, Irmtraut ist zu Hause.

Euphorisch rufe ich ins Telefon: »Irmtraut, das DNA-Ergebnis ist da. Ich habe meine leibliche Mutter gefunden!«

Ihre Rührung kann ich durch die Leitung spüren.

Nach dem Gespräch stehe ich noch mit dem Handy in der

Hand da und weiß nicht, was ich als Nächstes tun soll. Ich bin so glücklich, dass ich am liebsten der ganzen Welt mitteilen möchte, was passiert ist. Zwei ältere Schwestern soll ich haben. Wow! Ich habe mir immer eine ältere Schwester gewünscht, und nun bekomme ich gleich zwei.

Da kommt Bernhard. Er hat eine große, schöne, kräftige Sonnenblume in der Hand und nimmt mich ganz fest in den Arm. Erst jetzt steigen mir ein paar Tränen in die Augen. Ich kann das alles nicht fassen. Obwohl es kaum Anhaltspunkte zu meinem Lebensanfang gab, habe ich meine leibliche Mutter gefunden …

Bald steht fest, dass wir die zweite Reise nach Südkorea in einem Monat zu viert antreten werden. Schließlich ist es ein Ereignis, das uns als ganze Familie betrifft, und alle wollen gern dabei sein. Leider kann Bernhard nicht mitkommen, weil er mitten in einer Prüfungsphase steckt.

Da ich über die *Achim-Madang-Show* nach meiner leiblichen Mutter gesucht habe, ist es nun Bedingung, dass ich ihr in einer Folgesendung auch zum ersten Mal begegne. Das ärgert mich jetzt. Es ist ein privater und besonderer Moment, den möchte ich nicht vor Kameras und einem großen Publikum erleben. Aber so ist nun mal der Deal.

Als ich mich zu der Suche im Fernsehen entschloss, wagte ich nicht wirklich zu hoffen, meine Mutter zu finden. Ich wusste zwar, dass es meine einzige Chance war, aber ich habe doch nicht wirklich daran geglaubt, dass mir meine leibliche Mutter eines Tages tatsächlich gegenüberstehen würde. Dass ich sie *nicht* finden könnte, damit hatte ich mich schon des Öfteren auseinandergesetzt, das war ich bereit zu akzeptieren. Und ich hatte auch nicht damit gerechnet, dass ich mich deshalb mein Leben lang grämen würde. Es ist unsagbar schön und spannend, bald meiner Herkunft auf die Spur zu kommen, auf manche Fragen eine Antwort zu erhalten.

All meine Freunde, unsere Verwandten und auch die Freunde meiner Eltern haben inzwischen erfahren, dass ich meine leibliche Mutter gefunden habe. Meine Freunde freuen sich für mich und sind genau wie ich gespannt, wie es weitergeht.

Meine Eltern jedoch erleben auch andere Reaktionen. Manche Bekannte sind betroffen und äußern sogar Mitleid. Sie fragen besorgt, ob diese Situation sehr schlimm für sie sei. Manche meinen tatsächlich, dass ihnen nun der Verlust ihres Kindes drohe.

Wir sprechen ganz offen darüber und wundern uns über diese Ängste. Wir bleiben eine Familie, auch wenn ich in Kürze meine leiblichen Eltern kennen lerne. Das ist für uns ganz klar.

Wie so häufig in allen Fragen rund um meine Adoption bringe ich meine Erlebnisse ins www ein. Wir Adoptierten, auch die »Ado-Eltern« sind ganz gut vernetzt und tauschen uns viel über das Internet aus. In Chats erfahre ich noch einmal von vielen anderen, dass diese tolerante Einstellung meiner Adoptiveltern wirklich nicht selbstverständlich ist. Manche Eltern haben schlichtweg Angst, ihr Adoptivkind an die leiblichen Eltern zu verlieren, und unterstützen es deshalb nicht. Vielleicht würde es ihnen helfen zu hören, wie positiv sich solch eine Suche für die gesamte Familie gestalten kann. Die liebevolle Unterstützung meiner Eltern bedeutet mir sehr viel und stärkt noch unseren Zusammenhalt.

Und so ist es auch selbstverständlich, dass wir gemeinsam überlegen, welche Geschenke wir für meine koreanische Familie mitnehmen werden. Wie sucht man eigentlich ein Geschenk für die eigene Mutter aus, wenn man sie noch gar nicht kennt?

Von Jie-Oun, der in Kontakt mit der Redakteurin Frau Choi steht, erfahren wir weitere Neuigkeiten: Meine leibliche Mutter heißt Lee Sang-Suk, sie wohnt mit meinem leiblichen Vater, den beiden älteren Schwestern und dem jüngeren Bruder in Pohang, einer Industriestadt an der südlichen Ostküste des Landes. Jie-Oun erzählt uns außerdem, dass eine meiner Schwestern Studentin ist.

Vielleicht spricht sie dann sogar Englisch, hoffe ich. Und wenn die Tochter studiert, kann die Familie nicht völlig verarmt sein. Wieder muss ich meine Vorstellungen korrigieren. Ich habe mir meine leibliche Mutter immer mittellos vorgestellt.

Sehr plötzlich wird alles sehr konkret. Meine leibliche Familie lässt fragen, wie lange wir in Südkorea bleiben können. Sie möchte uns gern nach Pohang einladen und hat bereits Pläne für unseren Besuch.

Die Sendung wird Mittwochmorgen live ausgestrahlt. Wir werden bereits am Samstag darauf wieder zurück nach Deutschland fliegen müssen, hätten also bis Freitag Zeit. Jie-Oun gibt dies an Frau Choi weiter, die es wiederum meinen leiblichen Eltern mitteilt. Diese Umwege sind hoffentlich bald nicht mehr nötig.

Endlich weiß ich, was ich meiner Familie mitbringen werde. Ich möchte ihnen zeigen, wo ich aufgewachsen bin, wie ich mich im Laufe der Jahre verändert habe und wie gut es mir geht. Also stelle ich ein Album mit Fotos zusammen, aus jedem Lebensjahr wähle ich mindestens zwei aus. Ich freue mich darauf, meinen Eltern und Geschwistern auf diese Weise etwas von meinem Leben zeigen zu können. Unsere koreanischen Freunde helfen mir sicher, die Bilder zu beschriften. Ich möchte mit dem Album gern etwas Persönliches schenken. Außerdem besorge ich einen Bildband über Deutschland und einen über meine Heimatstadt Köln.

Während ich nun wieder einmal über dem Album sitze, die letzten Fotos einklebe, frage ich mich, wie diese Wochen vor dem Zusammentreffen wohl für meine koreanischen Eltern sind. Sie haben mich im Fernsehen gesehen, wissen also, wie ich aussehe, haben auch ein paar Informationen über mich. Ob sie oft an mich denken? Verbringen sie die Zeit damit, sich zu überlegen, was wir an den gemeinsamen Tagen alles unternehmen können? Oder sind sie nervös und versuchen, sich abzulenken? Mit wem sprechen sie über mich? Ob sie ihren Verwandten und Bekannten erzählen, dass sie in wenigen Wochen ihre dritte Tochter wiedersehen? Oder ob sie darüber schweigen? Da die *Achim-Madang-Show* in Korea so populär ist, müssen sie damit rechnen, dass viele Freunde und Bekannte sie anschauen werden. Sie ist so bekannt wie bei uns *Wetten, dass ...?*.

Nachdem ich das letzte Foto eingeklebt habe, blättere ich noch einmal zum Anfang zurück. Aus den ersten vier Lebensmonaten besitze ich nur die beiden Fotos, die meine Eltern von Holt geschickt bekommen haben. Ob sich das demnächst ändern wird?

Immer öfter stelle ich mir die Frage, wie es für Jannik wohl sein mag, dass ich meine leibliche Familie gefunden habe. Er wollte ja selbst nicht über das Fernsehen auf Suche nach seiner Familie gehen, aber jetzt hautnah mitzuerleben, wie ich kurz davor stehe, meinen leiblichen Eltern zu begegnen, könnte für ihn auch belastend sein. Bereut er seinen Entschluss? Beneidet er mich? Was geht wohl in ihm vor?

Ich zögere nicht lange und rufe ihn an.

»Hey, Schwesterchen, alles klar?«, fragt er.

»Ja, schon«, gebe ich zurück.

Jannik und ich plaudern selten einfach so miteinander. Wenn wir uns in Köln sehen und es sich ergibt, sitzen wir schon mal ein Stündchen in einem unserer alten Zimmer zusammen, aber wir rufen uns selten an. Eher mailen wir kurz oder simsen.

»Stimmt was nicht?« Jetzt klingt Jannik fast schon besorgt.

Hm. Wie soll ich anfangen …

»Jetzt sag schon, ich hab noch was vor.«

Ich mag die trockene, direkte Art meines Bruders. »Ich wollte dich fragen, ob du es jetzt bereust, dass du nicht mit im Fernsehen warst.«

»Quatsch! Das ist dein Ding. Ich bin noch nicht so weit. Vielleicht werde ich auch niemals suchen.«

»Ich freu mich aber, dass du wieder mitkommst.«

»Ist doch selbstverständlich. Wenn meine Schwester die Familie vergrößert, will ich auch dabei sein.«

Jannik geht seinen eigenen Weg. Er studiert bald Koreanisch, und wenn er die Sprache erst beherrscht, kann er selbst Einblick in seine Adoptionsakte nehmen und ist nicht auf Übersetzung angewiesen. Und das Wichtigste ist, dass ihn niemand zur Suche drängt. Jeder muss selbst entscheiden, wann der Zeitpunkt gekommen ist, um auf Spurensuche zu gehen. Davon bin ich fest überzeugt.

Eine gute Woche später stehe ich wieder in Seoul an der Passkontrolle. Natürlich fragt mich die Dame hinter dem Schalter mit Blick auf meinen Reisepass, was ich denn, nur vier Wochen nach meinem letzten Aufenthalt, nun schon wieder in Korea wolle.

Ich antworte wahrheitsgemäß auf Englisch: »Ich bin adoptiert worden und war vor vier Wochen in der *Achim-Madang-Show*, um nach meinen biologischen Eltern zu suchen. Nun habe ich sie gefunden und möchte mich bald mit ihnen treffen.«

Die Frau lächelt mich freundlich an und sagt, sie glaube sogar, die Sendung gesehen zu haben und sich an mich und meine Adoptiveltern erinnern zu können.

Soso. Ich lächle zurück. Ist das jetzt Höflichkeit oder ist

es tatsächlich möglich, dass beinahe jeder Koreaner, mit dem ich spreche, ausgerechnet diese eine Sendung gesehen hat?

Noch zwei Tage warten und ablenken von grüblerischen Gedanken ... Den Tag der Ankunft verbringen wir mit Jie-Oun, Kum-Hwa, ihrer Tochter Se-In und Bum-Goo.

Am Dienstag treffen Jannik und ich uns mit Somi, die inzwischen tatsächlich ihre Augenlider hat operieren lassen, wie ihre Mutter es wollte. Bei einem Latte macchiato frage ich sie, wie es gewesen ist.

»Ich hatte vorher große Angst und nach der Operation auch ziemliche Schmerzen. Aber jetzt ist meine Mutter glücklich, und die Schmerzen sind vergessen.« Somi lacht unbekümmert.

Mir gefiel Somi mit ihren natürlichen Augen besser, aber das sage ich ihr natürlich nicht. Sie ist so ein liebenswerter Mensch, und warum soll ich ihre Freude trüben?

Sie erzählt uns, dass sie für ein Semester in England studiert habe und in dieser Zeit auch durch Europa gereist sei. »Hat mir gut gefallen. Vor allem die leckeren Kuchen!«, erzählt sie fröhlich, kraust dann aber die Stirn. »Ich habe leider ein paar Kilo zugenommen, und meine Mutter war darüber so schockiert, dass sie mich, als ich zurück war, erst einmal auf Diät gesetzt hat.«

Ich finde es einfach unglaublich, welche hierarchischen Strukturen in Korea herrschen. Der Familie und vor allem älteren Menschen sowie höher stehenden Personen Respekt entgegenzubringen heißt anscheinend auch, ihnen nicht zu widersprechen. Was immer also Somis Mutter will, ihre Tochter muss sich dem mehr oder weniger beugen, um keinen Streit zu entfachen. Koreanische Töchter haben gehorsam zu sein.

Niemals würde ich mir von meiner Mutter vorschreiben lassen, wie viel ich zu essen habe. Und schon gar nicht würde ich mir für sie die Augen operieren lassen. Aber bei uns in Deutschland gibt es wohl kaum eine Mutter, die auf die Idee kommt, der eigenen Tochter eine Schönheits-OP ans Herz zu legen …

Während ich noch nach freundlicheren Worten suche, um Somi zu vermitteln, dass es bei uns in Deutschland ganz anders zugeht, kommt mir Jannik zu Hilfe: »Den Jugendlichen in Europa geht es da ganz anders mit ihren Eltern. Sie müssen viel früher selbst bestimmen, was gut für sie ist. Und viele lehnen sich auch gegen die Eltern auf.«

Somi denkt einen Moment lang nach und erklärt dann: »Ich beneide euch Europäer ein bisschen, ihr habt Freiheiten, die wir nicht haben. Und ihr könnt viel früher selbstständig entscheiden und handeln.«

Am Abend packe ich meine Tasche für die nächsten Tage in Pohang, treffe mich mit meinen Eltern und Jannik noch einmal im Aufenthaltsraum des Gästehauses, beschließe, früh schlafen zu gehen, rufe dann aber mehrmals Bernhard an, schleiche später in den Computerraum des Gästehauses, beantworte E-Mails, surfe im Netz und liege schließlich nach Mitternacht hellwach im Bett. Papa hat mir beim Gute-Nacht-Sagen einen Brief zugesteckt, den ich jetzt hervorziehe und mit klopfendem Herzen lese. Warum mein Herz klopft, weiß ich nicht so recht, ich kann mir doch eigentlich denken, dass es ein Brief ist, der mich für den morgigen Tag stärken soll. Es muss die ganze Situation sein, die mich so dünnhäutig macht …

Lieber Tochter-Spatz,
was für vier Wochen liegen hinter dir, hinter uns! Du hattest dich – neugierig und unbekümmert, wie wir dich kennen – auf die Suche nach deiner leiblichen Mutter gemacht. Und dann hast du gleich einen Sechser im Lotto gezogen. Du hast sie gefunden, und

offenbar nicht nur sie, sondern eine ganze Familie, vielleicht deine ganze Familie.
Noch wissen wir so gut wie nichts über sie und gar nichts darüber, wieso du nicht bei ihnen bleiben konntest. Aber was immer es an Erklärungen geben mag – es wird sich auf Lebensphasen von dir und von ihnen beziehen, die längst in ferner Vergangenheit liegen. Und was immer es für Gründe waren – wir hoffen, dass du damit leben und deine leiblichen Eltern auf deine liebenswerte Art ohne Vorbehalte ins Herz schließen kannst.
Wir wissen nicht, wie es ist, Eltern einer leiblichen Tochter oder eines leiblichen Sohnes zu sein, von »selbst gezeugten« Kindern. Wir können es uns bestenfalls vorstellen, aber erst, seitdem wir eure Eltern sind. Wir wüssten aber auch gar nicht, worin sich »Elterngefühle« für selbst gezeugte Kinder unterscheiden sollten. Seitdem wir Kinder haben, euch beide, sind wir Eltern – eure Eltern. Und daran hat sich nichts geändert, seitdem wir erfahren haben, dass du deine koreanische Blutsverwandtschaft gefunden hast.
Du bist uns als unser Kind so ans Herz gewachsen, dass wir nicht fürchten, dass sich an unserer Beziehung etwas ändern könnte. Deshalb konnten wir dich auch ganz ohne Furcht und Verlustängste suchen lassen. Wir sind mit dir neugierig und gespannt auf den morgigen Tag der ersten Begegnung mit deiner leiblichen Familie.
Wenn es eine Sorge gibt, dann die, wie du dies alles verkraften wirst, aber wir sind sicher, dass du weißt: Wir sind immer für dich da und werden dich als Eltern auf diesem Weg begleiten und bei dir sein, wenn du uns brauchst.
Geh deinen Weg, lieber Schatz. Wir sind glücklich, dass du nun auch die Chance hast, mehr über deine Herkunft »vor unserer Zeit« zu erfahren.
Wir wünschen dir viel Kraft.
In Liebe
Dein Papa und deine Mama

Ich falte den Brief behutsam zusammen. Es tut unendlich gut zu wissen, dass Mama und Papa da sind. Sie klammern nicht ängstlich an mir, sondern sind an meiner Seite. Sie haben mir einen Platz im Leben gegeben. Ich weiß nicht, wie mein Leben als Waisenkind hier in Korea verlaufen wäre. Ich weiß aber, dass ich durch meine Adoption die Chance hatte, Eltern zu bekommen, die mir viel Liebe schenken. Dennoch befürworte ich Auslandsadoptionen nicht, denn gesellschaftlich haben es Adoptierte aus dem Ausland meist schwer. Wir bekommen gespiegelt: Du bist fremd. Ich erinnere mich plötzlich an einen Campingurlaub mit meinen Eltern vor wenigen Jahren. Wir hatten alle abwechselnd Spüldienst, und während ich mal wieder an der Reihe war, brachte Papa mir noch Geschirr zu den Spülbecken. Als er wieder fort war, stellte ein Mädchen neben mir seiner Mutter eine Frage, die ich nicht verstand, sie deutete dabei aber in meine Richtung. Die Antwort dieser Frau habe ich sehr wohl verstanden. »Der hat sich die Frau gekauft. Manche Männer kaufen sich Frauen in Asien«, erklärte sie. Ich war so perplex, dass ich nicht reagieren konnte. Im Nachhinein habe ich mich geärgert, dass ich nichts erwidert habe.

Solche diskriminierenden Erlebnisse gab es zum Glück selten, »normal« ist es aber, dass ich gefragt werde, woher ich denn komme. Und wildfremde Menschen loben mein gutes Deutsch. In Amerika habe ich mich auch deshalb superwohl gefühlt, weil ich dort nicht einmal nach meiner Herkunft gefragt wurde. Meine Herkunft …

Morgen werde ich mehr darüber wissen. Jetzt klopft mein Herz schon wieder vor Aufregung, ich befürchte, ich werde kein Auge zutun diese Nacht. Da sind sie wieder, die Fragen. Wie wird das Treffen mit meiner leiblichen Familie wohl verlaufen? Ob wir uns etwas zu sagen haben? Werde ich mich zwischen meiner deutschen und meiner koreanischen Familie hin und her gerissen fühlen? Und was werde ich über meinen Lebensanfang erfahren? Erfahre ich endlich, endlich meinen wirklichen, echten, einzigen, wahren Geburtstag? Nur die Frage, warum sie mich weggegeben haben, steht für mich nicht im Mittelpunkt. Es kann nur eine Notsituation gewesen sein, da bin ich mir sicher.

Ich freue mich sehr auf das Treffen mit meiner leiblichen Familie, wenn ich auch keine großen Erwartungen an die Begegnung knüpfen möchte. Es wird auf jeden Fall eine Bereicherung sein, und dann sehen wir mal, ob sich eine Freundschaft aus dem Zusammentreffen entwickelt. Ich bin zuversichtlich. Nur eins, das möchte ich auf keinen Fall: vor den laufenden Kameras in Tränen ausbrechen. Das nehme ich mir fest vor.

Gegen Morgen unterbricht dann wohl doch noch ein kurzer Schlaf meine Gedanken und trägt mich fort in einen wirren Traum. Ich sehe mich umgeben von vielen Koreanern, dann sitze ich mit Mama, Papa und Jannik in einem Taxi, oder ist es das Fernsehstudio? Eine Flut von Bildern rauscht an meinem inneren Auge vorbei, doch als ich noch vor dem Klingeln des Weckers aufwache, ist keines mehr zu greifen. Erschöpft tappe ich ins Bad, um zu duschen.

Selbstverständlich habe ich mir in Deutschland schon genau überlegt, was ich an diesem Morgen anziehen werde. Ich möchte nicht zu schick sein und werde auch keinen besonderen Schmuck tragen, denn ich weiß nicht genau, in welchen Verhältnissen meine koreanische Familie lebt. Ich will nicht aussehen wie die »reiche westliche Tochter«, und ich möchte auch niemanden beschämen. Deshalb habe ich mich für eine schlichte weiße Stoffhose, ein weiß-blau gestreiftes T-Shirt und flache Sommerschuhe entschieden.

Fertig zurechtgemacht gehe ich zum Frühstück, wo ich auf meine Eltern treffe, die – ihren müden Augen nach zu urteilen – ebenfalls nicht viel Schlaf bekommen haben.

Beladen mit unserem Reisegepäck für die nächsten Tage nehmen wir ein Taxi zum Sender. Wir sprechen nicht viel, hängen unseren Gedanken nach.

Als wir später mit vielen anderen Gästen der Sendung in dem schon bekannten Warteraum sitzen, werde ich immer unruhiger. Ob meine koreanische Familie wohl auch schon im Haus ist? Und vor allem: Wo warten sie auf den Beginn der Sendung?

Immer wenn ich eine Tür auf- oder zugehen sehe, recke ich neugierig den Hals.

Endlich kommen auch Kum-Hwa und Se-In.

»Mama ist total nervös, weil sie gleich live übersetzen muss«, flüstert mir Se-In zu.

Hm. Kum-Hwas Deutsch ist schon ohne Aufregung nicht so gut wie das von Jie-Oun, und ich frage mich in diesem Moment, ob das alles gut gehen wird. Auf die Idee, dass Se-In, die beinahe perfekt Deutsch spricht, die Übersetzung für uns macht, kommt keiner von uns.

Papa, der Kum-Hwas Nervosität auch spürt, beruhigt sie.

»Das wird schon klappen, keine Panik. Außerdem wird kaum einer merken, wenn du die Fragen und Antworten ein bisschen verkürzt oder abwandelst.« Er klopft ihr auf die Schulter.

Kum-Hwas Augenlider flattern. Dann nickt sie.

Es kommt mir wie eine Ewigkeit vor, bis wir endlich das Studio betreten dürfen. Es dauert noch eine Viertelstunde bis zum Beginn der Sendung.

Ungeduldig mustere ich zuerst das Publikum und dann die Kulisse.

Plötzlich erscheint eine junge Koreanerin in der Kulisse, ruft etwas, winkt mir zu und verschwindet so schnell, wie sie aufgetaucht war.

Was war das? Oder besser: Wer war das?

Über Kum-Hwa und Papa hinweg rufe ich leise: »Mama,

da hat mir gerade eine Frau zugewunken. Jetzt ist sie wieder weg.«

Mama blickt mich beruhigend – und auch ein bisschen skeptisch – an. »Du warst bestimmt nicht gemeint. Hier sind so viele Leute.«

Ich bin völlig irritiert, was den Vorteil hat, dass ich keinen Gedanken mehr an den Toilettengang verschwende, sondern mich nur noch frage, ob das Winken mir oder einer anderen Person gegolten hat.

Kurz darauf wird der Show-Jingle eingespielt, und der Vorspann läuft ab.

Dieses Mal bin ich viel zu sehr mit mir beschäftigt, als dass ich auch nur einer der Lebensgeschichten, die erzählt werden, folgen kann.

Ich fiebere nur noch dem Moment entgegen, in dem wir aufgerufen und nach vorn gebeten werden. So hat es uns Frau Choi angekündigt.

Und dann ist es endlich, endlich so weit.

Ich stehe mit meiner deutschen Familie und Kum-Hwa in der Mitte des Fernsehstudios mit Blick auf die Stellwand in der Kulisse. Dort werden sie gleich herauskommen …

Die Moderatorin redet von ihrem Platz aus und schaut mich dabei an. Ich bin total aufgeregt und freue mich eigentlich am meisten darauf, meiner Mutter und meinen Schwestern gegenüberzustehen. Ich vermute, dass ich eher ihnen als meinem Vater ähnlichsehe. Hoffentlich sind sie nett! Und hoffentlich kann ich mich mit ihnen unterhalten! Ich kann es kaum noch erwarten.

Kum-Hwa übersetzt zögerlich die Fragen der Moderatorin; sie sucht sichtlich nach den richtigen Worten. »Nach der letzten Sendung, wie ist es dir denn ergangen, was hast du dann gemacht in den letzten Wochen, was denkst du denn, wie geht es dir denn?«

Ich möchte jetzt nicht mehr irgendwelche Fragen beantworten. Ich kann gar keinen klaren Gedanken mehr fassen! In meinem Kopf hämmert es immer nur: Gleich, gleich ist es so weit. Gleich wirst du deine leibliche Familie zum ersten Mal in deinem Leben sehen! ... Die Moderatorin nickt mir auffordernd zu, sie wartet auf meine Antwort. Also gut, ich sammle mich ...

»Ich habe mich sehr gefreut, als ich die Nachricht erhielt, dass sich meine Mutter gemeldet hat, und mich auf das Treffen heute gut vorbereitet. Ich freue mich sehr, meine Eltern jetzt kennen zu lernen. Es geht mir sehr gut.«

Die Moderatorin spricht erneut mit dem Blick auf mich gerichtet.

Kum-Hwa übersetzt: »Was hast du gemacht in den letzten Wochen und wie geht es dir denn?« Kum-Hwa scheint nicht weniger nervös als ich zu sein. Ihre Stimme ist so leise ...

»Mir geht es sehr gut. Ich habe mich die letzten Wochen auf das Treffen heute vorbereitet. Ich freue mich sehr, meine Eltern jetzt kennen zu lernen.«

Bitte nicht noch einmal dieselben Fragen!, flehe ich innerlich.

Die Moderatorin sagt nur einen kurzen Satz, und Kum-Hwa bittet mich: »Ruf jetzt mal Mutter auf Koreanisch, ja? *Omoni.*«

O nein. Muss das sein? »Was soll ich rufen?«

»Rufe mal Mutter auf Koreanisch. *Omoni.*«

Ich sage viel zu leise: »Omoni.«

»Lauter. *Omoni!* Ja?« Kum-Hwa nickt mir aufmunternd zu.

»O-mo-ni!«

Jetzt ruft auch die Moderatorin noch einmal *»Omoni!«*. Hochdramatische Musik erfüllt das Studio, und ich sehe meine leibliche Mutter zum ersten Mal. Sie, dann mein Vater und dahinter meine Schwestern treten hinter der Stellwand hervor.

Ich habe erst einmal nur Augen für meine Mutter.

Sie schaut mich so unglaublich traurig an, dass es mir das Herz zerreißen könnte. Ich lächle ihr entgegen und möchte ihr zeigen, dass es mir gut geht, dass sie nicht traurig sein muss.

Meine leibliche Mutter führt immer wieder die Hand an den Mund, als würde sie befürchten, gleich laut loszuschluchzen, ihre tränenfeuchten Augen ruhen auf mir. Ganz langsam, wie von Schmerz erfüllt, kommt sie auf mich zu.

Als ich zu meinem leiblichen Vater hinüberblicke, merke ich, dass die Tränen in Strömen über sein Gesicht rinnen.

Die beiden tun mir auf einmal ganz furchtbar leid. Ich denke überhaupt nicht mehr an mich. Was für ein Gefühl muss es sein, nach so vielen Jahren die verlorene Tochter wiederzusehen? Es scheint für sie unglaublich zu sein!

Meine leibliche Mutter umschließt meine Hand, streichelt und drückt sie. Ich mag die Berührung ihrer warmen, weichen Hand, es ist ein sehr schönes Gefühl.

Ihr trauriges Gesicht ist jetzt ganz nah vor meinem. Sie neigt ihren Kopf leicht zur Seite, blickt mich gerührt an und lächelt. Ich lächle auch noch immer tapfer, spüre aber, wie sich die Tränen kaum noch unterdrücken lassen. Wir nehmen uns in den Arm.

Die Nähe, die ich dieser eigentlich doch fremden Frau gegenüber in diesem Moment empfinde, ist unbeschreiblich. Ich kann kaum fassen, dass dies kein Traum ist.

Jetzt haben alle Tränen in den Augen, und ich weiß gar nicht, wie mir geschieht. Jeder nimmt mich in den Arm. Ich drehe mich nach Mama, Papa und Jannik um, aber sie haben sich etwas zurückgezogen. Um mich herum wird wild durcheinander Koreanisch gesprochen.

Die Moderatorin fragt meine leibliche Mutter etwas, und sie antwortet stockend, wischt sich immer wieder Tränen aus den Augen und sieht mich dabei so leidend und mit schmerzverzerrter Miene an, dass mir Schauer über den Rücken laufen. Ob sie über unsere Trennung spricht? Ich schaue mich nach Kum-Hwa um. Aber sie ist so ergriffen von dem, was sie hört, dass sie nicht auf meine fragenden Blicke reagiert.

Auch die Zuschauer sind offenbar vor lauter Betroffenheit verstummt.

Nach den Worten meiner Mutter zieht meine Schwester auf einmal eine große Tasche hervor, die voll mit Geschenken ist und die uns meine koreanische Familie anscheinend vor laufender Kamera überreichen möchte. Im ersten Moment kommt mir das so unwirklich vor, als wäre ich nicht in einer Live-Sendung, sondern in einem richtigen Film. Ich erhalte eine koreanische Tracht, einen Hanbok, meine Eltern jeder eine schwere Goldkette und Jannik einen breiten goldenen Ring.

Alle umarmen sich, und dann haben wir die Kameras und das Publikum um uns herum längst vergessen.

Eine letzte Frage muss ich beantworten: »Wie geht es dir jetzt?«

»Gut! Super!«, rufe ich.

Meine koreanische Mutter ist etwa 1,65 groß, also sogar ein bisschen größer als ich. Sie hat große Mandelaugen, die mich lieb anlachen, und trägt eine modische Kurzhaarfrisur mit einer leichten Dauerwelle. Mit ihrem türkisfarbenen Blazer und der schwarzen Hose sieht sie elegant, aber nicht herausgeputzt aus.

Mein koreanischer Vater hat einen schwarzen Anzug und ein hellblaues Hemd an. Er ist genauso groß wie meine Mutter, braun gebrannt, hat schmale Lippen und kurze Beine, wie ich sehr schnell erspäht habe – die habe ich wohl von ihm geerbt –, und er wirkt viel nervöser als meine Mutter.

Meine älteste Schwester, So-Hyeun – sie ist die junge Frau, die mir vor Beginn der Sendung zugewinkt hat –, trägt schulterlanges, leicht gewelltes Haar und ist sehr schlank. Sie ist die schickere und scheint auf den ersten Blick die selbstbewusstere und forschere von den beiden zu sein.

Sin-Young, die jüngere von beiden, hat eine Brille und sieht in ihrer langen Stoffhose eher sportlich aus.

Mein Bruder ist anscheinend nicht dabei.

Ich kann zu dem Zeitpunkt nicht sagen, wem ich ähnlich sehe, ich bin noch damit beschäftigt, meine neue koreanische Familie in Augenschein und jeden Einzelnen wahrzunehmen.

Erst hinter den Kulissen begrüßen wir uns noch einmal mit etwas mehr Ruhe, aber auch jetzt reden alle bald schon wieder aufgeregt durcheinander. Zum Glück sprechen meine beiden Schwestern ein wenig Englisch.

In einem kleinen Raum, der uns zur Verfügung gestellt wird, können wir endlich auch unsere Geschenke überreichen.

Mein Album ist ein Volltreffer, kaum habe ich es übergeben, hat meine koreanische Familie tief die Köpfe hineingesteckt und mag gar nicht mehr aufhören, darin zu blättern.

Alle staunen über meine Ähnlichkeit zu meinen Schwestern. Immer wieder beobachte ich meine leibliche Mutter und sehe, wie ihr die ein oder andere Träne über die Wange läuft. Was geht ihr wohl gerade durch den Kopf? Sicher macht es sie traurig, dass sie mein Aufwachsen nicht selbst miterlebt hat. Ich wünsche mir, dass die Freude darüber, dass wir uns nun wiedergefunden haben, größer ist.

Zu gern würde ich jetzt erfahren, was meine Mutter vor der Kamera erzählt hat, aber es ist wohl nicht der richtige Zeitpunkt.

Während wir uns alle vorsichtig beschnuppern, kommt Frau Choi und möchte sich verabschieden.

Plötzlich herrscht Aufbruchstimmung.

Meine koreanische Familie hat für uns in einem Restaurant ganz in der Nähe des Studios einen Tisch reserviert. Bevor wir dort hingehen, wollen wir Frauen uns kurz frisch machen.

Im Waschraum zieht sich Sin-Young auf einmal einen Ring vom Finger und gibt ihn mir. »*Sister ring. Now you are our sister. We all have same ring!*«

Gerührt bedanke ich mich, ich freue mich sehr über diese Geste – dieser Schwesternring ist für mich etwas ganz Besonderes.

Als wir in den kleinen Raum zurückkehren, nimmt mich meine koreanische Mutter an die Hand. Sie nickt mir fröhlich zu, während sie etwas auf Koreanisch sagt. »Deine Mutter wünscht sich, mit dir in ein Badehaus zu gehen«, übersetzt Kum-Hwa, die neben uns steht.

Oh. Baden gehen? Welch ein seltsamer Wunsch, nachdem wir uns doch gerade erst kennen gelernt haben, denke ich.

Ich lächle nur höflich und bin froh, dass sich die anderen in Bewegung setzen, und so verlassen wir kurz darauf alle gemeinsam das Gebäude des Senders, und das Badehaus ist erst einmal vergessen.

Im Restaurant reden alle fröhlich durcheinander, die Stimmung ist gelöst. Jetzt kann ich endlich fragen, was ich schon so lange gern wissen möchte.

»Wann genau bin ich geboren?«

»Am Abend des 25. Juli«, antwortet meine leibliche Mutter, ohne einen Moment zu zögern. Sie spricht nur wenig Englisch, aber mit unseren Freunden an der Seite ist für Übersetzungshilfe gesorgt.

Am 25. Juli! Ich sehe Papa an und muss lachen. Auch er hat an diesem Tag Geburtstag. »Dann können wir ja ab jetzt zusammen feiern.«

»Au ja! Das werden rauschende Feste!«, ruft er mir augenzwinkernd zu.

»Der Arzt im Kinderheim hat sich also nur um einen Tag verschätzt«, sagt Jannik. »Ist ja verrückt.«

Ich bin so froh, endlich meinen wahren Geburtstag zu kennen, dass ich mir darum weiter keine Gedanken mache, und erkundige mich nach den Geburtstagen aller Familienmitglieder.

»Am 20. Oktober«, sagt meine leibliche Mutter.

Mama und ich blicken uns kopfschüttelnd an.

»Am 20. Oktober?«, fragt Papa zurück.

»Ja«, antwortet meine leibliche Mutter und lacht über unsere verdutzten Gesichter.

Mama hat ebenfalls am 20. Oktober Geburtstag!

So viele Zufälle, das kann ja fast nicht wahr sein.

Als meine Schwestern ihre Geburtstage nennen, öffnet sich die Tür des Restaurants, und ein Mann und eine Frau um die fünfzig treten ein.

»Das sind deine Tante und dein Onkel«, erklärt Sin-

Young auf Englisch. »Sie leben hier in Seoul und wollen dich unbedingt kennen lernen.«

Die beiden steuern auf unsere Tische zu und begrüßen uns. Kurz nachdem sie Platz genommen haben, beginnen sie auch schon, aufgeregt etwas auf Koreanisch zu erzählen, das sie mit flinken ausholenden Gesten unterstreichen.

Se-In übersetzt für mich: »Dein Onkel und deine Tante waren es, die dich bei der ersten Sendung gesehen haben und dachten, dass deine Schwester Sin-Young im Fernsehen sei. Als die Kinderfotos eingeblendet wurden, waren sie sich ganz sicher, dass dies nur Sin-Young sein könne. Sie riefen völlig irritiert bei deinen Eltern an. Deine Tante fragte: ›Was macht Sin-Young denn im Fernsehen?‹, und erzählte von der Sendung.«

»Ich habe sofort den Fernseher eingeschaltet!«, mischt sich jetzt Sin-Young ein. »Und als Omma dich sah, rief sie immer wieder völlig außer sich: ›Das ist meine Tochter.‹ Sie wusste von der ersten Sekunde an, dass du ihre Tochter bist! Im Internet haben wir dann die ganze Sendung noch einmal angeschaut. Als Omma deine Kinderfotos sah, musste sie schrecklich weinen.«

›Omma‹ ist das koreanische Wort für Mama, klärt Se-In mich auf. Ich finde, meine Omma strahlt viel Warmherzigkeit aus. Hinter ihrem traurigen Blick sehe ich ein Lächeln.

Warum ist sie nur so traurig, obwohl sie mich doch jetzt wiedergefunden hat? Durch ein lautes, fröhliches koreanisches Durcheinander, das sich zwischen Onkel, Tante und meiner leiblichen Familie entsponnen hat, frage ich bei Kum-Hwa und Se-In nach, was Omma denn in der Sendung gesagt habe.

Kum-Hwa nickt ihrer Tochter zu, und Se-In übernimmt es, mir alles zu erzählen. Auch Mama, Papa und Jannik hören aufmerksam zu. »Es war nicht deine Mutter, die dich weggegeben hat. Sie war bei deiner Geburt schwer krank und nicht bei Bewusstsein, als du auf die Welt gekommen bist. Deshalb brachte man dich zu deiner Großmutter. In Korea ist es üblich, dass sich die Mütter der Mütter um das Baby kümmern, wenn es der Frau noch nicht gut geht. Aber deine Großmutter hat dich nach ein paar Tagen weggegeben und deinen Eltern erzählt, du wärst gestorben. Erst vor wenigen Jahren hat deine Mutter erfahren, dass das eine Lüge war.«

Ich kann im ersten Moment gar nicht erfassen, was Se-In da gerade gesagt hat. Meine Mutter war sehr krank. Ich kam zu meiner Großmutter. Die gab mich weg. Wieso gab diese Frau mich weg? Und wieso behauptete meine Großmutter, dass ich gestorben sei? Ich hole tief Luft. Ich stehe für einen Moment unter Schock, genauso wie meine Familie. Dann blicke ich verstohlen hinüber zu Omma. Jetzt kann ich ihre Tränen und den schmerzvollen Ausdruck in ihrem Gesicht, als sie in der Sendung über ihr Schicksal sprechen musste, wirklich verstehen. Es muss furchtbar für sie gewesen sein: Das tot geglaubte Kind ist doch am Leben, aber trotzdem verloren … Und heute stehe ich auf einmal vor ihr … Wie konnte das alles nur geschehen?

Ich würde am liebsten in Ruhe mit Omma sprechen, mir alles erzählen lassen und sie in den Arm nehmen, aber es ist nicht der richtige Zeitpunkt, um weitere Fragen zu stellen oder sich zurückzuziehen. Jetzt hat die trubelige große Familie Vorrang.

Das Essen wird serviert, und vor jeden von uns werden lauter Schälchen mit verschiedenen Köstlichkeiten platziert. Voller Freude erklären meine Schwestern, welche Speisen aufgetragen wurden – wie in Korea üblich, werden die verschiedenen Gerichte gleichzeitig serviert. Jeder wählt die Reihenfolge nach seinem Appetit und Geschmack aus und bedient sich mithilfe der Stäbchen aus den einzelnen Schälchen.

Während des Essens unterhalte ich mich vor allem mit meinen Schwestern, die neben mir sitzen. Sie sprechen zwar nicht gut Englisch, aber es reicht, um sich auszutauschen. Und bei längeren Antworten in unserer jeweiligen Muttersprache übersetzt Se-In.

Ich möchte viel über So-Hyeun und Sin-Young wissen und stelle beinahe eine Frage nach der anderen, vielleicht auch um mich von meiner eigenen Geschichte, meinem Lebensanfang abzulenken.

»Was macht ihr beiden denn beruflich?«

»Ich bin Lehrerin für Mathematik an einer Nachhilfeschule«, sagt So-Hyeun, die ältere der beiden.

Mathe? Oh. Mathe war schon immer mein absolutes »Hassfach«. Aber jetzt kann ich mich nicht mehr mit einer genetischen Veranlagung herausreden.

»... und ich habe diesen Sommer meinen Abschluss als Ernährungswissenschaftlerin an der Uni in Daegu gemacht. Ich suche gerade einen Job.«

Wow! Beide haben studiert.

»Und was macht Uh-, Uh- – unser Bruder?« Ich kann mir noch nicht alle koreanischen Namen merken. »Warum ist er nicht mitgekommen?«

»Uh-Chan geht noch zur Schule. Er musste zu Hause bleiben, weil es sonst womöglich auf der Rückfahrt, wenn ihr mit dabei seid, zu eng im Auto wäre.«

»Und hast du einen Freund, Kyung-Joo?«, fragt mich So-Hyeun jetzt unvermittelt.

»Ja«, sage ich und erzähle ein wenig von Bernhard. Es ist seltsam, Kyung-Joo genannt zu werden. Der Name gefällt mir auch nicht wirklich.

»Hast du ein Foto dabei?«

Ich ziehe eins aus meinem Portmonee und reiche es So-Hyeun. Sin-Young rutscht näher zu ihr, und die beiden gucken sich kichernd das Foto an.

»Ohh, sieht gut aus. Wie Schauspieler!«

Ich muss lachen. Den Vergleich höre ich hier nicht zum ersten Mal. Für Koreanerinnen sehen Europäer anscheinend immer wie Schauspieler aus.

Wir lachen noch viel an diesem Mittag. Wenn uns jetzt jemand sieht, der die Vorgeschichte nicht kennt, er wird nicht auf die Idee kommen, dass wir uns erst seit zwei Stunden kennen. Und ich falle neben den beiden höchstens dadurch auf, dass ich nicht so eine geübte Bodensitzerin und Stäbchenesserin bin …

Im großen Van meiner leiblichen Familie fahren wir später nach Pohang. Se-In kommt auf meine Bitte hin kurzentschlossen mit – nicht ohne noch schnell ein wenig Gepäck von zu Hause zu holen –, so kann sie für uns übersetzen. Ich bin froh, dass sie dabei ist. Se-In und ich sind gleich alt und haben uns auf Anhieb gut verstanden. Sie studiert Germanistik und hat großes Interesse an der deutschen Kultur.

So-Hyeun, Sin-Young und ich sitzen ganz hinten, vor uns haben Omma, Jannik und Se-In ihre Plätze, und ganz vorn neben meinem koreanischen Vater, *Appa*, der den Wagen steuert, sitzt Mama auf einem schmalen Notsitz und neben ihr Papa.

So-Hyeun und Sin-Young stellen eine Frage nach der anderen, zum Beispiel, warum ich eine feste Zahnspange trage.

»Ich hatte hier einen schiefen Zahn«, erkläre ich und deute auf meinen Unterkiefer. »Der hat mich so gestört, dass ich ihn hab ziehen lassen. Nun müssen die Zähne wieder zusammengerückt werden. Dafür die Klammer.«

Meine Schwestern staunen während meiner Ausführungen, sagen »Ahhh« und »Ohhh« und grinsen sich an. Dann zeigen sie mir stolz, dass sie beide tatsächlich genau den gleichen schiefen Zahn haben, den ich mir habe entfernen lassen. Wo sie schon mal beim Thema Körper im Allgemeinen und im Besonderen angelangt sind, fragen sie mich gleich nach meinen Weisheitszähnen, und ich erzähle ihnen, dass ich nur drei hatte, die mir bereits mit 14 Jahren herausoperiert wurden. So-Hyeun und Sin-Young lachen. Auch sie hatten jede nur drei Weisheitszähne.

Dann wird es intimer. »Wann hast du deine erste Regelblutung bekommen?«, will So-Hyeun wissen.

»Und ist die bei dir auch so schmerzhaft?«, hakt Sin-Young nach.

Wieder gibt es nur Übereinstimmungen festzustellen.

Das alles macht mich etwas verlegen, und daher beobachte ich erleichtert, wie Sin-Young den Bildband über Deutschland hervorzieht, den wir der Familie geschenkt haben. Mama, Papa, Jannik und ich erklären, wo ich aufgewachsen und in welchen deutschen Städten ich schon mal gewesen bin.

Se-In tut mir zwischendurch richtig leid, sie muss alles hin und her übersetzen. Manches deutsche Wort ist für sie beim lauten Motorengeräusch nicht leicht zu verstehen, geschweige denn dass sie jede ausgefallene Vokabel auf Anhieb findet. Manchmal sprechen auch zwei, drei von uns gleichzeitig, und Se-In kommt kaum mit dem Übersetzen nach.

Da in Korea Tempolimit 120 gilt – was wegen der vielen großen Schlaglöcher auf den Straßen sicher auch gut so ist –, kommen wir nur mäßig voran. Außerdem machen wir unterwegs auch noch eine Pause auf einem Rastplatz.

Omma verteilt Getränke, und wir vertreten uns ein wenig die Beine. Anders als auf deutschen gibt es auf koreanischen Rastplätzen meist vier, fünf oder noch mehr Restaurants, verschiedene Shops und Stände, die zum Flanieren einladen. In üppigen Auslagen findet man hier vielfältige koreanische Lebensmittel, getrocknetes Gemüse, Kräuter, Gewürze – der Duft von Ginseng liegt über allem –, aber auch wunderschöne Keramikarbeiten und jede Menge Souvenirs. Wir bummeln beeindruckt ein wenig an den Ständen und Shops entlang, dann geht es weiter Richtung Pohang.

Zurück im Auto erzählt Sin-Young, dass sie bereits einen Tag nach der Sendung bei unseren koreanischen Freunden angerufen habe. Sie hatte die Nummer von Jie-Oun, der vom Moderator als Professor der Inchon Uni vorgestellt worden war, ohne Probleme herausgefunden.

Als das die Redakteurin erfuhr, machte sie meiner Familie klar, dass sie sich unbedingt an die Abmachungen zu halten hätten und unter keinen Umständen versuchen dürften, mit uns Kontakt aufzunehmen. Schließlich sei ja noch gar nicht bestätigt, ob wir wirklich verwandt seien.

»Wir hatten Angst, dass du Korea verlässt und nicht zurückkommst«, erläutert Sin-Young. »Und Omma war sich doch so sicher, dass du unsere Schwester bist.«

»Es fiel uns schrecklich schwer, so lange auf das Ergebnis zu warten.«

»Lange?«, hake ich nach.

»Ja, als wir nach zwei Wochen noch immer nichts von der Redaktion gehört hatten, haben wir nachgefragt.«

Hm. Während sie uns bereits wenige Tage nach dem DNA-Test mitgeteilt hatten, dass er positiv ausgefallen war, hatten sie meine koreanische Familie nicht informiert? Seltsam.

Ich erzähle, dass das Ergebnis schon viel eher feststand, und meine Schwester sagt: »Vielleicht wollten sie uns dafür bestrafen, dass ich den Professor angerufen habe.«

Vielleicht. Jedenfalls sind wir alle froh, dass wir nun nichts mehr über die Fernsehredaktion regeln müssen.

Draußen beginnt es allmählich zu dämmern, und es wird vor allem in unserer hinteren Reihe ungewohnt ruhig. Jetzt oder nie, denke ich. Ich kann die drängenden Fragen in mir nicht länger zurückhalten und will endlich wissen, was damals vor gut zwanzig Jahren mit mir geschehen ist. Ob meine Mutter nun bereit ist, mir mehr von meinen ersten Lebenstagen zu erzählen? Ich wende mich an Omma und wähle meine Worte mit Bedacht.

Es scheint, als hätte sie nur darauf gewartet, uns zu berichten, was damals genau passiert ist. Diesmal weint sie nicht, aber ihre Stimme zittert, und man merkt deutlich, wie sie das Ganze mitnimmt. Außer Se-In, die übersetzt, unterbricht sie keiner von uns. Wir können alle kaum glauben, was wir hören.

»Du warst ein Wunschkind, drei Kinder, das ist bei uns eine ›Glückszahl‹, dein Vater und ich haben uns sehr auf dich gefreut. Doch als ich mit dir schwanger war, verlor dein Vater eines Tages seine Arbeitsstelle. Es war eine schwierige Zeit. Wir wohnten mit den Mädchen in einer Einzimmerwohnung, und es gab keine Hoffnung, dass sich unsere Situation bessern würde.

Dann wurde ich auch noch sehr krank. Ich hatte eine Schwangerschaftsvergiftung, und die Ärzte sagten, es könne sein, dass einer von uns – oder sogar wir beide – bei der Geburt sterben. Daraufhin haben dein Vater und ich mit meiner Mutter vereinbart, dass sie dich erst einmal zu sich nimmt, falls du lebend zur Welt kommen solltest. Eigentlich solltest du schon Anfang bis Mitte Juli geboren werden, aber du hast dir Zeit gelassen.

Als dann die Wehen einsetzten, fuhr ich mit meiner Mutter ins Krankenhaus, dein Vater musste bei deinen Schwestern bleiben. Es ging mir sehr schlecht, und ich verlor irgendwann das Bewusstsein. Als du nach vielen Stunden endlich auf der Welt warst, bekam ich das gar nicht mit. Ich konnte dich nicht in den Arm nehmen, wie ich es mir so oft ausgemalt hatte. Wie vereinbart nahm meine Mutter dich dann mit zu sich nach Gyeongju.

Sie dachte, dass ich nur gesund werden könne, wenn ich mich nicht um dich kümmern müsste, ein Neugeborenes, das womöglich krank war. Sie glaubte außerdem, dass in der kleinen Wohnung kaum genug Platz für drei Kinder sein würde. Das alles besprach sie aber nicht mit uns. Stattdessen sagte sie mir nach einigen Tagen, dass du gestorben seiest.

Wir waren so traurig ... Aber wir zweifelten keine Sekunde an deinem Tod, schließlich hatten die Ärzte ja gesagt, dass du möglicherweise sterben würdest. Du hattest damals noch keinen Namen, denn bei uns in Korea ist es so üblich, dass man einem Baby erst nach einigen Wochen einen Namen gibt. Und erst dann entsteht nach koreanischer Auffassung eine enge Bindung zu dem Kind. Deshalb gibt es, solange ein Baby noch keinen Namen trägt, im Falle des Todes auch kein offizielles Begräbnis. Wir kamen also gar nicht auf die Idee, nach deinem Grab zu fragen.

Vor drei Jahren dann hatte meine Mutter eine schwere Operation vor sich, und die Ärzte waren nicht sicher, ob sie diese überleben würde. Ich besuchte sie im Krankenhaus und da gestand sie mir, dass du damals im Sommer 1982 gar nicht gestorben warst.

Ich war sehr enttäuscht und sehr, sehr traurig. Ich konnte einfach nicht glauben, was sie getan hatte. Und natürlich wollte ich genau wissen, was mit dir passiert ist, wo ich dich finden kann. Mutter sagte, sie wisse nicht, was aus dir geworden sei. Sie habe dich damals einer Freundin gegeben, die dich an eine Bekannte weiterreichen wollte. Die war wohlhabend und wünschte sich ein Baby. Nach ein paar Tagen hat deine Großmutter aber doch ein schlechtes Gewissen bekommen und ist zu der Frau gegangen, um dich zurückzuholen. Und diese Frau hat dich nicht behalten können, weil ihr Mann dagegen war. Meine Mutter sagte mir immer wieder, dass sie nicht gewusst habe, wo sie nach dir suchen sollte. So kam es, dass sich deine Spur verloren hat.«

Ich muss schlucken. Ich war zwar ein Wunschkind, aber nach meiner Geburt nirgendwo willkommen, wurde von einem zum Nächsten gereicht. Und eine wildfremde Frau hat mich dann wohl ausgesetzt.

Omma blickt mich traurig an und fährt fort.

»Als ich das alles erfahren habe, war ich so verzweifelt, dass ich mit niemandem, noch nicht einmal mit deinem Vater, darüber reden konnte. Ich bin jeden Tag lange in den Bergen spazieren gegangen und habe bitterlich geweint. Erst nach einem Jahr konnte ich darüber sprechen und habe dann eurem Vater erzählt, was geschehen war, und zwei Jahre später haben wir es deinen Geschwistern gesagt. Die waren selbst noch so klein, als ich mit dir schwanger war. Sie wussten bis dahin gar nicht, dass es dich überhaupt gegeben hatte. Wir hatten nie mit ihnen darüber geredet.

Ach, Kyung-Joo, ich hatte keine Ahnung, wo ich nach dir suchen und dich finden könnte! Nie habe ich diese Such-Sendungen im Fernsehen angeschaut. Die Schicksale hätten mich immer an dich, an meine eigene verlorene Tochter erinnert, und das hätte mir wehgetan. Deshalb war es ein großes Glück, dass mein Schwager dich im Fernsehen gesehen hat und uns gleich anrief. Niemals hätte ich gedacht, dass du nicht in Korea aufgewachsen sein könntest.«

Nachdem Se-In auch die letzten Sätze übersetzt hat, ist es ganz still im Wagen.

Omma lächelt mich liebevoll an, und auf einmal funkeln ihre schönen dunklen Mandelaugen. »Ich bin so glücklich, dass wir dich gefunden haben! Und stell dir vor: Kurz vor deinem Auftritt habe ich von einem großen Fisch geträumt. Das bedeutet etwas Gutes. Ich bin aufgewacht und habe gewusst, dass ich dich eines Tages finden werde.«

Ich bin froh, nun die ganze Geschichte gehört zu haben, bin aber auch wie benommen. Bevor ich jedoch völlig in Gedanken versinken kann, höre ich wieder Ommas Stimme.

»Als wir wussten, dass wir dich nun endlich treffen würden, wollten wir dir auch einen Namen geben. Viele Menschen in Korea lassen den Namen ihres Kindes anhand von Geburtsdatum und Geburtszeit ermitteln. Ich habe nie vergessen, an welchem Tag du geboren wurdest, und auch die Zeit konnten wir noch gut schätzen. Wir haben für dich den Namen ›Ha-Young‹ ausgewählt. Menschen mit diesem Namen denken positiv, schauen nach vorn und versuchen, stets das Gute zu sehen.«

Wieder muss ich schlucken, diesmal aber vor Rührung. Es ist ein schönes Gefühl, von Omma und den anderen einen Namen bekommen zu haben. Der Name »Kyung-Joo« steht in meiner Adoptionsakte, ihn hat mir irgendwer im Waisenhaus gegeben. Wie kann man ein Kind nur nach einer Stadt benennen?

»Ihr dürft mich gern Ha-Young nennen. Ich freue mich über den Namen«, sage ich und bin sogar erleichtert, dass sie nun nicht länger Kyung-Joo zu mir sagen.

Endlich kann ich meinen Gedanken nachhängen, und auch die anderen scheinen nichts gegen ein wenig Ruhe zu haben.

Bald erscheint im Abendlicht ein beleuchtetes Straßenschild: »Abfahrt Pohang« ist darauf auch in Englisch zu lesen. Und eine Viertelstunde später parkt der Van in einem typisch koreanischen Wohnviertel mit hohen Häusern und angelegten Wegen und Wiesenflächen dazwischen.

»Geht schon einmal hoch, die Verwandtschaft wartet schon«, ruft mein Vater und schickt mich und meine deutsche Familie mit den Frauen vor.

Die Verwandtschaft? Auch die Großmutter?, schießt es mir durch den Kopf.

Da wir nicht alle auf einmal in den Aufzug passen, teilen wir uns auf. Ich fahre mit Se-In und meinen Schwestern vor. Eine Frau, die ich auf Anfang 40 schätze, erwartet uns an der Tür. Sie ist eine Tante von mir und anscheinend freut auch sie sich sehr, mich kennen zu lernen. Wir ziehen gleich in dem kleinen Flur unsere Schuhe aus, das habe ich schon auf der ersten Reise gelernt, dann gehen wir eine Stufe hinauf und gelangen in das Wohnzimmer, wo mir ein herrlicher Duft entgegenschlägt.

Am liebsten möchte ich der Nase nachgehen und sehen, woher der Duft kommt, aber ich werde sofort von zwei weiteren Frauen, Freundinnen der Familie, einem Mann, meinem Onkel, und meinem Bruder Uh-Chan umringt, die mich fast alle in die Arme nehmen – nur Uh-Chan blickt schüchtern zu Boden, während er mich begrüßt, danach eilt er hinunter, um unseren Eltern mit dem Gepäck zu helfen.

Dann kommt eine alte Frau aus dem hinteren Teil der Wohnung. Ich stehe wie erstarrt da, in meinem Kopf hämmert es immer wieder: Das kann nur die Großmutter sein! Die Großmutter! Sie spricht mich auf Koreanisch an und schiebt mich sogleich mit einem festen Griff in ein Zimmer, das von dem Wohnzimmer abgeht. Dort lässt sie sich, ohne mich loszulassen, auf dem Boden nieder und bricht unvermittelt in Tränen aus. Sie zerrt an meinem Handgelenk. Ich will mich aber nicht zu ihr setzen.

Ich bin mit der alten Frau ganz allein.

Ihr Weinen geht in ein lautes Klagen über, sie schreit mich jetzt förmlich an.

Sie macht mir Angst. Wo bleiben die anderen nur? Vor allem: Wo ist Se-In?

Immer wieder deutet die alte Frau erst auf mich und dann auf den Boden neben sich.

Nein. Das will ich nicht. Mir ist diese ganze Situation unangenehm.

Ich kann nichts tun, bin wie gelähmt und hoffe nur, dass Se-In oder Mama und Papa endlich kommen.

Endlich, endlich steht Se-In neben mir.

»Se-In, was sagt sie?«

Se-In fühlt sich offenbar auch nicht wohl und zieht mich etwas zurück.

Ich frage noch einmal energisch: »Worüber spricht sie?«

»Sie sagt, dass du die ganze Zeit geweint hast. Du hast nächtelang geschrien und gar nicht mehr aufgehört … Sie kann es nicht fassen, dich zu sehen, und sie hofft, du verzeihst ihr! … Sie meinte es ja nur gut mit dir und hat alles so gemacht, weil sie dachte, dass es dir dabei besser gehen würde …«

Das ist zu viel für mich. Ich spüre, wie mein Puls rast. »Sag ihr, dass es mir gut geht und ich ihr gar nichts vorwerfe«, bitte ich Se-In.

In diesem Moment kommt Omma ins Zimmer und fährt ihre Mutter heftig an. Obwohl ich kein Wort verstehe, bin ich mir sicher, dass sie sie zurechtgewiesen hat. Ich gehe mit Se-In zurück ins Wohnzimmer.

Meine Eltern und Jannik begrüßen gerade die »Verwandtschaft«, und ich bin froh, dass sie wieder in meiner Nähe sind. Jetzt erst schaue ich mich in dem Zimmer ein wenig um: In der Mitte des Raumes sind zwei niedrige Tische aufgebaut, auf denen ein koreanisches Abendessen bereits auf uns wartet. Wenn das alles selbst gekocht und zubereitet ist, muss meine koreanische Familie Tage damit zugebracht haben!

Se-In übersetzt, was es alles Köstliches in den Schälchen gibt: eine Suppe mit Fisch, *bulgogi* – ein Rindfleischgericht mit Lauchzwiebeln, Knoblauch und Sesam –, in Salatblätter eingewickelte Fleischstückchen, *gimbap* – das ist so etwas wie koreanisches Sushi. Bohnen in salziger Soße, Möhren, Paprika und Bambussprossen, unterschiedlich gewürzte Soßen, gebratene *mandu*, eine Art Maultaschen, Festtagsreis und *kimchi* in mehreren Variationen: klassisch aus Chinakohl, aber auch den leckeren Rettich-*kimchi*. Es ist eine wunderschöne farbenfrohe Tafel. Und auch für mich als Vegetarierin ist es ein üppiges Festmahl. Ich atme noch einmal tief durch und schüttele die Bilder der klagenden Großmutter ab.

Kurz darauf sitzen wir alle rings um die Tische am Boden – auch die Großmutter, die auf den Knien heranrutscht.

Ich meide an diesem Abend den Kontakt zu der alten Frau, aber immer mal wieder, wenn ich in ihr faltiges Gesicht schaue, denke ich: Wie groß muss ihr schlechtes Gewissen sein, wie schuldig muss sie sich fühlen!

Nach dem Essen fragt mich Omma, ob ich nicht den Hanbok, den sie mir in der Fernsehsendung überreicht haben, anprobieren möchte. In ihren Augen lese ich, wie sehr sie sich freuen würde, mich in der koreanischen Tracht zu sehen. Und im nächsten Moment schieben mich meine Schwestern und Omma auch schon nach nebenan. Sie wollen mir beim Anziehen des Hanboks helfen.

Ich fühle mich nicht gerade wohl dabei, mich vor versammelter Frauenmannschaft zu entblößen. Wir haben uns doch an diesem Morgen erst kennen gelernt – Gene hin, Gene her. Aber meine Schwestern und meine leibliche Mutter sehen das locker und zupfen hier und da völlig ungehemmt an mir herum. Sie sind merklich neugierig und versuchen, mit ihren Blicken möglichst viel von mir zu erhaschen.

Jetzt bin ich froh, dass ich vor einem guten Monat das Einführungsseminar in die koreanische Kultur hatte, denn so ist mir das Anziehen der Tracht nicht fremd, und ich kann mich ganz auf die zwischenmenschlichen Vorgänge konzentrieren.

Als ich in dem seidenen Hanbok, dessen Hauptkleid in einem schönen warmen Rot leuchtet, vor ihnen stehe, holt meine leibliche Mutter ein Paar traditionelle koreanische Schuhe aus einem Schrank, die zu der Tracht passen. Aber sie sind mir viel zu groß.

Omma deutet auf die Füße meiner Schwestern, hält die Hände weit auseinander und lacht.

Ich verstehe: Sie hat sich an den Schuhgrößen der beiden orientiert, aber meine Füße sind kleiner. Das scheint sie zu freuen. Ich rufe Se-In hinzu, und sie übersetzt: »Es ist gut, dass dir die Schuhe nicht passen. Eigentlich verschenkt man keine Schuhe. Es heißt, dass ein damit Beschenkter nicht mehr zurückkehren wird. Aber da dir diese Schuhe eindeutig zu groß sind, ist das ein gutes Zeichen!«

»Jetzt müsst ihr aber auch eure Hanboks anziehen!«, rufe ich meinen Schwestern zu und lache.

Sie lächeln verlegen. »Es ist nur noch ein Hanbok im Schrank«, bekomme ich zur Antwort und reime mir zusammen, dass solch ein Hanbok sicher recht teuer ist. Ich frage nicht weiter nach, um sie nicht in Verlegenheit zu bringen.

Natürlich muss ich mich jetzt allen Verwandten und Gästen in voller koreanischer Pracht zeigen. Und es werden Unmengen Fotos gemacht: mit der deutschen Familie, mit der koreanischen Familie, mit beiden Familien, nur die Töchter, alle Kinder, Mutter und Tochter … jede nur denkbare Kombination.

Nachdem ich wieder umgezogen bin und wir Obst zum Nachtisch verspeist haben, brechen wir auf in unser Hotel. Meine leiblichen Eltern bestehen darauf, uns persönlich zu zeigen, wo wir übernachten werden. Ein Bekannter von ihnen hat ein ganz neues Hotel eröffnet, in dem sie für uns zwei Zimmer gebucht haben.

Wir verabschieden uns also von Tante, Onkel, Großmutter und den Freunden. In Gegenwart der Großmutter bin ich nach wie vor verhalten, ich fühle mich in ihrer Nähe einfach nicht wohl.

Die Fahrt zu dem Hotel am Meer dauert etwa zehn Minuten. Se-In und ich möchten uns ein Zimmer teilen, Jannik erklärt sich bereit, bei meinen Eltern zu schlafen.

Mit unserem Gepäck steigen wir die von Säulen umrahmten Marmorstufen des Hotels hinauf. Die Eingangstür ist mit bunten Blumen geschmückt, ich vermute, sie stammen noch von der feierlichen Eröffnung.

Irritiert blicke ich auf die Flyer am Boden, die halb nackte Frauen zeigen und für spezielle Dienste zu werben scheinen. Omma und Appa müssen sich geirrt haben! Dies ist doch kein Hotel für Leute wie uns. Verstohlen beobachte ich die anderen, die sich aber offensichtlich keineswegs wundern oder sich nichts anmerken lassen.

Wir betreten die Eingangshalle, in der es jedoch keine Rezeption mit Hotelpersonal gibt, sondern lediglich einen Schalter hinter einer Glaswand, der mich an eine Kinokasse erinnerte … Mein leiblicher Vater schreitet voran zum Aufzug. Als ich einen Blick in einen großen beleuchteten Automaten werfe, gibt es keinen Zweifel mehr, in welchem Etablissement wir gerade untergebracht werden: Kondome und Sexspielzeug in Hülle und Fülle.

Das kann doch nicht wahr sein!?!

»Papa!«, zische ich leise und deute auf den Automaten.

Papa guckt so, als wolle er mich beruhigen.

Bin ich jetzt spießiger als meine Eltern?

Ich folge den anderen in den verspiegelten Aufzug und kann nicht anders, als hin und wieder den Kopf zu schütteln. Und auch Se-In macht nun große Augen.

Im Zimmer angekommen probiere ich den Lichtschalter

aus und habe sogleich ein weinrotes Licht über dem Bett angeschaltet. Ähem. Ich drücke den anderen Schalter.

Omma und Appa durchqueren lächelnd den Raum und staunen darüber, wie groß er ist, während ich ihnen sprachlos zuschaue. Mama und Papa sind jetzt auch ziemlich perplex.

Omma öffnet das Fenster und zeigt voller Stolz, dass wir ein Zimmer mit Meerblick haben. Dann drückt sie mir eine Tüte mit Obst in die Hand, falls wir in der Nacht noch hungrig werden sollten.

Hungrig? Nach den üppigen Speisen? Äußerst unwahrscheinlich. Aber ich finde es rührend, wie sich Omma um uns kümmert.

Bevor Omma und Appa nach Hause fahren, überreicht Mama ihnen noch eine Kopie meiner Adoptionsakte mit den koreanischen Dokumenten, in denen ich erstmals als Findelkind aufgenommen und beschrieben worden bin. Omma und Appa sind sehr bewegt, und sie haben auch gleich wieder Tränen in den Augen. Dann drückt sie mich fest, umarmt auch den Rest der Familie und kündigt an, dass sie uns am nächsten Morgen zum Frühstück wieder abholen werden.

Deutsche Verwandte hätten wir sicherlich ohne Umschweife gefragt, ob sie nicht wüssten, was das für ein Hotel sei. Aber wir hatten alle so viel Korea-Erfahrung, dass wir uns nichts weiter anmerken ließen. Obwohl ich schon gern herausbekommen hätte, ob meine leiblichen Eltern den Unterschied zwischen einem Hotel und einem Stundenhotel nicht kannten oder ob es sie nicht störte, dass wir in Letzterem nächtigten, ob es viel günstiger ist als ein richtiges Hotel oder ob sie einen Rabatt bekommen, weil sie den Besitzer kennen. Wie auch immer, die Zimmer sind komfortabel, und das Kingsize-Bett ist herrlich bequem.

Als Se-In und ich später unter den in leuchtend Rot und Gold gemusterten Decken liegen, bekomme ich gar nicht mehr zusammen, was an diesem Tag alles passiert ist und was ich erlebt habe. Es ist, als würde ich meine koreanische Familie schon viel länger kennen. Doch bevor ich noch einmal jede Minute des Tages Revue passieren lassen kann, fallen mir auch schon die Augen zu.

Am nächsten Morgen holt uns Appa zu einem großen koreanischen Frühstück ab, wie wir es noch nie zuvor bekommen haben. Seetangsuppe, ein Eintopf aus Bohnenpaste, Fenchelsalat, geschmortes Gemüse – und natürlich wieder Reis und Kimchi. Jannik ist begeistert von den warmen Speisen am Morgen und lädt sich zur Freude von Omma immer wieder seine Schüsselchen voll. Mama und Papa kosten von allem, ich beschränke mich wie immer auf die fleischlosen Gerichte.

Omma erklärt, dass in Korea früher zu jeder Mahlzeit Reis gegessen wurde. »Heute ist es nicht mehr so, aber warme Speisen ohne Reis, das gibt es nicht.«

»Was frühstückst du denn sonst?«, will Sin-Young wissen.

»Brot. Bei uns in Deutschland gibt es Brot, Toast oder Brötchen. Ich esse morgens am liebsten Schwarzbrot mit Nutella oder Müsli mit Himbeerjoghurt.«

Während ich Se-In bei der Übersetzung zuhöre, fällt mir auf, wie ich »bei uns in Deutschland« betont habe. Wenn ich hier in Korea aufgewachsen wäre, hätte ich vermutlich noch nie in meinem Leben ein Schwarzbrot mit Nutella probiert. Ich würde morgens selbstverständlich warm essen und mich keine Sekunde lang nach einem belegten Brot sehnen. Ob ich dennoch Vegetarierin geworden wäre?

»Dürfen wir dich nach dem Frühstück schminken?«, fragt So-Hyeun unvermittelt, und ihre und Sin-Youngs dunkle Augen leuchten.

»Schminken? Ja, klar! Ich wollte schon bei meinem letzten Aufenthalt zu einer Kosmetikerin.«

Etwas später verteilen So-Hyeun und Sin-Young unzählige Stiftchen, Fläschchen und Döschen, die meisten von

Dior, auf einem Bett in einem Nebenzimmer, das sie ihr »Mädchenzimmer« nennen.

»Warum habt ihr hier eigentlich ein richtiges Bett?«, frage ich erstaunt. »Schlaft ihr nicht auf Matten am Boden?«

Sin-Young erklärt, dass sie und So-Hyeun ein Bett mit Matratze zu schätzen wissen, dass sie aber natürlich auch auf dem Boden schlafen. »In Korea haben inzwischen viele Familien ein richtiges Bett.«

Die beiden nehmen mich, ihre kleine Schwester, jetzt auf dem Bett in die Mitte, bürsten mir das Haar aus dem Gesicht, stecken es fest und begutachten meine Haut, meine Augen, die Lider, die Wimpern und die Nase. Sie beraten sich, wie sie meine Lippen schminken sollen, und sind ganz versunken. Um das Bett herum stehen Se-In, Mama, Papa, Jannik und Uh-Chan, die amüsiert zuschauen.

Die Großmutter, die nicht in Pohang wohnt und für ein paar Tage zu Besuch ist, hat sich nach dem Frühstück in eins der hinteren Zimmer zurückgezogen. Ich bin erleichtert, dass sie nicht jede Minute dabei ist. Zu ihr habe ich einfach keinen Draht.

Noch nie im Leben habe ich solch eine Gesichtsbehandlung erlebt. Meine Schwestern tupfen mich mit einem Wässerchen ab, cremen mich mit einer Lotion ein, verwenden eine sehr helle Grundierung – wie in Korea üblich –, legen mir helles Make-up und Puder auf, ziehen Linien, heben bestimmte Gesichtspartien hervor und bringen die Augen zum Leuchten. »Die Haut muss ganz zart, ebenmäßig und hell aussehen«, klärt So-Hyeun mich auf.

»Mir persönlich gefällt mein brauner Teint gut, aber ich bin gespannt auf den blassen koreanischen Stil«, entgegne ich.

»*You so nice. – So beautiful. – Sweet little nose*«, sagen meine Schwestern im Wechsel, und ich muss aufpassen, dass ich nicht lospruste und das Gesicht verziehe und dann die ganze Farbe verschmiert.

»In Korea gibt es ein Sprichwort, das besagt: Die dritte Tochter ist immer die hübscheste«, übersetzt Se-In meine älteste Schwester.

Jetzt lachen wir alle.

Mama, Papa und Jannik beginnen ein wenig durch die Zimmer zu streunen, so spannend ist das Schminken dann doch nicht. Mama nimmt alles mit der Videokamera auf, uns drei Schwestern, das Wohnzimmer, den Ausblick, den Balkon, auf dem zwei große Töpfe mit Kimchi stehen, und den Flur mit den vielen Schuhen auf dem Boden – und auch die Großmutter, die vom Boden aus durch die Türe aus einem Zimmer blickt.

Nach einer Stunde erst sind meine Schwestern zufrieden, lassen von mir ab und reichen mir einen Handspiegel.

Nicht schlecht! Ungewohnt, aber nicht schlecht!

Meine Schwestern wissen, wie asiatische Augen besonders schön zur Geltung kommen. Sie haben vor allem die Wimpern und den Wimpernrand betont.

Ich versuche, jetzt mal *richtig* asiatisch auszusehen. Ich lächle, neige den Kopf dabei ein wenig. Dann muss ich selbst über mich lachen. Klischees, die Europäer im Kopf haben, denke ich.

Da Omma und Appa noch nicht zurück sind, erkundige ich mich vorsichtig, ob es Fotos von früher gibt, die wir angucken könnten. Es ist ja möglich, dass sich meine koreanische Familie vor zehn, zwanzig Jahren gar keine Kamera leisten konnte.

Kurz darauf kommt Uh-Chan mit einem großen Karton aus einem der hinteren Zimmer der Wohnung. Wieder einmal muss ich einsehen, dass ich keine Ahnung vom alltäglichen Leben in Korea habe, schon gar nicht von dem vor zwanzig Jahren.

Wir schauen uns ein Foto nach dem anderen an. Meine Eltern und Jannik müssen oft schmunzeln, weil meine Schwestern mir unglaublich ähnlich sehen. Es ist schön, diese Fotos zu betrachten, denn sie zeigen eine glückliche Familie, die einiges unternommen und erlebt hat.

Dann halte ich eine sehr schöne Aufnahme in der Hand: Omma, Appa, So-Hyeun, Sin-Young und Uh-Chan – eine große Familie. Und komplett. Keine Lücke, kein leerer Platz. Ich horche einmal ganz tief in mich hinein, ob sich dort etwas regt. Bin ich traurig, nicht auf dem Foto zu sein? Meine ich, etwas verpasst zu haben? Wurde mir etwas genommen?

Nein. Ich freue mich aufrichtig, dass ich nun Teil dieser Familie bin, aber ich als Kind gehöre ganz klar auf Fotos mit Mama, Papa und Jannik.

Ich reiche das Bild weiter an Jannik.

Sin-Young, die kurz aufgestanden ist, setzt sich wieder zu uns und hält das Hochzeitsalbum der Eltern in den Händen. Gespannt blicke ich Sin-Young über die Schulter und bin ganz fasziniert vom Foto der Braut.

Eine wunderschöne, sehr schlanke junge Frau lächelt in die Kamera.

»Omma und Appa haben sich nur dreimal vor der Hochzeit gesehen.«

Unfassbar! Und dann direkt geheiratet! Aber auch heute ist es in Korea noch üblich, Ehen zu arrangieren. Nach wie vor suchen manche koreanische Eltern die Partner für die Kinder aus, das weiß ich von Somi. Mir kommt das überholt vor. Schließlich möchte ich selbst meinen Partner wählen und wissen, was er für ein Mensch ist, bevor ich ihn heirate, und ob er mir guttut.

Das fröhliche Lachen meiner Mutter ist im Flur zu hören, und wir klappen das Album zu. Als Omma ins Wohnzimmer kommt, strahlt sie uns an. Ich finde sie auch heute wunderhübsch und kann den Blick jetzt gar nicht mehr von ihr wenden. Einige Minuten lang betrachte ich sie fasziniert, ihr freundliches Lächeln kann einen wirklich verzaubern.

Wir machen einen Ausflug. Unseren ersten gemeinsamen Ausflug, wie man ihn als Familie eben macht. Omma packt eine große Kühlbox mit frischem Obst und Getränken, und es geht los in Richtung Gyeongju, wo gerade eine Kulturexpo stattfindet.

Ein Zwischenstopp am Meer. Es ist der östlichste Landzipfel Koreas, der so schöne Ausflugsmöglichkeiten bietet, und ich stehe am Geländer und genieße den Blick auf den Ozean. Da bemerke ich, wie sich meine koreanischen Eltern hinter mir über mich unterhalten. Appa deutet erst auf meine, dann auf seine Beine und lacht mich an.

Ja, die Beine …

Das Expogelände beginnt mit einer kleinen Ausstellungshalle, dann schließen sich die üblichen Pavillons an, durch die wir entspannt hindurchschlendern. Gegen Ende unseres Rundgangs kommen wir am Mini-Pavillon eines koreanischen Wahrsagers vorbei. Omma möchte unbedingt, dass ich mir aus der Hand und dem Gesicht lesen lasse. Das Wahrsagen hat in Korea eine lange Tradition und wird auch heute noch von einigen Menschen hochgeschätzt, erklärt uns Se-In. Anscheinend auch von meinen leiblichen Eltern …

Ich bin noch nie in meinem Leben auf die Idee gekommen, zu einem Wahrsager zu gehen, ich glaube einfach nicht an so etwas. Aber ich spüre, dass es Omma wichtig ist, und so stehe ich kurz darauf in dem hellen Raum, in dem sich nicht mehr befindet als ein Sitzbänkchen, wie es zur Meditation verwendet wird, einige Decken und eine große Teekanne mit Becher auf einem flachen Tisch. Der junge Wahrsager trägt einen Hanf-Hanbok. Er steht direkt vor mir und alle anderen um uns herum. Lange und ohne ein Wort zu sagen betrachtet er mich, dann nimmt er meine rechte Hand. Er spricht Koreanisch mit mir, und Se-In übersetzt: »Du bist vor langer Zeit von deiner Familie getrennt worden.«

Omma und So-Hyeun sind von diesem ersten Satz sogleich berührt, und Tränen steigen ihnen in die Augen. Ich bin da nüchterner und denke mir: Man muss keine übersinnlichen Kräfte haben, um zu erahnen, in welcher Konstellation wir zusammengehören.

Jetzt ergreift er meine linke Hand. »In diesem Jahr wirst du noch ein großes Glück und ein Unglück erleben. Die nächsten drei Jahre wirst du es sehr gut haben. Du wirst bald oder sehr spät heiraten.«

Soso. Bald oder sehr spät … Ob ich das Bernhard mailen soll? Ich verkneife mir eine Bemerkung, denn Omma und meine Schwestern sind wirklich sehr berührt von allem, was der Wahrsager sagt.

Nach dem Expo-Besuch machen wir auf dem Parkplatz noch ein kleines Picknick. Omma schneidet mit einem langen Messer für jeden ein Stück von einer Wassermelone ab, die größer als ein Basketball ist. Sie ist wieder sehr fürsorglich und fragt immer aufs Neue, ob wir noch etwas essen möchten. Ich nehme mir einen von den großen Pfirsichen und schwärme Jannik nach dem ersten Bissen von dem köstlichen Aroma vor. Er und Papa greifen auch zu. Als uns der Pfirsichsaft über das Kinn rinnt, reicht Omma allen Papierservietten.

Die koreanischen Früchte haben es mir angetan. Ob Pfirsiche, Birnen oder Äpfel, sie sind überhaupt nicht mit unseren deutschen Sorten zu vergleichen. Sie sind nicht nur größer, sondern auch süßer. So ein Pfirsich ist die richtige Erfrischung an einem warmen Tag wie diesem, denke ich, setze mich auf einen Mauervorsprung, strecke mein Gesicht der Sonne entgegen und schließe für einen Moment die Augen. Plötzlich ist die Sonne weg. Ein großer grüner Regenschirm hat sich über mir geöffnet. So-Hyeun, die nun neben mir auf dem Mauervorsprung hockt, lächelt mich an. Ach ja, der helle Teint.

»So-Hyeun, *I like the sun*.«

Ich erkläre ihr, dass ich nichts gegen die hellen Strahlen habe, im Gegenteil. Nur zögerlich sucht sie sich mit ihrem Schirm ein anderes Opfer, dem sie Schatten spenden kann.

Bereits am nächsten Morgen ist der Schnellzug nach Seoul gebucht. Ich kann nicht glauben, dass die Tage in Pohang schon vorbei sein sollen, und auch meine koreanische Familie ist traurig, dass der Abschied so kurz bevorsteht.

»Kannst du nicht noch einen Tag bleiben? Wir rufen beim Flughafen an und fragen, ob es für Samstag einen Platz in einer Maschine nach Seoul gibt.«

Ich brauche nicht lange zu überlegen. Ich fühle mich zwar noch fremd hier, und wenn ich länger bleibe, habe ich niemanden zum Übersetzen an meiner Seite, aber wer weiß, wann ich wiederkommen kann … Als auch Mama und Papa mir ermutigend zunicken, erwidere ich: »Ja, lasst uns am Flughafen anrufen!«

Wir haben Glück und schaffen es, einen Platz in einem Flieger für mich zu ergattern.

Am Abend im Hotel fallen wir alle müde in unsere Kingsize-Betten. Se-In und ich wollen unter die Decke gekuschelt noch etwas fernsehen, aber schon nach wenigen Minuten werden unsere Augenlider so schwer, dass wir den Apparat wieder ausschalten und uns gerade noch eine gute Nacht wünschen können.

Am nächsten Morgen machen wir uns auf nach Daegu, von wo aus Mama, Papa, Jannik und Se-In nach Seoul fahren werden. Unterwegs besuchen wir noch Appas Mutter, meine andere Großmutter – Daegu Halmôni. Durch ein Metalltor und einen hübschen Garten mit Blumen und Gemüsebeeten kommen wir zu dem kleinen Backsteinhaus. Daegu Halmôni öffnet die Tür mit den bleigefassten Glasscheiben, und ihre »Schlitzaugen« mit den fröhlichen Falten ziehen sich für einen Moment fragend zusammen, so als müsse sie genauer hinschauen, wer denn da kommt.

Omma und Appa stellen mich vor, und die Freude und der Stolz in ihren Augen sind jetzt nicht zu übersehen. Ich freue mich auch, diese sympathische alte Dame kennen zu lernen, bin aber in Gedanken schon beim Abschied von meiner Familie … Ein leichtes Unbehagen befällt mich. Ich weiß, dass Omma und die anderen es an nichts fehlen lassen werden, damit es mir gut geht. Aber allein bei ihnen zurückbleiben? Vieles ist mir so fremd. Ich kenne meine leibliche Familie doch erst seit wenigen Tagen …

Am Bahnhof müssen wir Tickets kaufen, damit wir mit auf den Bahnsteig dürfen. In der Bahnhofshalle Lebewohl zu sagen, kommt nicht in Frage, und so passieren wir alle gemeinsam die Kontrolle. Während wir auf den Zug warten, erfasst alle Abschiedsstimmung. Mama drückt mich fest an sich. Sie spürt, dass ich unsicher bin, und flüstert mir ins Ohr: »Das wird heute sicher ein sehr schöner Tag für dich. Und morgen sehen wir uns ja schon wieder.«

Jetzt nimmt jeder jeden in den Arm, und mein Herz macht einen kleinen Sprung. Alles fühlt sich plötzlich so vertraut an. Es ist ein Abschied einer großen Familie, nicht von zwei Familien. Ich stehe nicht dazwischen, sondern mittendrin. Als der Zug einfährt, kommt Hektik auf. Und schon steigen Mama, Papa, Jannik und Se-In ein. Meine koreanische Verwandtschaft und ich stehen draußen und winken. Wie es wohl für meine Eltern ist, mich hier zurückzulassen?, frage ich mich. Da tauchen Papas und Janniks lachende Gesichter hinter einer Scheibe auf, und beide winken mir zu.

Als wir im Auto sitzen und ich mich wieder gefangen habe, beginnt Omma plötzlich bitterlich zu weinen. Ich weiß nicht, was genau sie so sehr bewegt. Appa, So-Hyeun und Sin-Young sind anscheinend ebenso überrascht von dem Gefühlsausbruch, dass sie wie ich nur stumm dasitzen. Da ergreift Omma meine Hand, drückt sie ganz fest und sagt etwas auf Koreanisch.

So-Hyeun übersetzt es in ihr einfaches Englisch: »Omma will, dass du liebst deine deutschen Eltern noch mehr.«

Jetzt drücke ich Ommas Hand.

Sie lächelt mich an und wischt sich die Tränen aus dem Gesicht.

Warum sagt sie das? Warum muss sie immer wieder weinen? Ich würde sie so gern fragen, welche Gefühle und Gedanken sie bewegen. Dass es schwer für sie ist, spüre ich … Ich spreche ihre Sprache nicht und habe ein enges, herzliches Verhältnis zu den Menschen, die seit 21 Jahren meine Eltern sind. Und sie als leibliche Mutter ist der eigenen Tochter noch völlig fremd. Da ist es kein Wunder, dass sie traurig ist.

Noch während der Fahrt kündigt So-Hyeun mir an, dass meine Eltern mir etwas zum Anziehen kaufen möchten und wir nun in das große Kaufhaus Lotte fahren.

»Das ist wirklich nicht nötig«, wehre ich ab.

Omma, die etwas Englisch versteht, wenn sie es auch nicht gut spricht, bedeutet mir, dass dies ihr Wunsch sei. Jetzt strahlt sie wieder.

So-Hyeun erklärt: »Koreanische Eltern schenken Kindern gern Kleidung. Sie freuen sich, wenn Kinder diese Kleidung tragen.«

Also gut. Dann tue ich Omma und Appa den Gefallen.

»Wonach sollen wir schauen?«, lässt Omma fragen.

Ich überlege einen Moment lang, dann sage ich: »Ein Rock wäre schön.«

Bei dem Einkauf geht es sehr lustig zu. Jedes Mal, wenn ich mir einen Rock angucke, meinen die vier, ich wolle ihn gern haben. Sie stürzen auf mich zu, begutachten das Teil und reden wild auf mich ein. Wenn ich dann den Kopf schüttle und den Rock weghänge, stieben sie wieder auseinander und durchsuchen die Kleiderständer und Regale, bis ich den nächsten Kleiderbügel vom Ständer nehme.

Irgendwann finden wir einen raffiniert geschnittenen schwarzen Wickelrock. Ein passendes Oberteil dazu darf ich ebenfalls nicht ausschlagen, und so probiere ich verschiedene Blusen und Pullis an, entscheide mich dann aber für ein langärmliges dunkelgrünes Shirt.

Meiner Meinung nach sind wir nun mit dem Shopping fertig, und ich wende mich in Richtung Ausgang, doch meine Familie besteht darauf, dass ich mir noch eine Handtasche aussuche.

»Nein, das ist wirklich nicht nötig«, sage ich jetzt noch einmal mit Nachdruck. Mir ist es nicht recht, dass sie Unmengen Geld für mich ausgeben möchten. Sie haben für mich und meine deutsche Familie schon so viel bezahlt.

Doch davon wollen sie nichts wissen. Im Gegenteil, sie möchten auch noch Geschenke für Mama, Papa, Jannik und meinen Freund kaufen. Ich bemühe mich noch einmal, ihnen klarzumachen, dass das wirklich zu viel und nicht nötig ist. Aber der Widerstand ist zwecklos.

Erst gegen 21 Uhr kommen wir vollbepackt zurück nach Pohang, wo Uh-Chan und die Großmutter bereits auf uns warten. Wir bestellen telefonisch für alle eine Pizza zum Abendessen und sitzen rund um die kleinen Tische im Wohnzimmer zusammen. Als es nach Mitternacht ist, habe ich allmählich das Bedürfnis, schlafen zu gehen. Doch So-Hyeun ruft: »Hast du Lust auf Badehaus?«

Badehaus? Ich gucke irritiert.

»Nackt baden … Sauna.«

»Nackt baden? Und Sauna? Um diese Uhrzeit?« Ich bin völlig verwirrt. Jetzt fällt mir wieder Ommas Wunsch gleich nach der Sendung ein.

»Omma möchte dir Rücken waschen«, erklärt Sin-Young und lacht.

Um zwei Uhr nachts? In einem Badehaus? Ich überlege, wie ich um diese Aktion herumkommen kann. Mir ist das suspekt. Ich will das nicht. Wenn Omma mir unbedingt den Rücken waschen möchte, kann sie das doch auch hier tun.

Omma lächelt mich liebevoll an.

»Großer Wunsch«, sagt Sin-Young.

»Sehr großer Wunsch«, bekräftigt So-Hyeun.

Hm. Sehr großer Wunsch.

Ommas Lächeln bricht nicht ab.

Ich kann es nicht ausschlagen. Ich habe keine Wahl. Ich lächle zurück. Doch ich hoffe inständig, dass das Badehaus so spät gar nicht mehr geöffnet hat.

»Okay. Aber ist das Badehaus nicht längst geschlossen?«, entgegne ich.

»Nein. Badehaus in Pohang 24 Stunden geöffnet. Sehr schön so spät abends. Nicht viele Gäste«, erklärt Sin-Young, und die drei springen auf und packen alles Nötige zusammen.

Ich bleibe wenig begeistert auf dem Boden am Tisch sitzen und betrachte skeptisch die bunten Plastikkörbe, die mit Seife, Shampoos, Lotionen, Waschlappen, großen und kleinen Schwämmen, Handtüchern und frischer Kleidung gefüllt werden.

Ich meine zu verstehen, dass meine Großmutter auch gern mitkommen möchte.

Ich schlucke.

Die alte Frau war die ganze Zeit über so still, dass ich sie beinahe gar nicht mehr wahrgenommen habe.

Jetzt wird auch sie munter. Sie ist für ihr Alter zwar noch rüstig, aber mitten in der Nacht zum Nacktbaden?

Worauf lasse ich mich da bloß ein?

Müde und alles andere als begeistert steige ich in den Van ein, den Appa aus der Tiefgarage geholt hat. Er fährt uns Frauen zum Badehaus, das sich am anderen Ende von Pohang befindet.

Als wir das unscheinbare Gebäude betreten, ziehen wir erst einmal die Schuhe aus, die wir dann in Regalen an der Wand deponieren. Der Anzahl der Schuhe nach zu urteilen sind trotz später Stunde gut zwei Dutzend Besucherinnen im Badehaus. Meine Schwestern gehen mit mir vor in die große Gemeinschaftsumkleide, Omma kommt mit der Großmutter langsam nach.

So-Hyeun und Sin-Young schlüpfen aus ihren Kleidern. Ich ziehe ebenfalls, wenn auch zögerlich, Shirt, Hose und Socken aus.

O wie gern würde ich meine Sachen nehmen, mich entschuldigen und sagen, dass ich draußen warten werde.

So-Hyeun und Sin-Young stehen nackt vor mir, während ich an meinem BH-Verschluss nestle.

Omma und die Großmutter beginnen nun ebenfalls sich zu entkleiden.

Mir wird abwechselnd heiß und kalt. Nicht einmal einen

Bademantel gibt es … Nicht, dass ich prüde bin, zumal wir unter Frauen sind. Eigentlich finde ich es auch schön, dass die Frauen meiner leiblichen Familie so offen und überhaupt nicht verklemmt sind. Aber ich würde mir wünschen, dass wir uns etwas vertrauter wären. Wir wissen doch kaum etwas voneinander.

Als ich noch jünger war, sind meine Eltern oft mit uns in die Sauna gegangen, doch irgendwann gefiel es mir nicht mehr, mit anderen Menschen zusammen nackt auf Holzbänken zu sitzen und zu schwitzen.

Jetzt habe ich auch den Slip abgestreift, und zum Glück zieht mich Sin-Young gleich mit sich durch die Glastür in die Badehalle. Zum Glück? Ich meine, vom Regen in die Traufe zu kommen. Der Waschbereich ist am anderen Ende der Halle, und wir müssen erst einmal an den Badegästen vorbei, die sich auf die zwei Wasserbecken, die wie große Whirlpools aussehen, verteilen. Ich blicke mich um und wundere mich über das grelle Licht und die wenig stimmungsvolle Atmosphäre. Die Sauna rechts von uns sieht aus wie eine gewöhnliche Holzsauna. Ich hatte mir das Badehaus schöner vorgestellt und mit einem Becken für Schwimmer, in dem ich ein paar Bahnen ziehen wollte. Aber das gibt es nicht.

»Hier waschen wir uns, dann baden«, erklärt Sin-Young und grinst, als wir vor der Reihe kleiner Spiegel mit Steinwaschbecken und Plastikhocker darunter stehen. Unter den Becken befindet sich jeweils eine Schüssel mit einer Kelle darin. Noch immer angespannt, aber auch neugierig lasse ich meinen Blick kurz zur Seite schweifen.

An einem der Waschbecken am Rand sitzt eine ältere Frau, der eine jüngere, vielleicht ihre Tochter, den Rücken wäscht. Fast schon unbeholfen stehe ich neben Sin-Young, schaue immer mal wieder unauffällig zu den beiden Frauen hinüber und warte auf die Nachzügler. Zuerst So-Hyeun, dann auch Omma und die Großmutter, jede einen Korb in der Hand, kommen durch die Halle auf uns zu.

Kaum stehen wir zu fünft vor den Waschbecken, sagt So-Hyeun: »Schöner Busen!«

Omma, Sin-Young und auch die Großmutter stimmen ihr zu.

»Ja, ja, schöner Busen. – Schöner kleiner Busen! – Sehr schöner kleiner Busen.«

Oh, oh. Die Schamesröte steigt mir heiß ins Gesicht. Ich ärgere mich darüber. Sicherlich möchten sie nur nett zu mir sein und merken gar nicht, wie unangenehm es mir ist, so gemustert zu werden. Ich selbst weiß gar nicht mehr, wo ich hinschauen soll.

»Setz dich«, fordert Omma mich auf und lacht mich fröhlich an.

Der Bitte komme ich gern und rasch nach.

Auf dem Plastikhocker beruhige ich mich ein wenig. Doch zum Durchatmen bleibt nicht viel Zeit, denn schon seift Omma mich ein und bearbeitet mit einem Schwamm meinen Rücken.

Ich kann mich nicht daran erinnern, wann ich das letzte Mal von meiner Mama den Rücken geschrubbt bekommen habe. Ich fühle mich auf einmal in diese Kinderzeit zurückversetzt … wie ein kleines Kind, das noch Hilfe beim Waschen benötigt. Ein bisschen gefällt es mir aber auch. Mit leichtem Druck lässt Omma den Schwamm über meinen Rücken gleiten.

Zum Schluss werden mir noch die Haare eingeschäumt und mit einem der Duschköpfe an der Wand ausgespült, und nach dem Abbrausen ist meine Reinigung erst einmal abgeschlossen. Mit So-Hyeun, der Sin-Young den Rücken gewaschen hat, steuere ich auf eins der großen Wasserbecken zu und steige hinein. Sin-Young, Omma und die Großmutter sind noch mit Waschen beschäftigt; Sin-

Young gießt Omma gerade eine Kelle Wasser über die Schulter.

Wie in einer großen Badewanne sitzen So-Hyeun und ich, ich genieße das leichte Sprudeln des warmen Wassers am unteren Rücken und an den Beinen.

Zuerst Sin-Young, dann auch Omma und die Großmutter kommen jetzt nach, und Omma setzt sich neben mich, die Großmutter uns gegenüber in einiger Entfernung. Mir ist das recht.

Omma grinst immer mal wieder verschmitzt, und ich gucke sie fragend an. Dann sagt sie etwas auf Koreanisch, und So-Hyeun übersetzt: »Omma hatte auch schönen Busen. Aber nach vier Kindern nicht mehr klein.«

Meine Schwestern lachen, und auch ich muss schmunzeln. Ich weiß, dass Koreanerinnen möglichst schlank sein wollen, und zum koreanischen Schönheitsideal gehört anscheinend außerdem, einen kleinen Busen zu haben.

Im warmen Wasser liegend kriecht mir die Müdigkeit auf einmal wieder in die Glieder, und ich dämmere mit geschlossenen Augen eine Weile vor mich hin. Ich tauche mit den Ohren unter Wasser und lausche dem Rauschen. Ich bin tatsächlich in Korea. In einem Badehaus mit meiner leiblichen Mutter und meinen Schwestern und mit der Frau, die mich fortgegeben hat. Bilder ziehen an meinem inneren Auge vorbei, das traurige Gesicht von Omma im Fernsehstudio, die Großmutter auf dem Boden laut klagend, das schöne gemeinsame Abendessen, das strahlende Gesicht von Omma … Immer wieder sehe ich Omma vor mir. Ich habe sie gefunden. Ja, ich sehe ihr ähnlich. Ich bin ihr vielleicht nicht wie aus dem Gesicht geschnitten, aber ich sehe ihr ähnlich. Es ist ein schönes Gefühl, jemandem ähnlich zu sein.

Langsam tauche ich wieder auf und schaue in zwei neugierige Augenpaare. Sin-Young und So-Hyeun drucksen ein wenig herum, dann deuten sie auf meinen Intimbereich und fragen: »Ist nicht gefährlich rasieren?«

Ich muss fast losprusten.

»Nein, es ist nicht gefährlich … In Europa rasieren sich viele Frauen, zumindest junge Frauen …«

Mir war auch schon aufgefallen, dass die Koreanerinnen ihr Schamhaar sozusagen lang tragen.

So-Hyeun, Sin-Young und meine koreanische Mutter schütteln ungläubig die Köpfe.

»Koreafrauen mit vielen Haaren sind stolz. Gute Fruchtbarkeit«, sagt So-Hyeun jetzt.

Als wir schließlich aus der großen »Badewanne« steigen und zu den Duschen gehen, habe ich den Eindruck, meine Scham wird tatsächlich argwöhnisch betrachtet. Ich stelle mir vor, dass eine »sehr fruchtbare« koreanische Frau in einer deutschen Sauna ähnliche Blicke ernten würde, und muss schmunzeln.

Zurück in der Wohnung in Pohang hält mich nur die Frage, wo ich wohl schlafen werde, wach. Und ich bin erleichtert, dass ich das einzige Bett in der Wohnung belegen darf. Meine Schwestern diskutieren, wem die Ehre gebührt, sich das große Bett mit mir teilen zu dürfen. Ich jedoch bin so müde, dass ich weder etwas einwenden noch mitentscheiden kann.

»Omma schläft bei dir«, verkündet So-Hyeun schließlich.

Wenige Minuten später krabble ich unter die große Steppdecke, und es dauert nicht lange und auch Omma schlüpft ins Bett – und tastet nach meiner Hand.

Ich spüre ihre warme weiche Haut. Ein Strom von Gedanken, den ich nicht mehr steuern kann, bricht in mir los. Wie verrückt ist das alles! Die Frau neben mir, deren Atem ich höre und die so gut riecht, ist die Frau, die mich neun Monate lang in ihrem Bauch getragen hat, sie hat mich in sich wachsen spüren und sich auf mich gefreut. Aber als ich auf der Welt war, hat sie mich nicht einmal gesehen. Sie konnte mich nicht in den Arm nehmen, mich nicht füttern, nicht trösten und mich nicht zum Lachen bringen. Jetzt liege ich, eine junge Frau von 21 Jahren, neben ihr. Ich, ihr Kind, das sie jahrelang für tot hielt. Wie schön wäre es, wenn wir noch miteinander flüstern könnten. Ob sie mir gern etwas sagen würde? Nur mir? Ich weiß es nicht, aber Omma streichelt jetzt ganz liebevoll über meinen Handrücken – diese sanfte Nähe finde ich sehr schön und schlafe mit einem guten Gefühl bald darauf ein.

Als ich am Morgen erwache, ist das Bett neben mir leer. Ich höre fröhliche Stimmen aus der Küche und Geschirrklappern. Es sind Ommas und Appas Stimmen. Ich bleibe noch liegen und lausche mit geschlossenen Augen den fremden Geräuschen. Auf einmal höre ich jemanden durch das Zimmer huschen. Ich tue so, als ob ich schlafe, blinzle aber neugierig, wer da hereingekommen ist. So-Hyeun krabbelt zu mir ins Bett, kuschelt sich vorsichtig an mich und nimmt meine Hand. Nach einer Weile steht sie auf und verlässt auf Zehenspitzen das Zimmer. Wenige Minuten später erscheint Sin-Young und legt sich ebenfalls zu mir. Ich finde es lustig. Ich fühle mich wie ein Neugeborenes, das von den großen Schwestern begrüßt wird.

Als ich später aufstehe und in die Küche gehe, sind die fröhlichen Stimmen verklungen. Omma steht weinend vor dem Herd, und Appa tröstet sie leise. Als sie mich entdecken, wischt sich Omma schnell die Tränen aus den Augen und lächelt mich an. Sie macht mir verständlich, dass sie sogleich das Frühstück für mich fertig hat.

Nach dem Frühstück zeigt So-Hyeun mir, wie ich die Schleife an meinem Hanbok zu binden habe. Ich habe das in dem Seminar nicht selbst ausprobiert und muss das Binden der langen weiß-lilafarbenen Bänder nun mehrere Male üben. Erst als sich So-Hyeun sicher ist, dass ich es beherrsche, ist sie zufrieden.

Dann ziehen wir uns alle besonders schön an – ich meine neue Kombination aus dem Kaufhaus –, denn bevor wir zum Flughafen fahren, besuchen wir noch ein Fotostudio, um ein Familienporträt machen zu lassen.

Ich bin die Einzige, die auf den Bildern mit offenem Mund lächelt. Omma, Appa, meine Schwestern und mein Bruder halten alle dezent den Mund geschlossen; so macht man es in Korea eben: Und wenn es nicht gelingen will, hält man verlegen die Hand an die Lippen. Sie versprechen mir, Abzüge anfertigen zu lassen und mir nach Deutschland nachzuschicken.

Am Strand von Pohang knipse ich dann selbst noch ein paar letzte Abschiedsbilder.

Vor allem Omma ist sehr traurig über meine Abreise. Ich versuche sie damit zu trösten, dass wir doch regelmäßig telefonieren und mailen können.

»Und ich werde wiederkommen«, verspreche ich.

Am Flughafen angelangt verkünden meine Schwestern, dass sie für einen Flug nach Deutschland sparen werden, und wir nehmen uns immer wieder in den Arm und schmieden schon einmal Pläne, in welche europäischen Nachbarländer wir gemeinsam reisen können.

Omma steigen die Tränen in die Augen, aber sie lächelt dabei tapfer. Dann drückt sie mir einen Umschlag mit viel Geld in die Hand. Ich will das natürlich auf keinen Fall annehmen.

»Eltern geben ihren Kindern Geld«, erklärt So-Hyeun und gibt mir zu verstehen, dass ich dieses Geschenk nicht ablehnen kann.

Ich stecke den Umschlag erst einmal weg und nehme mir vor, mit Mama und Papa darüber zu sprechen.

Jetzt drängt plötzlich die Zeit. Ich werde zum Einchecken aufgerufen und nehme jeden noch einmal fest in den Arm. Omma möchte mich am liebsten gar nicht mehr loslassen. Ich spüre, wie schwer es ihr fällt, ihr Kind, das sie gerade erst wiedergefunden hat, gehen zu lassen.

»Ich komme ganz bestimmt wieder!«, sage ich noch einmal.

Nur zehn Flugstunden trennen mich von meiner leiblichen Familie. Zehn Flugstunden und gut zwanzig Jahre, die ich in Deutschland aufgewachsen bin.

Wir leben in völlig verschiedenen Kulturen. Auch wenn viele in Südkorea inzwischen westliche Gepflogenheiten übernommen haben, so gibt es immense Unterschiede. Meine beiden Korea-Aufenthalte haben mir gezeigt, wie anders das Leben dort verläuft.

In dem Seminar für Adoptierte in Seoul, das uns eigentlich die Kultur nahebringen sollte, habe ich oftmals große Fremdheit verspürt. Ich fand es spannend, mein Geburtsland mit allen Sinnen zu erkunden, aber ich hatte nicht das Bedürfnis, die koreanische Lebensart zu verinnerlichen. Ich bin nicht nach Korea aufgebrochen, um eine Heimat zu suchen. Ich fühle mich in Deutschland zu Hause, verwurzelt, bin aufgehoben in meiner deutschen Familie. Auch wenn ich immer als Asiatin angesehen werde und durchaus von außen gespiegelt bekomme, nicht hierher zu gehören. Ich bin inzwischen so stark, dass ich mich nicht mehr ständig verunsichern lasse – klar, genervt bin ich manchmal, wenn wirklich blöde Bemerkungen gemacht werden, und ich habe auch nicht immer Lust, fremden Menschen auf der Straße meine halbe Lebensgeschichte zu erzählen. Aber daran habe ich mich schon fast gewöhnt.

Jetzt möchte ich meiner leiblichen Familie zeigen, wie ich hier in Stuttgart lebe. Omma, Appa und meine Geschwister freuen sich, als ich sie anrufe und erzähle, dass ich eine Webcam gekauft habe und dass wir uns jetzt trotz der Entfernung – dank Mikrofon und Internet-Flatrate – jederzeit »besuchen« können. Sie selbst besaßen bereits eine schicke Webcam.

Und unser erstes Treffen ist dann auch ein Riesenspaß. Omma kann gar nicht aufhören zu grinsen, so sehr freut sie sich, und So-Hyeun und Sin-Young sind ebenfalls völlig aus dem Häuschen. Appa und Uh-Chan sind zurückhaltender, aber auch ihre Freude ist nicht zu übersehen.

Ich stelle ihnen Bernhard vor, der meine leibliche Familie schüchtern begrüßt und sie fragt, wie es ihnen geht.

»Very well. Happy to see you«, antwortet So-Hyeun für alle.

Ich schwenke mit der Kamera durch die Wohnung und zeige ihnen die kleine Küche, den Platz, an dem ich esse, das Wohnzimmer, das Arbeitszimmerchen, das Bad, das Schlafzimmer und den Blick aus dem Fenster.

»Ohhh!«

»Ahhh!«

»Very nice!«

Wir können uns an diesem Tag kaum voneinander trennen, immer wieder fällt mir etwas ein, das ich noch filmen möchte. Und meine Schwestern und Omma lassen sich das gern gefallen.

Ich verbringe auf diese Weise viel Zeit mit »meinen Koreanern«, und vor allem So-Hyeun und Sin-Young treffe ich nun täglich im Chat. Manchmal verbringen wir sogar zwei oder drei Stunden miteinander. Ich schmiere mir vor laufender Kamera ein Schwarzbrot mit Nutella und beiße hinein. Meine Schwestern löffeln währenddessen eine Suppe und kichern. Auf diese Art nehmen wir ein klein wenig Anteil am Leben der anderen.

Aber auch Omma und Appa besuchen mich via Bildschirm in Stuttgart. Ich zeige ihnen, was ich im Supermarkt eingekauft habe: Butter, Milch, Joghurt, geschälte Tomaten, Pasta, Knoblauch, Lauchzwiebeln, Kaffee und Spülmittel.

Omma schneidet das Gemüse fürs Abendessen, und Sin-Young erzählt für Appa, wie sein Tag bei der Arbeit war.

Als ich einmal allein mit Sin-Young chatte, führt sie mir ihre neu gekaufte Hose vor und beklagt sich dabei, dass die anderen ihr immer wieder sagen, ihre Beine seien für Röcke zu dick. Deshalb trage sie nur Hosen.

Ich bin empört! »Natürlich kannst du Röcke tragen!«, rufe ich.

Sin-Young zieht unsicher die Augenbrauen zusammen und zupft an ihren Hosenbeinen.

»Ich fühle mich darin zu dick«, sagt Sin-Young schließlich.

In diesem Moment tut mir meine Schwester leid. Wie bei Somi zeigt sich, wie stark die Familie – neben der Gesellschaft – Druck auf die Frauen wegen ihres Äußeren ausübt. Die Meinungen der Älteren zählen mehr als ihr eigenes Empfinden. Sin-Young hört auf Omma, Appa und So-Hyeun, das ist gar keine Frage.

Dieser Respekt, fast schon Gehorsam, gegenüber den Älteren zeigt sich besonders in der Sprache. So spricht man ältere Menschen, auch Freunde, mit »älterer Bruder« oder »ältere Schwester« an. Zu meinen Schwestern muss ich also offiziell »Onni« sagen. Meinen jüngeren Bruder Uh-Chan darf ich einfach Uh-Chan nennen, für ihn aber bin ich die »Nuna«. Zum Glück darf ich »Omma« und »Appa« sagen.

Ich musste mich erst daran gewöhnen und habe nicht immer daran gedacht, wenn meine Familie und ich unter uns waren. Aber in der Öffentlichkeit habe ich mich daran gehalten, schließlich wollte ich niemanden in Verlegenheit bringen. Denn wer von einem Jüngeren mit Namen angesprochen wird, verliert an Ansehen. Ich kann mir nicht vorstellen, dass ich mich tagtäglich so unterordnen könnte. Oder vielleicht wäre es so normal, dass ich es gar nicht als Unterordnung empfinden würde. Ob das ausschließlich durch meine Erziehung kommt? Wie angepasst oder unangepasst würde ich mich verhalten, wenn ich immer in Korea gelebt hätte? Ich weiß es nicht.

Eines Tages chatte ich mal wieder mit Sin-Young, und Omma und Appa sitzen im Hintergrund. Als einen Moment lang keiner von uns etwas zu sagen hat, fängt Appa plötzlich an zu singen.

»Appa singt gern!«, erklärt Sin-Young.

Und damit haben wir einen neuen Zeitvertreib. Wir singen uns Lieder vor, Kinderlieder und Volkslieder.

Appa möchte immer neue Lieder hören, die er manchmal sogar versucht nachzusingen.

»Sing a Christmas Song!«, lässt er mich jetzt über Sin-Young bitten.

Und ich singe bei strahlendem Spätsommerwetter »O Tannenbaum, o Tannenbaum, wie grün sind deine Blätter …«

Es wird Herbst, und meine Ausbildung beginnt. Nun habe ich nicht mehr so oft Zeit für den intensiven Austausch mit »meinen Koreanern«. Besonders Omma scheint meine Besuche via Webcam zu vermissen. Manchmal ruft sie mitten in der Nacht an, weil sie nicht an die Zeitverschiebung gedacht hat.

»Pogo shipda. Sarang hae«, sagt sie dann und legt rasch wieder auf, um mich und Bernhard weiterschlafen zu lassen. »Ich vermisse dich. Ich liebe dich«, bedeuten ihre Worte.

Und dann finde ich eines Abends Post aus Korea im Briefkasten. Es sind zwei Briefe in dem Kuvert, die mir meine koreanische Freundin Jin-Ah übersetzt.

Liebe Ha-Young,
es sind schon 25 Tage vergangen, seitdem du hier warst. Es ist wie ein Traum, dass du nun jeden Tag mit deinen Geschwistern chattest. Aber wenn ich das Familienfoto betrachte, dann weiß ich, dass es kein Traum ist. Nachdem ich dich kennen gelernt habe, sehe ich dich jeden Tag in Gedanken wieder. Wir leben in einem anderen Land, ganz weit entfernt, aber dass ich dir in Gedanken

begegnen kann, ist für mich eine sehr große Freude. Als man mir, nach deiner Geburt am 25. Juli 1982, sagte, dass du gestorben warst, tat es mir sehr weh, und ich habe die ganze Zeit nur getrauert. Obwohl ich die Pille genommen habe, wurde ich nach ein paar Jahren wieder schwanger, und ich habe gedacht, dass du jetzt noch einmal in meinen Bauch zurückgekommen bist. Und ich wollte es auch glauben. Obwohl ich dann wieder eine Schwangerschaftsvergiftung bekam, wollte ich das Kind unbedingt zur Welt bringen.

Vor vier Jahren, als deine Großmutter eine große Operation vor sich hatte, habe ich von ihr erfahren, dass du noch lebst. Ich konnte es nicht glauben, und ich konnte ihr auch nicht verzeihen. Sie sagte mir, sie habe es getan, weil ich schwer krank gewesen sei. Sie habe dich auch zurückholen wollen, falls du bei der anderen Familie nicht glücklich gewesen wärst. Als ich dies vor vier Jahren erfahren habe, wusste ich nicht, wie ich dich finden sollte. Das hat mich unendlich traurig gemacht, und ich habe viel geweint.

Als du am 9. Juli in der Sendung warst, hat deine Tante angerufen und mich gefragt, warum Sin-Young im Fernsehen sei. Ich habe sofort die Sendung eingeschaltet und war mir hundertprozentig sicher, dass du mein Kind bist. Du weißt nicht, wie viel ich vor Freude geweint habe. Abends saß die ganze Familie vor dem Computer und hat die Sendung immer wieder angesehen.

Dein Vater und ich konnten gar nicht schlafen. Wir sind am nächsten Tag nach Seoul gefahren, um den DNA-Test machen zu lassen. Die 15 Tage danach habe ich nichts getan, nur auf das Testergebnis gewartet. Jetzt ist es kein Traum mehr.

Ich bin deinen Eltern sehr dankbar, dass sie dich so gesund aufgezogen haben, dass du so fröhlich und schön geworden bist. Ich glaube, dass du schon selbst weißt, auch wenn ich es nicht sage, dass du dich um deine Eltern gut kümmern musst.

Ich liebe dich, Omma

Die Worte von Omma berühren mich so sehr, dass ich den Brief gar nicht aus den Händen legen mag. Für sie ist es so viel schwerer als für mich, mit der Vergangenheit zu leben. Dass das Schicksal uns wieder zusammengeführt hat, ist wirklich wie ein Wunder. Ich wünsche mir, dass die Freude darüber, dass ich lebe und gesund und glücklich bin, Omma ihre Trauer und ihren Schmerz vergessen lässt. Am liebsten möchte ich ihr immer wieder sagen, dass nun alles gut ist und wir nach vorn schauen können.

Der andere Brief ist von meinem Vater. Jin-Ah sagte, dass es für koreanische Verhältnisse eine große Ausnahme sei, wenn der Vater der Tochter einen Brief schicke, und ich mich sehr geehrt fühlen könne.

Gespannt beginne ich zu lesen.

Liebe Ha-Young,
ich habe die Sendung am 9. Juli in meiner Firma gesehen. Dort saßen viele Gäste, die von ihrer schweren Kindheit erzählten und ihre Familien suchten. Und dann sah ich eine junge Dame mit einem fröhlichen Lächeln. Der Professor übersetzte alles, was sie sagte. Ich konnte meine Tränen nicht zurückhalten, denn wenn andere Menschen traurig sind, werde ich auch traurig. Als dann plötzlich das Datum 26. Juli 1982 und als Fundort das Kinderheim Daejawon in Gyeongju eingeblendet wurden, habe ich gedacht, vielleicht könnte das meine Tochter sein.
Das Mädchen auf den Fotos, die gezeigt wurden, war deinen beiden Schwestern sehr ähnlich, sodass mein Herz auf einmal so geklopft hat, dass ich keine Luft mehr bekommen habe. Ich bin nach draußen gegangen und habe tief durchgeatmet. Ich habe zu Hause angerufen und gefragt, ob sie zufällig auch die Sendung anschauen. Sin-Young meinte, dass deine Tante angerufen habe und habe wissen wollen, warum sie im Fernsehen sei. Deshalb hätten sie die Sendung angeschaltet, und Omma habe sofort gesagt: »Das

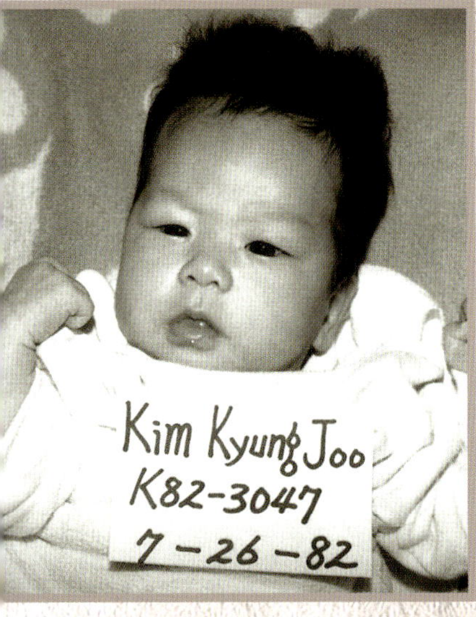

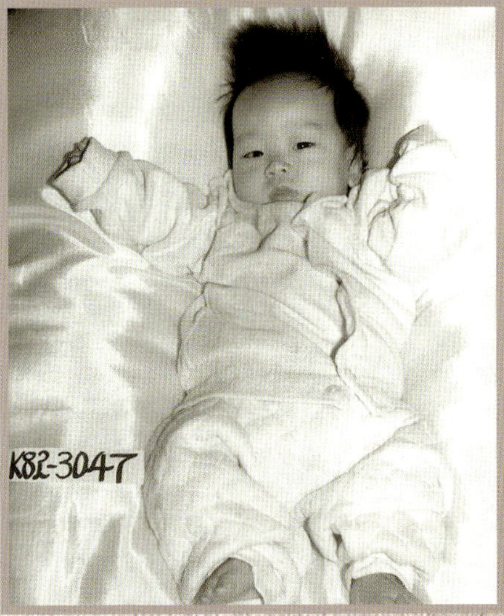

1. und 2. *Oben rechts und links* Die ersten Bilder, die meine deutschen Eltern von mir bekommen haben. Auf dem Schild steht mein koreanischer Name, den mir vermutlich die Behörden gegeben haben: Kim Kyung Joo. In Kyung-Joo hatte man mich gefunden.

3. *Links* Ankunft der Adoptivkinder aus Korea. Ich liege in den Armen der Dame im roten Pullover.

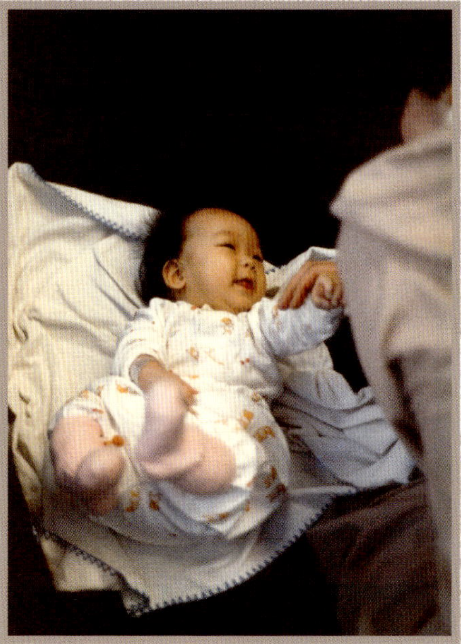

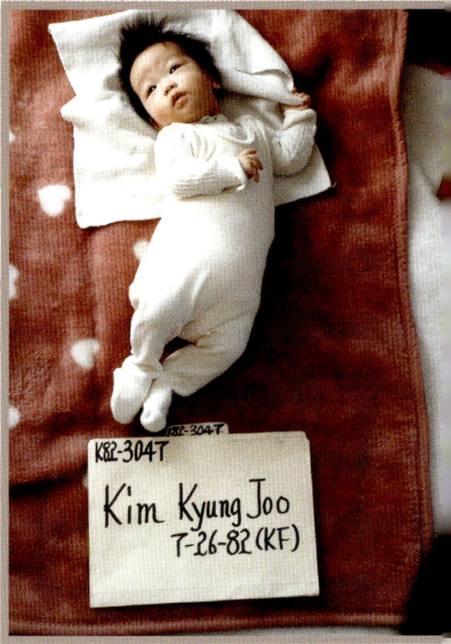

4. *Ganz oben* In den Armen meiner neuen Mama. Sie hat mir meine »Pferdedecke« mitgebracht, die ich auch heute noch als Wolldecke mit auf Reisen nehme.

5. *Oben links* Im Wickelraum gab es etwas zu trinken und eine frische Windel …

6. *Oben rechts* Das erste Foto zu Hause in Kornwestheim. Für die Adoptionsbehörden mussten meine Eltern die »Sträflingsnummer« mit fotografieren.

7. *Links* Mama und ich zum ersten Mal in koreanischer Tracht: Papa hatte sie von einer Reise mitgebracht.

8. *Unten* Ankunft von meinem Bruder Jannik am Flughafen Frankfurt.

9. *Ganz oben* Direkt nach der Sendung überreiche ich meiner koreanischen Familie das Fotoalbum. Neben mir meine liebe Freundin Se-In, die stundenlang für uns übersetzt hat. Was hätten wir nur ohne sie gemacht?

10. *Oben* Auf den Schildern wurde für das Fernsehpublikum vermerkt, wer wer ist, also »Mutter«, »ältere Schwester« etc.
Se-In erklärt ein wenig zu meinen Kinderbildern

. *Ganz oben links* Im koreanischen Restaurant ıch der Sendung. Omma erzählt fröhlich ıd gestikuliert viel. Immer wieder beobachte ich e beim Sprechen. Sie hat eine warme ıd freundliche Ausstrahlung.

12. *Ganz oben rechts und darunter* Am Abend in Pohang. Meine Familie hat zwei Tage lang für uns gekocht – ein wunderbares koreanisches Essen wartet auf uns. Unglaublich!

13. *Ganz oben* Vor dem Nachtisch ziehe ich die koreanische Tracht an, die mir meine Familie in der Sendung überreicht hat. Wir machen unzählige Fotos.

14. *Oben* Am Strand von Pohang, wenige Stunden, bevor ich zurück nach Seoul fliege. Ich trag die neue Kleidung, die mir die Familie am Tag zuvor geschenkt hat, das ist meinen koreanische Eltern wichtig. Warum nur hat niemand außer mir die Schuhe ausgezogen?

15. *Links* Der Innenhof des Kinderheims, vor dem ich gefunden wurde, ist schrecklich trostlos.

16. *Mitte* Ein seltsames Gefühl: diese alte Dame muss es gewesen sein, die sich um mich gekümmert hat, als ich im Heim war. Neben ihr steht der Enkel des damaligen Arztes.

17. *Unten* Meine beiden Mütter in Heidelberg. Die rosa Mütze habe ich meiner koreanischen Mutter geschenkt und sie nach ihrem Tod wieder geerbt.

18. *Ganz oben* Meine koreanische Mutter und ich in Deutschland.

19. *Oben* Der letzte Besuch bei meiner stark von Krebs gezeichneten koreanischen Mutter im Jun 2006, abends in Pusang mit meinen Schwestern.

ist meine Tochter.« Und jetzt würde Omma die ganze Zeit nur weinen.
Als ich dann am Abend nach Hause kam, hat sich die ganze Familie vor dem Computer versammelt und immer wieder die Sendung angeschaut. Am nächsten Tag haben wir den DNA-Test gemacht, und nach 15 Tagen haben wir das Ergebnis bekommen: dass wir eine Familie sind. Den ganzen Monat bis zum 12. August haben wir nur über dich gesprochen.
Am 12. August sind wir um 7 Uhr im Sender angekommen und haben uns in den Warteraum gesetzt. Ich habe deiner Mutter gesagt, dass sie nicht in der Sendung weinen soll. Aber als die Sendung anfing und ich deine Eltern, dich und Jannik gesehen habe, konnte ich selbst meine Tränen nicht zurückhalten. Erst nach der Sendung konnte ich mich ein bisschen beruhigen.
Liebe Ha-Young, deine Großmutter hatte dich mitgenommen, weil deine Mutter so krank war, und sie hatte versprochen, dich wieder zurückzubringen, wenn deine Mutter wieder gesund ist. Und dann hörte ich, dass du gestorben bist. Erst später habe ich von deiner Mutter erfahren, dass du noch lebst und dass wir dich suchen sollten.
Dies war aber nicht die Schuld deiner Großmutter oder deiner Mutter, sondern meine, weil ich nicht genug verdient habe, um meine Familie gut versorgen zu können. Ich bitte dich um Verzeihung.
Viele Leute, die unsere Geschichte gehört haben, meinten, es wäre ein Wunder, und haben uns gratuliert. Deine Mutter und ich möchten das Land, in dem du aufgewachsen bist, gerne besuchen. Es waren zwar nur drei kurze Tage, die du hier bei uns warst, aber ich konnte sehen, wie sehr dich deine Eltern lieben, und kann ihnen nur danken.
Appa

Erst durch diesen Brief erfahre ich, dass Appa mich ebenfalls im Fernsehen gesehen hat, und mir werden diese Zufälle bald unheimlich … Aber wichtiger ist, dass sich beide Elternpaare respektieren und mögen, das ist ein großes Geschenk für mich. Omma und Appa haben Mama und Papa bei der Verabschiedung in Korea dafür gedankt, dass ich es so gut bei ihnen habe, und Mama und Papa sind sehr glücklich, dass sie mir das Leben geschenkt haben. Sie erkundigen sich immer, was »unsere Koreaner« machen, und manchmal chatten und telefonieren die vier miteinander. Der gegenseitige Respekt, die gegenseitige Wertschätzung bedeuten mir sehr viel!

Ich kann immer noch nicht fassen, was sich in den letzten Monaten alles ereignet hat, doch ob ich möchte oder nicht, ich muss mich an meinen neuen Arbeitsalltag gewöhnen, die Ausbildung fordert mich jetzt ganz, und es bleibt mir nur am Wochenende Zeit zum ausgiebigen Chatten.

Vermutlich durch die vielen neuen Eindrücke bei der Arbeit fliegen die Wochen nur so dahin. Gestern musste ich den Wintermantel aus der hintersten Schrankecke hervorziehen, weil die Temperatur plötzlich auf vier Grad gesunken ist, und wenn ich nach Hause komme, ist es schon dunkel – die Vorweihnachtszeit beginnt.

Überraschend erreicht mich Post von Uh-Chan.

Hallo, liebe ältere Schwester Ha-Young,
wie geht es dir? Ich bin mit der Schule sehr beschäftigt. Wenn man in Korea in der dritten Klasse der Highschool ist, dann hat man kaum noch einen Tag frei. Ich stehe immer sehr früh auf und komme spät zurück.
Ich habe gehört, dass du bei deiner Arbeit auch sehr viel zu tun hast. Aber bleibe trotzdem fröhlich. Ich möchte auch mal nach Deutschland, aber ich weiß noch nicht genau, wann es passen wird. Im Jahr 2006 gibt es ja die Fußball-WM in Deutschland, dann würde ich gern nach Deutschland kommen.
Als wir uns zum ersten Mal getroffen haben, war es Sommer, und

jetzt ist schon Winter. Das Wetter ist sehr kalt hier, und ich glaube, in Deutschland ist es nicht anders. Zieh dich immer warm an, damit du dich nicht erkältest.
Dein Uh-Chan

Als Omma mit Uh-Chan schwanger war, dachte sie, ich – ihr tot geglaubtes Kind – käme zu ihr zurück. Das müsste Uh-Chan und mich eigentlich besonders verbinden, und dennoch haben wir bisher nicht so viel Kontakt miteinander gehabt. Aber dieser Brief von ihm zeigt mir, dass auch er an mich denkt.

Am Wochenende darauf schicke ich mithilfe von Jin-Ah einen Brief nach Korea. Ich schreibe an alle und erzähle von meiner Arbeit, wie sehr ich mich auf Weihnachten freue, und ich frage Omma, ob sie mir mehr über meine Geburt erzählen kann.

Ich möchte zum Beispiel gern wissen, wie viel ich gewogen habe und wie groß ich war. Da ich weiß, dass Omma bei der Entbindung nicht bei Bewusstsein war, hoffe ich, dass sie ihre Mutter fragen wird. Doch das schreibe ich nicht. Ich versuche überhaupt, eher nicht an meine Großmutter zu denken. Ich bin nicht wütend auf sie, obwohl andere meinen, ich hätte allen Grund dazu, aber ich empfinde auch keine Sympathie für sie. Dass sie jedoch so sehr betonte, ich hätte immer geschrien, hat mich vielleicht schon etwas verletzt. Was will sie damit sagen? Babys schreien nun mal, die einen mehr, die anderen weniger.

Nicht ein einziges liebes Wort über mich als Baby hat sie geäußert. Immer wenn ich doch einmal an meine Großmutter denke, frage ich mich, wie sie mit ihrem schlechten Gewissen zurechtkommt. Sie muss doch gesehen haben, was sie ihrer eigenen Tochter angetan hat.

Als Antwort aus Korea kommt, bringe ich den Brief gespannt zu meiner koreanischen Freundin.

Omma bedankt sich für meinen Brief und hat sich tatsächlich bemüht, meine Fragen zu beantworten. Sie schreibt:

Ich bin zum Krankenhaus gefahren, in dem du geboren worden bist, und habe gefragt, ob es noch Dokumente über dich gibt. Aber sie sagten, nach zehn Jahren würden die Dokumente vernichtet. Deshalb habe ich deine Großmutter gefragt. Sie sagte, dass du 3,4 Kilo gewogen hast. Leider habe ich nicht mehr herausgefunden. Es tut mir auch so leid, dass ich selbst, nachdem deine Großmutter mir gesagt hatte, du seiest gestorben, die wenigen Papiere vernichtet habe, die ich besaß. Heute bereue ich es …

Es berührt mich sehr, dass Omma den weiten Weg zum Krankenhaus gefahren ist, um etwas herauszubekommen. Auch ich finde es mehr als schade, dass sie die Unterlagen vernichtet hat, aber böse sein könnte ich ihr deshalb niemals. Und ich freue mich, mein Geburtsgewicht erfahren zu haben – wenigstens ein kleines Detail.

Omma schreibt weiter:

Du hast uns auch geschrieben, dass du so gerne Fotos von dir als Neugeborenes hättest. Wenn ich mir die Fotos deiner Geschwister ansehe, finde ich es sehr traurig, dass du neben ihnen fehlst. Wenn du das nächste Mal wieder nach Korea kommst, möchte ich alles für dich machen, was ich dir bisher nicht geben konnte. Ich möchte dir leckeres Essen kochen, alles, was du gerne isst, mit dir zusammen einkaufen gehen, baden, neben dir schlafen und vieles andere mehr. Ich hoffe, dass wir uns bald wiedersehen werden. Dein Vater und ich möchten gerne nach Deutschland kommen, schauen, wo du aufgewachsen bist, germany *Mama und Papa und Jannik wiedersehen und deinen Freund besser kennen lernen. Bleibe gesund, bis wir uns wiedersehen. Ich vermisse dich sehr.*
In Liebe, deine Omma

Und auch diesmal ist wieder ein Brief von Appa dabei.

Liebe Ha-Young,
ich vermisse dich. Nachdem wir euch wie ein Wunder getroffen haben, sind schon viele Monate vergangen. Liebe Ha-Young, dein Gesicht mit dem fröhlichen Lachen ist noch immer in meinem Herzen. Das Jahr 2003, das ich nie vergessen werde, geht schon langsam zu Ende. In den Straßen, durch die der kalte Wind weht, leuchten die Tannenbäume, und überall kann man die Weihnachtslieder hören. Den Brief, den du uns geschrieben hast, lese ich immer und immer wieder.
Uns allen geht es sehr gut. Du brauchst dir keine Sorgen zu machen. Es ist ja immer frühmorgens, wenn wir dich im Chat treffen, aber wenn ich deine Stimme höre, bin ich sehr glücklich.
Nächstes Jahr im August möchten deine beiden Schwestern zu dir fliegen. Ich und deine Mutter möchten dich auch sehr gerne besuchen.
Pass gut auf dich auf, meine kleine Tochter.
Appa

Weihnachten 2003 feiere ich wie jedes Jahr mit Mama, Papa und Jannik, aber diesmal wird es ein deutsch-koreanisches Fest, denn zum einen sind Se-In, ihre Schwester und zwei Freundinnen bei uns zu Gast – sie sind für ein Auslandssemester nach Deutschland gekommen –, und zum anderen sehen wir an diesem Heiligabend »unsere Koreaner« per Videochat.

Unser Päckchen mit Räuchermännchen, einer kleinen Windmühle aus Holz mit Engelchen, Christbaumschmuck, Lebkuchen und Plätzchen haben sie schon ausgepackt. Ich möchte, dass sie live miterleben, wie ich ihr Geschenk auswickle, und mache es extra spannend. Dann halte ich eine wunderschöne Armbanduhr in der Hand.

Wir singen noch *O Tannenbaum* und winken alle zum Abschied.

Meine leibliche Mutter gefunden zu haben macht mich unsagbar glücklich. Von zwei älteren Schwestern hätte ich nicht zu träumen gewagt. Und auch meinen Vater und meinen Bruder habe ich ins Herz geschlossen.

Es ist schön zu wissen, dass es sie gibt. Und sicherlich befürchtet jetzt keiner mehr von uns, dass der andere nichts mehr von sich hören lassen könnte, wenn wir uns mal eine Woche lang nicht gesprochen haben. Ich stelle mir vor, dass wir so den Rest unseres Lebens verbringen: regelmäßig telefonieren, hin und wieder chatten, uns so oft wie möglich besuchen.

Keinen Moment lang denke ich daran, dass dieses Glück irgendwie getrübt werden könnte – schon gar nicht in naher Zukunft. Ich freue mich auf das neue Jahr und bin gespannt, wie unsere deutsch-koreanische Großfamilie weiter zusammenwächst!

Angst um Omma

Der düstere, wolkenschwere Februarhimmel an diesem Tag ist wie ein Vorbote für die schlechte Nachricht aus Korea.

So-Hyeun ruft an, und ich kann allein ihrer Stimme entnehmen, dass etwas Schreckliches passiert sein muss.

»Omma ... cancer.«

Ich höre, wie schwer es ihr fällt, nicht in Tränen auszubrechen. Ich kann nichts sagen. Mein Herz klopft laut. Meine Hand presst zitternd den Hörer ans Ohr.

Lass das nicht wahr sein. Bitte, lass das jetzt nicht wahr sein!

»Cancer of the liver.«

Meine Kehle ist wie zugeschnürt, ich bekomme keinen Ton heraus.

Omma hat Leberkrebs.

Ich sehe Omma vor mir. Sie strahlt. Sie kann nicht krank sein. Schon gar nicht kann sie Krebs haben. Sie ist gerade einmal 52.

»Wo ist Omma?«, frage ich.

So-Hyeun reicht den Hörer weiter.

»Ha-Young ...«

Omma bringt nur meinen Namen heraus, jedes weitere Wort geht in ihrem Schluchzen unter.

In diesem Moment verfluche ich mich, weil ich kein Koreanisch kann. Ich möchte sie trösten, ihr sagen, dass ich fest an sie denke ... *»Sarang hae ...«* Die Worte klingen schrecklich hilflos. Und so fühle ich mich auch, klein und hilflos. Könnte ich Omma jetzt doch wenigstens in den Arm nehmen.

So-Hyeun kommt wieder an den Apparat.

Ich habe Mühe, ihr Englisch zu verstehen. Sie stockt immer mal wieder kurz, scheint ein Wörterbuch neben sich liegen zu haben. Ich höre heraus, dass Omma eine Transplantation benötigt, es muss eine Spenderleber gefunden werden – sonst wird sie sterben.

»Last wish seeing you«, sagt So-Hyeun dann auf einmal.

Ihr letzter Wunsch ist mich zu sehen. Das klingt so unwirklich. Ihr letzter Wunsch … Wir kennen uns doch erst ein halbes Jahr … Warum Omma? Warum meine leibliche Mutter? Und warum jetzt? Das macht keinen Sinn!!!

Als ich aufgelegt habe, lasse ich meinen Tränen freien Lauf. Bernhard nimmt mich in den Arm und redet beruhigend auf mich ein. Später rufe ich Mama und Papa an. Sie spüren sofort, wie verzweifelt und traurig ich bin.

Auch sie sind erschüttert, als sie von Ommas Krankheit erfahren.

»Willst du nach Korea fliegen?«, fragt Mama. »Ich könnte es gut verstehen. Und wenn Omma so krank ist …«

»Schon«, sage ich. »Omma wünscht es sich ja auch so sehr. Aber ich darf eigentlich noch gar keinen Urlaub nehmen …«

»Das ist doch eine besondere Situation, Anneli, das wird deine Ausbildungsleiterin sicher verstehen.«

Ob Frau Wendtland mir tatsächlich frei geben wird?

»Würdest du mitkommen, Mama?«

»Ja, sicher. Für ein paar Tage kriege ich bestimmt Urlaub.«

Am Abend recherchiere ich im Internet nach Leberkrebs. Ich hoffe, dass So-Hyeun und die anderen den Arzt vielleicht nicht richtig verstanden haben. Vielleicht sind die Heilungschancen gar nicht so schlecht.

»Leberkrebs ist eine bösartige Erkrankung … wird oft erst entdeckt, wenn die Krebszellen bereits andere Organe besiedelt haben und dort Metastasen gebildet haben. Eine Heilung ist zu diesem Zeitpunkt nicht mehr möglich.« Wenn Omma eine Transplantation helfen kann, dann wird sie keine Metastasen haben. Ich suche weiter und lese, dass die teilweise Entfernung der Leber oder eine Transplantation nur bei fünf bis 30 Prozent der Patienten möglich ist. »Nach einer Operation sind 50 Prozent der Patienten nach fünf Jahren noch am Leben. Insofern ist die Gesamtprognose für Patienten mit einem primären, bösartigen Lebertumor sehr schlecht.«

Das ist unfair! Unfair! Unfair! Unfair!, hämmert es in meinem Kopf. Das kann nur ein sehr schlechter Traum sein. Ich kann doch Omma jetzt nicht schon verlieren!

»Wo soll so schnell die passende Leber herkommen? Im Netz steht, dass die Leber nur einem Verstorbenen, also einem Hirntoten, entnommen werden kann«, rufe ich Bernhard zu, der in der Küche Abendbrot für uns macht.

Ich kann jetzt bestimmt nichts essen.

»Anneli, deine Familie und die Ärzte in Korea werden alles tun, was möglich ist … Jetzt komm erst mal in die Küche. Wenigstens einen Tee solltest du trinken.«

Montagmorgen stehe ich vor dem Büro von Frau Wendtland, die mich verwundert anschaut, als ich sie um ein Gespräch bitte.

Mir ist gar nicht wohl zu Mute, ich habe großen Respekt vor ihr und möchte nichts falsch machen, doch dann stellt sich heraus, dass meine Bedenken völlig unbegründet sind.

Meine Ausbilderin, die sonst eher streng und distanziert ist, reagiert verständnisvoll und mitfühlend, als ich ihr unter Tränen von meiner leiblichen Mutter, der Diagnose und Ommas Wunsch erzähle.

»Frau Schinkel, das ist doch gar keine Frage. Sie können, wenn Sie möchten, sofort Urlaub nehmen, und wenn Sie länger in Korea bleiben wollen, können sie auch unbezahlten Urlaub beantragen. Selbstverständlich gelten in solchen Ausnahmesituationen andere Regeln.«

Zurück in meinem Büro rufe ich sofort meine Mutter an.

Bereits am nächsten Morgen sitze ich im Zug nach Frankfurt/Flughafen, wo Mama schon auf mich wartet und wir eine Stunde später den Flieger nach Seoul besteigen.

Nach der Landung in der Hauptstadt treffen wir uns mit Kum-Hwa, die angeboten hatte, uns für zwei Tage zu begleiten, und schon geht es weiter nach Daegu.

Als ich Appa am Ankunftsterminal erblicke, erschrecke ich sehr. Der Stress und die Sorgen stehen ihm ins Gesicht geschrieben. Er sieht müde aus, hat vermutlich schon lange nicht mehr eine ganze Nacht durchgeschlafen, ist unrasiert und scheint absolut durcheinander zu sein.

Als wir uns umarmen, spüre ich, dass er zittert. Aber er zwinkert mir zu und streichelt mir immer wieder über den Rücken, so als ob es ihm eine Hilfe wäre, dass ich da bin.

Appa bringt uns zu einem Hotel, wieder eines dieser Stundenhotels, aber das ist jetzt vollkommen unwichtig. Ich möchte so schnell wie möglich zu Omma ins Krankenhaus.

In dem großen, kahlen Gebäude herrscht eine sterile Atmosphäre, nicht anders als in Krankenhäusern bei uns.

Appa führt uns zu einer der oberen Etagen. Wir gehen durch lange Flure mit zahlreichen Krankenbetten, in denen die Patienten liegen oder sitzen. Einige haben Besuch. Kum-Hwa erklärt uns kurz, dass all diese Kranken darauf warten, dass ein Zimmer frei wird. Außerdem muss in Korea der Krankenhausaufenthalt im Voraus bezahlt werden, dann erst erhält ein Patient ein Zimmer. Mama und ich sehen uns an. Das alles ist so bedrückend. Wir ahnen, dass hier schlicht Geld entscheidet, wer sich welches Zimmer und welche Behandlung leisten kann.

Ich wundere mich über die vielen Blumensträuße, die auf Tischen vor den Krankenzimmern stehen, und vermute, dass die Patienten die Blumen nicht in den Zimmern behalten dürfen. Doch bevor ich Kum-Hwa fragen kann, bleibt Appa stehen und öffnet die Schiebetür zu einem Zimmer.

Omma sitzt auf dem Krankenbett. Sie hat uns offenbar erwartet. Über ihrem Schlafanzug trägt sie einen rosafarbenen Blazer und strahlt uns glücklich an. Für einen Augenblick vergesse ich, wie krank sie ist und warum wir uns so plötzlich wiedersehen. Ich umarme sie und spüre ihren vom Fieber erhitzten Körper. Danach erst nehme ich ihre gelbe Gesichtsfarbe wahr. Ich muss mich beherrschen, um nicht loszuweinen.

Jetzt fällt mein Blick auf So-Hyeun, die neben dem Bett von Omma gesessen hatte. Blass, abgemagert und mit dunklen Augenringen steht sie vor mir. Ich kann nicht glauben, dass sie es wirklich ist. Meine sonst so selbstbewusste und fröhliche Schwester macht einen völlig geschwächten, fast schon apathischen Eindruck.

Appa erklärt uns noch einmal genau, welche Prognose die Ärzte gestellt haben, und Kum-Hwa übersetzt: »Deine Mutter braucht so schnell wie möglich eine neue Leber des Typus *B positiv.*«

Einen Moment lang nimmt mir das bedrückte Schweigen im Raum die Luft.

Auch Mama hat alle begrüßt. Dann erzählt sie, dass die Leberentnahme in Deutschland bis jetzt nur an Hirntoten vorgenommen werde, um so einem möglichen Organhandel vorzubeugen, und So-Hyeun, die mir in diesem Moment plötzlich sehr erwachsen vorkommt, erläutert: »In Korea können auch Lebende Teile der Leber spenden. Wir haben schon alle Freunde und Bekannten nach ihrer Blutgruppe gefragt. Eine Leber kann nachwachsen. Und wir hoffen, bald einen Spender zu finden.«

Ich werde mich in Deutschland sofort untersuchen lassen. Vielleicht kann ich Omma helfen ... Omma greift nach meiner Hand und zieht mich sanft neben sich auf das Bett.

Da wird die Tür erneut aufgeschoben. Wir werden den Besuchern vorgestellt, aber ich verstehe nicht, wer die Leute sind, Verwandte oder Freunde sicherlich. Es ist jetzt plötzlich ein Kommen und Gehen, die Gespräche sind emotional sehr aufgeladen, es geht wohl um die nötige Lebertransplantation. Mama und ich sitzen bei Omma, jede von uns hält eine Hand. Mehr können wir in diesem Moment nicht tun.

Plötzlich hat So-Hyeun ein dickes Geldbündel in der Hand und verstaut es in ihrer Handtasche. Sie hat einen Termin mit dem behandelnden Arzt von Omma, um noch einmal über eine mögliche Spenderleber zu sprechen. Mama und ich sind sprachlos. Uns sind solche Gepflogenheiten nicht vertraut, es sieht so aus, als könne man in Korea mit Geld alles regeln.

Doch nach dem Gespräch macht So-Hyeun nicht den Eindruck, als habe sie etwas bewirken können. Jetzt sind es Omma und Appa, die der Tochter Mut zusprechen. Ich bewundere meine leibliche Familie für die enorme Kraft, die sie aufbringen, um sich gegenseitig immer wieder aufzubauen und den Blick nach vorn zu richten.

Am Abend besuchen wir mit Appa und So-Hyeun ein Restaurant. Es ist uns unendlich schwergefallen, Omma allein in ihrem Krankenbett zurückzulassen, obwohl sie müde aussah und sicher bald nach unserem Abschied eingeschlafen ist. Immer wieder kreisen meine Gedanken um Omma – wir sind alle sehr still während des Essens.

Mama, Kum-Hwa und ich gehen danach ins Hotel, Appa und So-Hyeun wollen schnell zurück ins Krankenhaus. In Korea erledigen Krankenschwestern nur die medizinische Versorgung, die Angehörigen pflegen die Kranken und kümmern sich um alles andere, was anfällt, um die Verpflegung, das Waschen der Angehörigen, wenn diese bettlägerig sind, die Toilettengänge und so weiter.

Jetzt wird mir auch klar, warum So-Hyeun derart mitgenommen aussieht: Sie ist rund um die Uhr für Omma da, betreut sie, macht ihr Bett, begleitet sie zu den Untersuchungen, spricht mit den Ärzten und schläft auf einer schmalen Pritsche bei ihr im Krankenzimmer, also nicht einmal nachts hat sie Ruhe oder etwas Zeit, um Kraft zu tanken. Tagsüber kommt sie nur zu kurzen Einkäufen an die frische Luft und für wenige Momente vielleicht auch mal auf andere Gedanken. Sogar ihre Stelle als Lehrerin hat sie vorübergehend aufgegeben. Sin-Young und Uh-Chan besuchen Omma natürlich auch so oft wie möglich, aber die Hauptarbeit im Krankenhaus liegt bei So-Hyeun und Appa. Sin-Young muss arbeiten. Sie ist die Einzige, die Geld verdient, seit Appa in Rente gehen musste. In Korea werden Arbeitnehmer oft schon ab 50 in den Ruhestand geschickt, und selten bekommt einer dann noch einmal die Chance für einen Neuanfang in einem anderen Unternehmen. Appa denkt im Moment aber auch nicht darüber nach, eine Arbeit zu suchen, er ist Tag für Tag im Krankenhaus und kümmert sich rührend um Omma. Sin-Young kocht neben der Arbeit noch für Uh-Chan und managt den gesamten Haushalt in Pohang.

Appa bringt uns am nächsten Morgen frische Brötchen, Obst und Kaffee in das Hotel, damit wir möglichst wie gewohnt frühstücken können. Dann fahren wir Kum-Hwa zum Flughafen, sie kann leider nicht länger mit uns in Daegu bleiben, und schließlich weiter zum Krankenhaus. Omma liegt in ihrem Bett, aber sie sieht heute viel frischer aus und ist auch lebhafter als am Tag zuvor. Ich mache mir Sorgen, dass unser Besuch sie zu sehr aufregt, aber sie freut sich so sehr, mich und Mama zu sehen, dass ich meine Gedanken schnell verwerfe. Diesmal bin ich es, die ihr über den Handrücken streicht. Es ist schrecklich, sie so hilflos zu sehen und nichts tun zu können … Doch trotz körperlicher Schwäche hält Omma die Fäden in der Hand und lenkt die Geschehnisse der Familie vom Krankenbett aus.

Nach dem Mittagessen, das Appa besorgt hat, schlagen wir So-Hyeun vor, dass wir drei uns im Hotel ein wenig ausruhen und sie dort duscht oder badet.

»Nein. Ich bleibe bei Omma!«, sagt sie entschieden.

Omma macht ein Zeichen, dass So-Hyeun mitgehen soll. Und Appa erklärt, dass er bei Omma bleibt.

Also fahren wir mit So-Hyeun zum Hotel.

Sie nimmt ein ausgiebiges Bad und legt sich danach mit mir in das große Bett. Sie ist so erschöpft, dass sie sofort einschläft. Mama deckt sie noch zu und legt sich selbst auf das Sofa. Wir schlafen kurz darauf ebenfalls beide ein.

Gegen Abend besuchen wir Omma noch einmal im Krankenhaus, auch Sin-Young und Uh-Chan sind aus Pohang gekommen. Es ist schön, dass wir uns nun alle wiedersehen, aber die Stimmung ist natürlich gedrückt.

Jetzt erst stellt sich heraus, dass So-Hyeun am gleichen Tag wie wir nach Seoul fährt – mit dem Bus, was sie mehr als einen halben Tag kosten wird, aber sehr preiswert ist –, sie muss Ommas Krankenberichte in eine Klinik bringen, weil nur dort eine mögliche Transplantation durchgeführt werden kann. Mama und ich verstehen uns ohne Worte, und Mama organisiert mithilfe einer Krankenschwester, die gut Englisch versteht, ein drittes Flugticket, sodass wir mit So-Hyeun gemeinsam fliegen können. Der Flug ist nicht so teuer, vergleichbar mit einem innerdeutschen »Billigflug«, aber für meine koreanische Familie dennoch nicht erschwinglich, weil sie jeden Cent für die ärztliche Versorgung von Omma benötigt.

So-Hyeun lässt sich nur durch gutes Zureden überzeugen, dass sie das Ticket ohne Bedenken annehmen kann. Ich freue mich, dass wir ihr die Reise wenigstens etwas erleichtern können und nun noch etwas mehr Zeit miteinander verbringen werden.

Die Tage in Daegu sind viel zu schnell vergangen. Wir fahren am Abreisetag morgens noch einmal ins Krankenhaus, um uns von Omma zu verabschieden. Mit So-Hyeun werden wir uns später am Flughafen treffen, sie hat vor ihrer Reise mit *»germany mama and little sister«* noch ein paar Erledigungen zu machen – zumal es ihr erster Flug ist! –, und sie scheint sehr aufgeregt zu sein. Appa wird sie zum Flughafen bringen.

Auf dem Weg ins Krankenhaus habe ich einen dicken Kloß im Hals. Es kann ein Abschied für immer sein, aber daran will ich nicht denken. Ich möchte gern die Zuversicht meiner koreanischen Familie teilen, sie hoffen mit aller Kraft, dass eine passende Leber gefunden wird, und daran versuche ich mir jetzt ein Beispiel zu nehmen.

Etwas später sitze ich ein letztes Mal an Ommas Bett und halte noch einmal ihre Hand. Ich habe mir vorgenommen, nicht zu weinen, und spreche ihr Mut zu. Auch wenn sie kaum Englisch versteht, meine ich, dass ihr die Worte guttun.

Dann nehme ich sie fest in den Arm.

Mama nickt mir zu, wir sind nun schon spät dran und müssen aufbrechen. Wir gehen in Richtung Aufzug.

»Ha-Young!«

Wir drehen uns um. Omma steht in ihrer Zimmertür, formt ein Herz über ihrem Kopf und lächelt uns an. Dieses Bild von meiner leiblichen Mutter und das Gefühl, unendlich geliebt zu werden, werden mir immer in Erinnerung bleiben.

Mama und ich kämpfen nun doch wieder mit den Tränen.

Jede von uns formt ebenfalls ein Herz über dem Kopf, dann gehen wir weiter und steigen in den Fahrstuhl.

Am Flughafen treffen wir So-Hyeun, die trotz der Reise – eine Übernachtung hat sie immerhin eingeplant – erstaunlich wenig Gepäck dabei hat. Nur ihre Handtasche. Ich überlasse ihr im Flieger natürlich den Fensterplatz, damit sie gut die Wolkendecke von oben betrachten kann. So-Hyeun ist nervös, und ich reiche ihr meine Hand, die sie dankbar ergreift. Ich beobachte So-Hyeun heimlich von der Seite: meine große Schwester …

Da So-Hyeun den Termin im Krankenhaus erst am späten Nachmittag hat – sie wird die Nacht bei einer Tante verbringen – und auch Mama und ich erst am Abend weiterfliegen, nutzen So-Hyeun und ich die Zeit für einen gemeinsamen Bummel durch Seoul. Immer nur für einige Minuten können wir beide die großen Sorgen um Omma beiseiteschieben, aber in diesen Momenten sind wir einfach nur zwei Schwestern, die gemeinsam eine große Stadt entdecken.

Wenige Tage nach meiner Rückkehr meldet sich So-Hyeun aufgeregt bei mir in Stuttgart.

»Ha-Young, wir haben einen Spender. Alles passt. Er kann Omma retten!«

»Das ist ja wunderbar!«, rufe ich euphorisch. »Wer ist es denn? Und was passiert jetzt genau?«

»Es ist ein Exfreund von mir aus Ulsan. Wir sind vor ein paar Jahren zusammen«, erklärt sie.

Aus So-Hyeun, die im Englischen nur die Gegenwartsform benutzt und dadurch so manchen kuriosen Satz produziert, sprudelt jetzt die ganze Geschichte heraus:

»Ich bin kurz mit ihm zusammen und trenne mich, weil es damals nicht so richtig passt. Und weil die Ärzte keinen passenden Spender finden, fragen wir all unsere Freunde und

Bekannten nach ihrer Blutgruppe. Aber niemand passt. Und dann habe ich Ulsan-*man* angerufen. Ich nenne ihn so, weil er in Ulsan lebt, eine halbe Stunde von Pohang. Ich weiß, dass er Ommas Blutgruppe hat. Er lässt sich testen und passt. Er lässt andere Untersuchungen machen, und sieht alles gut aus. Er kann Spender für Omma sein.«

»Das ist ja wirklich ein Wunder, So-Hyeun.« Ich kann es kaum fassen. Es gibt also vielleicht jemanden, der Omma das Leben retten kann.

So-Hyeun fügt hinzu: »Seine Mutter freut sich sehr, als sie mich gestern wiedersieht. Sie ist sehr traurig, seit Ulsan-*man* und ich getrennt sind. Sie mag mich sehr.«

»Was sagt denn seine Freundin zu der Leberspende? Es ist ja sicher auch für ihn nicht ganz ungefährlich.«

»Er hat keine Freundin.« Jetzt höre ich So-Hyeun kurz auflachen. »Findet keine so gute Frau wie mich.«

Dann wird sie wieder ernst. »Ulsan-*man* ist schon über 30. In Korea sollen Männer vor 30 heiraten. Darum macht sich seine Mutter auch Sorgen, dass er mit einer großen Narbe am Bauch noch schwieriger eine Ehefrau findet. Sie hofft vielleicht, dass wir wieder ein Paar werden.«

»Hm.« Nach solch einer Organspende fühlt man sich dem Spender gegenüber vielleicht auch verpflichtet, denke ich. Hoffentlich glaubt So-Hyeun nicht, sie müsse mit diesem Mann aus Dankbarkeit zusammen kommen.

Als hätte So-Hyeun meine Gedanken lesen können, sagt sie: »Ha-Young, ich werde mit ihm nicht wieder zusammenkommen, und er möchte nichts als Gegenleistung von uns. Und Hauptsache ist doch, dass wir für Omma eine Leber finden. Ohne neue Leber stirbt sie, Ha-Young!« Dann fügt sie lachend hinzu: »Naja, aber er ist schon ein sehr höflicher und hilfsbereiter Mann. Früher erfüllt er mir jeden Wunsch …«

»Ihr findet vielleicht doch noch einen Spender in der Verwandtschaft«, sage ich wenig überzeugend. »Ich erfahre in der nächsten Woche mein Ergebnis. Vielleicht kann ich –« Ich breche den Satz ab, denn ich weiß nur zu gut, wie gering die Chancen sind. Und für So-Hyeun scheint der Spender gefunden.

Nachdem ich aufgelegt habe, sitze ich eine Weile nachdenklich da. Auch ich wünsche mir nichts sehnlicher, als dass Omma weiterleben darf.

Als ein paar Tage später So-Hyeun erneut anruft, höre ich schon an ihrer Stimme, dass sie gute Nachrichten hat.

»Ha-Young, Ulsan-*man* wird Omma Leber spenden. Wir sind glücklich. Alles wird gut. Und wenn Omma gesund, besuchen wir dich alle.«

Mir fällt ein großer Stein vom Herzen, zumal ich nach einem Anruf bei meiner Ärztin erfahren habe, dass ich nicht als Spenderin in Frage komme. Ich bleibe jedoch nach wie vor ein wenig skeptisch, was die Beziehung meiner Schwester zu dem Organspender betrifft. Aber ich spreche das Thema nicht an, die Freude über den Spender ist doch zu groß.

Schon nach wenigen Tagen ist es so weit: Omma bekommt ein Stück von Ulsan-*mans* Leber transplantiert. Ich kann mich kaum auf meine Arbeit konzentrieren und bin in Gedanken in Korea und vor allem bei Omma.

Als So-Hyeun endlich anruft, um mir zu sagen, dass Omma den schweren und langwierigen Eingriff erst einmal gut überstanden hat, atme ich erleichtert auf. Zwar liegt sie noch auf der Intensivstation, aber das ist ja nach solch einer Operation normal.

Jeden Tag erkundige ich mich bei einer meiner Schwestern oder bei Appa, wie es Omma geht. Und dann geschieht ein Wunder: Bereits nach einer Woche verlegen die Ärzte Omma von der Intensivstation in ein normales Zimmer. Sie sagen, sie hätten noch nie erlebt, dass sich ein Patient so schnell von einem solch schweren Eingriff erholt habe. Omma muss einen starken Lebenswillen haben, anders kann ich mir die rasche Genesung nicht erklären. Und auch Ulsan-*man* erholt sich erstaunlich schnell. »Ich besuche ihn jeden Tag, sein Zimmer ist neben Ommas Zimmer. Ich bin so dankbar, dass er Leber spendet! Er ist wirklich ein guter Mann. Manchmal bin ich sehr lange bei ihm. Wir reden viel.«

Höre ich da etwa verliebte Töne heraus? Oder ist es doch mehr die Dankbarkeit, die So-Hyeuns Stimme so weich klingen lässt?

»Ha-Young, Omma denkt die ganze Zeit auf der Intensivstation an dich, sagt immer wieder, dass sie dich wiedersehen möchte, will gesund werden, will mit dir und *germany family* viele Jahre haben.«

Ich kann darauf im ersten Moment gar nichts erwidern, ich bin einfach nur unendlich froh, dass es Omma gut geht und sie weiterleben wird! Und ich möchte für sie da sein.

Als Bernhard und ich unseren Urlaub planen, gestehe ich ihm, wie gern ich für ein, zwei Wochen zu Omma nach Korea fliegen würde.

»Dann solltest du das auch tun. Wir können doch erst zusammen ans Meer fahren, das muss ja nicht teuer werden, und dann fliegst du nach Korea.« Ich bin erleichtert, dass Bernhard meine Sehnsucht sofort versteht.

»Ha-Young Pohang«, sage ich zu Omma, als wir das erste Mal wieder miteinander telefonieren.

Es tut so gut, Ommas glückliches Lachen durch die Leitung zu hören.

»Ha-Young Pohang«, wiederholt sie.

Nach zehn herrlichen Tagen mit Sonne, Strand, Meer und Ausschlafen fliege ich für zehn Tage nach Korea.

Meine gesamte koreanische Familie steht am Flughafen in Pohang und empfängt mich. Sie winken mir schon von weitem zu. Omma trägt einen Mundschutz, aber mit den Augen lächelt sie fröhlich.

Auf der Fahrt im Auto nimmt sie den Mundschutz ab. Sie muss ihn vor allem dort tragen, wo viele Menschen sind, um sich vor Viren und ansteckenden Krankheiten zu schützen. Selbst eine kleine Erkältung wäre momentan lebensgefährlich für sie.

Zu Hause angekommen überreicht mir Omma einen riesengroßen gelb-weißen Plüschdelfin.

»Für Ha-Young«, sagt sie und strahlt über das ganze Gesicht.

Er ist ganz bestimmt niedlich, aber ich kann mich nicht so richtig freuen. Mit 22 Jahren bin ich doch schon eine Weile aus dem Plüschtieralter heraus. Und ehrlich gesagt habe ich Teddybären und Co., mit Ausnahme von meinem Eumelchen, schon als Kind nicht viel abgewinnen können.

Omma drückt mir also diesen wirklich riesigen Delfin in die Arme. Höflich halte ich ihn eine Zeit lang fest, dann lege ich ihn diskret auf das große Bett im Zimmer meiner Schwestern.

Obwohl meine Mutter von der Transplantation und den Medikamenten, die sie einnehmen muss, noch geschwächt ist, versucht sie, so viel wie möglich ohne Hilfe zu erledigen und sich auch im Haushalt nützlich zu machen.

Appa unterstützt sie, so gut er kann, und ich spüre, wie froh er ist, dass Omma bei ihm zu Hause ist.

So-Hyeun sieht auch wieder viel besser aus als bei meinem letzten Besuch. Sie ist nicht mehr ganz so dürr, die Augenringe sind verschwunden, und sie kann auch wieder lachen.

»Meine Koreaner« haben den Berg überwunden, das spüre ich deutlich. Sie blicken jetzt wieder entspannter nach vorn.

Abends schlafe ich abwechselnd mit Omma oder einer meiner beiden Schwestern in dem großen Bett im Mädchenzimmer.

An einem Abend liegt Sin-Young neben mir und erzählt mir im Flüsterton, dass die Kosten für die Transplantation sehr hoch gewesen seien. »Wir müssen viel selbst zahlen. Die Transplantation und die Medikamente sind teuer. Aber wir schaffen das. Wichtig ist nur, dass Omma gesund ist!«

Ich überlege mir, ebenfalls etwas zu sparen und meiner Familie zu schicken.

Für einen der letzten Tage hat sich Ulsan-*man* angekündigt, den alle bei diesem Spitznamen nennen, sein richtiger Vorname ist Gang-Hee, aber so dürfen wir Jüngeren ihn nicht rufen. So-Hyeun steht stundenlang vor dem Spiegel und scheint sich besonders hübsch machen zu wollen. Ich bemerke es verwundert und frage Sin-Young, ob ich etwas verpasst hätte …

Sin-Young grinst: »Ulsan-*man* ist im gleichen Krankenhaus wie Omma. So-Hyeun jeden Tag bei Ulsan-*man*. Sie mag ihn. Und er ist nett, ist gut zu So-Hyeun.«

Die beiden scheinen sich im Krankenhaus wieder nähergekommen zu sein. Ich bin jetzt wirklich sehr neugierig auf den Lebensretter!

Der Mann, der sich mir wenig später vorstellt, ist ein extrem schüchterner, aber auch sehr zuvorkommender Mensch. Er spricht zwar kaum ein Wort – obwohl er als Businessman sogar gut Englisch sprechen soll –, hilft dafür aber, den Tisch zu decken, und reicht mir beim Essen freundlich die verschiedenen Schüsselchen an.

Und es ist nicht zu übersehen, wie sehr er in So-Hyeun verliebt ist. Auch So-Hyeun scheint ihn zu mögen, sich auf ihn zu freuen. Aber ob sie seine Gefühle tatsächlich erwidert? Ich bin mir nicht sicher.

In dieser Nacht liegt So-Hyeun mit mir im großen Bett. Auch sie scheint nicht gleich einschlafen zu können, und im Dunkeln frage ich sie leise: »Wie bist du eigentlich damals mit Ulsan-*man* zusammengekommen?«

Sie dreht sich mir zu und erzählt leise: »Eine Bekannte von Omma sagt, wir sollen auf ein Date gehen. Das ist bei uns so, ist nichts Besonderes.«

»Und dann seid ihr zusammengekommen?«

»Ja, aber nur wenige Wochen. Er macht mir viele Geschenke und findet mich toll, aber funktioniert nicht richtig.«

Ich muss mal wieder schmunzeln, eine Vergangenheit gibt es im Englischen für So-Hyeun einfach nicht. »Dann habt ihr euch getrennt?«

»Ja. Funkt bei mir nicht. Ich verliebe mich nicht richtig in ihn. Er ist mir zu ruhig. Also mache ich Schluss mit ihm. Er versteht es überhaupt nicht und versucht immer wieder, mit mir auszugehen. Schickt auch Geschenk ... Aber ich habe kein Interesse.«

»Und als Omma dann eine neue Leber brauchte, ist er dir wieder eingefallen.«

»Ja, ich weiß seine Blutgruppe. Ich muss ihn fragen. Und er ist gleich zur Untersuchung. Ulsan-*man* ist guter Mann.«

»Und jetzt bist du ihm sicher sehr dankbar ...«

»Hm.« So-Hyeun dreht sich auf den Rücken und gähnt leise.

Ich frage sie nicht weiter aus. Ulsan-*man* zumindest scheint immer noch über beide Ohren in meine Schwester verliebt zu sein. Und er würde eine Frau sicher auch nur aus Liebe und nicht aus Dankbarkeit für sich gewinnen wollen, denke ich und ziehe die Bettdecke ein wenig höher.

Die leicht gewellten Haare meiner beiden Schwestern gefallen mir! »Ich beneide euch um eure Naturwellen«, gestehe ich ihnen am nächsten Tag beim Frühstück.

Sin-Young lacht, und So-Hyeun erklärt, dass sie beide eine ganz leichte Dauerwelle haben. Und schon blicken sie mich mit erwartungsvollem Grinsen an. Als ich nur zurückgrinse, stupst mich Sin-Young in die Seite und fragt, ob ich nicht auch diese Frisur haben wolle.

In den letzten Monaten hatte ich meine Haare wieder ein wenig wachsen lassen und wollte meiner Frisur ohnehin mal wieder etwas Pep geben, sodass ich spontan zustimme.

Gemeinsam mit unserer Mutter – sie möchte ihre Haare gern nachschneiden lassen – fahren wir kaum eine Stunde später zum Stammfriseur meiner Schwestern. Ich bin recht zuversichtlich, denn schließlich habe ich bereits einen Friseurbesuch in Korea gut überstanden. Nur die koreanische Kopfmassage ist mir noch immer in böser Erinnerung.

Meine Schwestern begrüßen die Friseurin, erklären ihr, was bei mir gemacht werden soll, und wenige Minuten später werde ich bereits zum Haarewaschen in einen kleinen Raum geführt, der einer deutschen Waschküche ähnelt. Etwas verunsichert setze ich mich auf einen Stuhl, wie ich ihn sonst nur vom Zahnarzt kenne: Nachdem ich Platz genommen habe, fährt der Stuhl auch schon nach hinten – allerdings gibt es hinter mir kein passendes Friseurwaschbecken, auf das ich gemütlich meinen Kopf legen könnte. Nein, hier muss ich meinen Kopf über das Waschbecken halten. Schon nach kurzer Zeit ist diese Haltung jedoch äußerst unbequem, und mein Nacken beginnt zu schmerzen.

Aus einem Schlauch lässt die junge Friseurin jetzt lauwarmes Wasser über meinen Kopf rieseln. Meine Schwestern stehen dabei die ganze Zeit um mich herum und haben sichtlich ihren Spaß daran, der Prozedur zuzusehen. Mir bleibt nichts anderes übrig, als stumm festzustellen, dass diese Nackenübung noch unangenehmer ist als die »Klopfmassage« in Seoul.

Endlich werde ich wieder in den vorderen Bereich des Salons geführt und darf auf einem Friseurstuhl vor dem Spiegel Platz nehmen. Nun beginnt die Friseurin, meine Haare auf große Wickel aufzudrehen, und eine Helferin bringt ein Gestell, an dem viele verschiedene Schnüre und Seile aus Gummi hängen. Diese Apparatur stellt sie neben mich. Die beiden Friseurinnen befestigen nun die Haarwickel an den Gummiseilen, sodass ich durch die Fixierung der Lockenwickler meinen Kopf bald nicht mehr bewegen kann. So muss ich verharren, ich habe ja keine Wahl.

Plötzlich sehe ich im Spiegel, dass etwas an den Wicklern grün aufleuchtet. Auweia, was passiert hier gerade? Ich fühle mich wie in einem Science-Fiction-Film. Werden aus meinem Gehirn gerade meine größten Geheimnisse abgelesen? Meine Schwestern, die in einiger Entfernung auf einem Sofa Platz genommen haben, amüsieren sich über meine fassungslosen Blicke und verwunderten Gesten. Nach wenigen Minuten ziept es ungeheuerlich, und bei genauem Hinschauen erkenne ich, dass die Gummiseile stramm an den Wicklern und somit auch an meinen Haaren und meiner Kopfhaut ziehen. Uiuiui! Mehr kann ich für einen Moment nicht mehr denken. Als das Ziepen ein wenig nachlässt, frage ich mich, ob das in Deutschland auch so praktiziert wird. Ich kann mich nicht erinnern, jemals eine solche Apparatur gesehen zu haben.

Meine Schwestern leisten mir nun wieder Gesellschaft und beginnen, sich wechselseitig jeweils mit mir zu fotografieren. Da ich weder meinen Kopf schief legen noch meine sonstige Position verändern kann, bleibt mir nichts anderes übrig, als mit ihnen in die Kamera zu lachen. Mir kommt es wie eine Ewigkeit vor, und ich frage mehrmals, wie lange ich wohl noch so sitzen muss. Und dann werde ich endlich von den Wicklern befreit und hoffe, dass jetzt alles überstanden ist. Mich interessiert nur noch das Ergebnis. Doch ich habe mich getäuscht: Nun muss ich wieder zum Waschraum, damit die Lösung ausgespült werden kann. Und während ich meinen Kopf unter größter Anstrengung wieder über dem Becken schweben lasse, prasselt plötzlich eiskaltes Wasser auf mein Haupt nieder. Ich flehe innerlich, dass dieser Kälteangriff sofort vorbei sein möge. Doch die Friseurin wiederholt das Auswaschen mit kurzen Pausen noch zwei-, dreimal.

Ich fühle mich wie eine Frostbeule und bin fast schon dankbar, als mir die Haare an meinem Platz vor dem Spiegel mit warmer Luft geföhnt werden. Nach wenigen Minuten kann ich das Endergebnis begutachten und bin – wer hätte das gedacht – rundum zufrieden. Ich nehme mir vor, in Deutschland gleich mal den Friseur meines Vertrauens nach dieser sonderbaren Methode der Dauerwelle zu fragen. Ich bin mir nicht sicher, ob dieser Salon nun in Bezug auf seine Methode »fortschrittlich« oder doch eher »rückständig« ist. Egal – das Ergebnis kann sich sehen lassen!

Und auch Omma ist mit ihrem Schnitt zufrieden, sodass wir vier wieder vergnügt nach Hause fahren.

Ich kann mich jetzt jeden Tag aufs Neue davon überzeugen, dass es Omma immer besser geht. Auch wenn die fremde Leber – theoretisch – immer noch abgestoßen werden könnte, bin ich, was Ommas Gesundheit betrifft, zuversichtlich. Sobald wie möglich, das versprechen mir Omma und Appa am Tag vor meiner Abreise, kommen sie mich in Deutschland besuchen. Das bedeutet mir viel, und der Abschied wird mir diesmal sicher nicht so schwerfallen.

Kurz vor der Fahrt zum Flughafen steht Omma wieder mit diesem großen Delfin vor mir. Weil ich ihn nicht entgegennehme, legt sie ihn neben mein Gepäck. Mir fällt es nicht leicht, aber ich nehme allen Mut zusammen und gebe ihn ihr zurück. »*Too big*«, erkläre ich. Obwohl es nicht allein an der Größe liegt … Ich möchte auf keinen Fall mit diesem gelb-weißen Plüschriesen durch die Stuttgarter Straßen laufen.

Omma nimmt ihn zurück, aber ihr Blick verrät mir, wie traurig sie ist, dass ich dieses Geschenk zurücklasse.

Noch bevor ich Richtung Heimat fliege, ärgere ich mich, dass ich nicht einfach über meinen Schatten gesprungen bin und Ommas Geschenk angenommen habe. Und ich überlege, den Delfin beim nächsten Koreabesuch vielleicht doch mitzunehmen …

Bald werde ich Omma zeigen können, wo ich meine Kindheit verbracht habe. Daran denke ich jeden Tag, schmiede Pläne und überlege mir, wohin ich sie führen würde. Doch dann klagt Omma am Telefon immer häufiger über einen lästigen Husten. Ich nehme an, dass sie eine Bronchitis hat, und gebe Sin-Young Tipps für Omma, frage, ob sie auch immer einen Schal umgebunden habe. Ich hoffe sehr, dass sie bald wieder gesund ist, denn jede Erkältung, jeder Virus ist für ihr immer noch sehr geschwächtes Immunsystem lebensgefährlich.

Sin-Young klagt, dass Omma der Appetit fehle und sie in kurzer Zeit sehr stark abgenommen habe.

»Ihr müsst dringend zu einem Arzt!« Mir fällt das letzte Chat-Treffen ein. Für einen Moment hatte ich den Eindruck gehabt, Omma sei schmaler geworden. Aber da die Bildübertragung manches verzerrt, hatte ich mich nicht weiter gesorgt.

»Omma geht nächste Woche zu einer großen Untersuchung«, antwortet Sin-Young. »Was sollen wir bloß tun, wenn der Krebs zurück ist?«

»Warte erst einmal ab, Sin-Young«, versuche ich meine Schwester zu beruhigen. »Omma hat so viel geschafft. Sie ist stark und …« Meine Stimme beginnt plötzlich zu zittern, und ich stocke. »Ruft mich nach der Untersuchung auf jeden Fall an, okay?«, bitte ich sie noch, bevor wir das Gespräch beenden.

Die Diagnose eine Woche später lässt alle Hoffnungen auf einen Besuch in Deutschland zerplatzen. Lungenkrebs. Eine Chemotherapie ist unumgänglich, und die Chancen auf Heilung stehen alles andere als gut. Wie eine Achterbahnfahrt der Gefühle kommen mir die letzten beiden Jahre vor. Erst finde ich meine Mutter, womit gar nicht zu rechnen war, dann erkrankt sie schwer, springt dem Tod aber in letzter Minute von der Schippe, und jetzt erneut diese erschütternden Nachrichten. Wie leidvoll und schnell solch eine Krebserkrankung zum Tod führen kann, wissen meine deutschen Eltern, Jannik und ich nur zu gut. Unsere beiden Großmütter sind an Krebs erkrankt und daran gestorben. Doch wie soll ich meiner leiblichen Familie auf die Entfernung beistehen? Ich kann sie kaum unterstützen. Wieder ist es So-Hyeun, die Tag und Nacht für Omma da ist und sie im Krankenhaus pflegt. Aber auch Appa, Sin-Young und Uh-Chan tun alles, was sie können, um Omma die Beschwerden zu erleichtern und ihr Halt zu geben.

So oft wie nur möglich rufe ich meine Familie in Korea an, zu einem Treffen per Webcam kommen wir jedoch nur noch selten.

Ich denke in diesen Wochen immer wieder darüber nach, wie furchtbar der erneute Krebsausbruch für Appa und meine Geschwister sein muss – wenn es mich schon derart mitnimmt. Aber ich bin weit weg, in Deutschland, ich habe meine Eltern, die mich verstehen und trösten, Bernhard, der hier in Stuttgart bei mir ist. Wäre ich als Findelkind damals nicht nach Europa geschickt worden, ich würde jetzt auch in Korea um meine Mutter bangen, würde sie so oft wie möglich im Krankenhaus besuchen, sie vielleicht im Wechsel mit So-Hyeun dort betreuen … Manchmal ist es, als ob es eine Parallelwelt in meinem Kopf gibt. Was wäre wenn … Aber diese Parallelwelt ist nun einmal nicht die Wirklichkeit.

Als die letzten Herbstsonnenstrahlen die Stuttgarter in Parks und Biergärten locken, ist mir so gar nicht nach einem fröhlichen Treffen mit Freunden zu Mute. Um Omma steht es nach wie vor sehr schlecht, und wenn die Prognose des Arztes stimmt, wird sie das Weihnachtsfest nicht mehr erleben. Umso mehr wundere ich mich, als So-Hyeun mich anruft und mir erzählt, dass sie Ulsan-*man* in wenigen Wochen heiraten werde. »*Ha-Young, hope you come*«, ruft sie fröhlich.

Jetzt weiß ich, warum So-Hyeun bei unseren letzten Telefonaten so geheimnisvoll getan hat. Vielleicht befürchtet sie, dass ich denke, sie würde Ulsan-*man* nur aus Dankbarkeit heiraten. Schließlich hatte ich immer mal wieder skeptisch nachgefragt.

Und ich hoffe tatsächlich, dass So-Hyeun diesen Mann von Herzen liebt und ihre Gefühle nicht mit Dankbarkeit verwechselt. Aber So-Hyeun ist erwachsen, sie wird wissen, was sie tut.

Ich danke meiner Schwester für die Einladung, ich werde versuchen zu kommen.

»*Omma so happy! Wedding. And after wedding baby. Omma so happy!*«, ruft So-Hyeun.

Ich komme bei diesem Tempo kaum mit, ich habe gerade erst von der bevorstehenden Heirat erfahren, und jetzt kommt gleich die Familienplanung hinterher … Es erscheint mir etwas überstürzt. Aber wer weiß, ob ich das alles richtig einschätze aus der Entfernung.

»*Hope you come*«, wiederholt So-Hyeun.

Da ich erst drei Wochen zuvor in ein festes Angestelltenverhältnis gewechselt bin und mich in der neuen Abteilung gerade in ein größeres Projekt einarbeite, kann ich nicht so kurzfristig nach Urlaub fragen. Und so findet die Feier wenige Wochen später ohne mich statt.

»*Honeymoon fly to Europe*«, berichtet So-Hyeun, als ich nach der Hochzeit mit ihr telefoniere.

Flitterwochen in Europa, dann sehe ich meine frisch verheiratete Schwester ja schon bald. Endlich einmal eine gute Nachricht. »Wann kommt ihr?«, frage ich.

So-Hyeun zögert. »Ulsan-*man* bucht eine Pauschalreise für Anfang Dezember. Die Reise geht nach England, Frankreich, Italien und in die Schweiz!«

Sie fliegen nach Europa, kommen aber nicht nach Deutschland? Ich bin von einer auf die nächste Sekunde richtig wütend vor Enttäuschung. Ob sich Ulsan-*man* geärgert hat, weil ich nicht zur Hochzeit erschienen bin? Wie sonst kann er eine Hochzeitsreise nach Europa buchen, ohne einen Stopp in Deutschland einzuplanen? Er weiß doch, dass ich hier lebe!

So-Hyeun, die meine Verärgerung bemerkt, erklärt, dass keine der koreanischen Pauschalreisen nach Europa einen Aufenthalt in Deutschland vorsehe. »Ich spreche mit Ulsan-*man*, vielleicht kommen wir doch nach Deutschland«, macht sie mir Hoffnung.

»Das wäre wirklich sehr schön«, bekräftige ich meinen Wunsch und bitte So-Hyeun, Omma fest von mir in den Arm zu nehmen.

Bald darauf steht dann tatsächlich fest: Das frisch vermählte Paar wird nach dem gebuchten Europatrip im Dezember noch eine Woche Deutschland dranhängen. Mein Ärger ist vergessen, und voller Vorfreude malen So-Hyeun und ich uns schon einmal aus, was wir zusammen alles unternehmen können.

So-Hyeun erzählt: *»I hope soon baby. Maybe honeymoon baby«*, und fragt, wo sie denn schlafen würden. Ich antworte schnell: *»You can stay in our apartment. That is no problem.«*

So-Hyeuns Stimme überschlägt sich nun euphorisch: *»Ahhh. Maybe we baby in your apartment!«* Sie lacht laut auf.

So genau will ich es dann aber doch nicht wissen.

Diesmal stehen Mama, Papa und ich am Ankunftsterminal in Stuttgart – Bernhard ist nicht dabei, weil er erst am nächsten Abend von einem Lacrosse-Turnier aus Kiel zurückkommt – dieser kanadische Ballsport ist sein liebstes Hobby –, und Jannik hat in seinem gerade begonnenen Koreanistik-Studium ein wichtiges Blockseminar in der Uni.

Nervös gehe ich auf und ab. Diese Europatour ist die erste weite Reise meiner Schwester und ihres Mannes, und bis heute waren sie gut betreut mit einer Reiseleiterin unterwegs. Da die beiden auch kein europataugliches Handy haben und wir uns nicht mehr persönlich absprechen konnten, bin ich mir nun gar nicht so sicher, dass die beiden gleich tatsächlich aus dem Flieger steigen werden, in dem wir für sie Plätze gebucht haben. Hoffentlich hat die Reiseleiterin die Flugdaten, die wir ihr durchgegeben haben, richtig ausgerichtet!

Durch die Glaswand, die im Stuttgarter Flughafen die Ankömmlinge von den Wartenden trennt, hat man einen guten Blick auf alle, die an den Gepäckbändern auf ihre Koffer warten. Dann endlich sehe ich meine Schwester auf das Band zusteuern. »Da ist So-Hyeun!«, rufe ich aufgeregt, und Mama und Papa recken nun ebenfalls die Hälse. »Und dahinter kommt auch Ulsan-*man*.«

Jetzt blickt auch So-Hyeun in unsere Richtung, und wir winken uns zu. Ich zähle die Minuten, die es noch dauert, bis sie und Ulsan-*man* mit ihrem Gepäck durch die Schiebetür auf uns zukommen. Ich freue mich riesig, meine große Schwester hier in Deutschland zu haben, und wir fallen uns in die Arme.

Nur mein Schwager ist zurückhaltend, verbeugt sich wie in Korea üblich und fühlt sich anscheinend schon bei dem Gedanken, von wildfremden Menschen wie meinen Eltern umarmt zu werden, unwohl. In Korea ist solch eine Begrüßung unvorstellbar, wenn man sich noch nie begegnet ist. Selbst unter Bekannten ist eine Umarmung nicht üblich, weil sie doch Respekt vermissen lässt.

Ich betrachte So-Hyeun und staune, wie lang ihre Haare

geworden sind. Sie trägt sie zu einem Pferdeschwanz zusammengebunden. In ihrem kurzen grauen Rock und den Cowboystiefeln sieht sie sehr süß aus.

Vom Flughafen aus fahren wir erst einmal zu meiner Tante Monika, Mamas Schwester, die mit Onkel Franz in der Nähe von Stuttgart lebt und uns zum Abendessen eingeladen hat. Sie freuen sich sehr, endlich einmal jemanden von meiner leiblichen Familie persönlich kennen zu lernen.

Noch auf der Fahrt zeigt So-Hyeun mir auf ihrer Digitalkamera ein paar Bilder von ihrer Hochzeitsreise. Immer wieder ist ein verliebtes, glückliches Paar vor den verschiedenen Sehenswürdigkeiten Europas zu sehen.

Der meterhohe Schnee in den Alpen, das Frühstück mit Eiern, Speck und Bohnen in England und die romantisch verwinkelten Gassen in Venedig haben es So-Hyeun besonders angetan. Während sie erzählt, lehnt sie den Kopf an Ulsan-*mans* Schulter, und er legt beschützend den Arm um sie.

Ich nehme mir vor, meine letzten Zweifel über die Wahrhaftigkeit dieser Liebe abzulegen!

Tante Monika hat sich viel Arbeit gemacht und uns mit einem mehrgängigen Abendessen verwöhnt. Wir haben einen ausführlichen Reisebericht genossen, dann endlich fahren wir zu mir. Ich habe für alle Schlafplätze hergerichtet, für So-Hyeun und Ulsan-*man* liegt im Arbeitszimmer eine Gästematratze, ich habe meine schönste Bettwäsche ausgewählt und alles honeymoonlike mit Pralinen und kleinen Luftballons in Herzform geschmückt.

Obwohl wir alle müde sind, gucken wir noch vor dem Zu-Bett-Gehen die Hochzeits-DVD, die die beiden mitgebracht haben.

Stolz erzählt So-Hyeun während des Films von dem großen Fest, das wie in Korea üblich von professionellen Organisatoren geplant und vorbereitet worden war – sogar das weiße Hochzeitskleid und auch den festlichen Hanbok für die traditionelle Zeremonie hat der Hochzeitsplaner für die Braut besorgt. Und vor der eigentlichen Feier sind in einem Fotostudio mehrere Dutzend Bilder vom Brautpaar und den engeren Angehörigen gemacht worden.

»Vor der Hochzeit: Elf Stunden Fotosession«, berichtet So-Hyeun und verdreht die Augen. »Mehrere Tage nur Wasser trinken.« Lachend deutet sie auf ihre schlanke Taille. »Ganz viele verschiedene Kleider.«

Als die Aufnahmen mit der Familie kommen, muss ich mich zusammenreißen, damit ich nicht anfange zu weinen. Die Chemo hat Omma sehr zugesetzt. Dennoch lächelt sie tapfer in die Kamera. Neben Omma stehen Appa und die Großmutter. Die alte Frau macht fast einen kräftigeren Eindruck als ihre Tochter. Mir krampft sich für einen Moment das Herz zusammen.

Nach dem Foto-Vorspann beginnt der Film von der Hochzeitszeremonie, und Mama, Papa und ich kommen aus dem Staunen nicht mehr heraus. Wir trauen unseren Augen kaum, als das Brautpaar auf einer elektrischen Kutsche, die ohne Probleme als Ausstattung in einem Aschenputtel-Film verwendet werden könnte, durch die mit Gästen gefüllte *wedding hall* zum Traualtar gefahren wird.

Ein Zeremonienmeister und mehrere Damen in Livrees zeigen So-Hyeun und Ulsan-*man*, wann sie wo und wie zu stehen, gehen oder Händchen zu halten haben. Irritiert stelle ich fest, dass sich die Gäste während der Zeremonie unterhalten.

»Stimmt«, bestätigt So-Hyeun. »Kein Problem in Korea.«

Nach wenigen Minuten ist die Ehe geschlossen, Dosenkonfetti wird geworfen und ein kleines Feuerwerk gezündet. So-Hyeun und Ulsan-*man* lachen glücklich in die Kamera.

Als eine Torte ins Bild gerollt kommt, die aus mehreren Etagen besteht und deren Grundfläche sicherlich einen

Durchmesser von einem Meter hat, blicken wir offenbar so ungläubig drein, dass So-Hyeun mit einem Grinsen erklärt, nur das untere Stück sei echte Torte, der komplette obere Aufbau sei aus Kunststoff und nicht zum Verzehr geeignet gewesen. Wie bei einer deutschen Hochzeit schneiden die beiden gemeinsam die Torte an.

Im Anschluss an das Kuchenessen folgt dann aber keineswegs die Party, sondern die traditionelle Trauungszeremonie, für die sich So-Hyeun und Ulsan-*man* die festlichen Hochzeitshanboks angezogen haben. Auf So-Hyeuns Wangen kleben nach einem alten Brauch rote Punkte als Symbol für ihre Fruchtbarkeit.

Auf einem Tisch liegen Reiskuchen und Obst. Hier werden die beiden ein zweites Mal getraut, und im Anschluss treten die Gäste nacheinander an den Tisch. Jeder übergibt als Geschenk einen Briefumschlag. Ich weiß inzwischen, dass in Korea Geldgeschenke üblich sind.

Und dann müssen wir alle lachen, denn auf dem Bildschirm sehen wir, wie Ulsan-*man* So-Hyeun huckepack nimmt und sie einmal um den Hochzeitstisch herum trägt.

»Früher Mann trägt Frau nach Hause«, erklärt So-Hyeun fröhlich, und Ulsan-*man* nickt mit einem Augenzwinkern.

Er scheint ganz allmählich ein wenig aufzutauen.

So-Hyeun und Ulsan-*man* gefällt das Programm, das wir uns für sie ausgedacht haben: Wir zeigen ihnen das Residenzschloss in Ludwigsburg, das größte erhaltene deutsche Barockschloss, bummeln mit ihnen dort über den Weihnachtsmarkt und machen auf Wunsch von So-Hyeun noch einen Abstecher in das große schwedische Möbelhaus, was sich schließlich sogar als Highlight des Tages entpuppt. So-Hyeun ist begeistert, wie die Möbel und Accessoires präsentiert werden und lässt sich in jedem zweiten Raum fotografieren. »Wie ein großes Puppenhaus!«, ruft sie immer wieder. Zum Schluss kaufen die beiden noch eine Lampe und ein paar Küchenutensilien für ihre Wohnung, und Ulsan-*man* erklärt, dass nach koreanischer Sitte der Mann die Wohnung kaufe und die Frau sich um die Einrichtung kümmere.

Mir scheint, dass es in Korea für alle Lebensbereiche Regeln gibt. Wir in Europa dürfen (oder müssen) uns viel häufiger entscheiden, wie wir unser Leben gestalten wollen.

Zum Abendessen ist auch Bernhard von seinem Turnier zurück, und ich stelle ihn endlich persönlich vor. So-Hyeun nimmt ihn genau in Augenschein, und Bernhard erweist sich kurz darauf als besonders guter Gesprächspartner für den sonst eher stillen Ulsan-*man*. Der Abend verläuft ungezwungen und fröhlich.

So-Hyeun lässt es sich auch jetzt nicht nehmen, immer wieder Fotos für die Familie in Korea zu machen. Überhaupt knipst So-Hyeun beinahe alles, was ihr vor die Linse kommt.

»Für Omma«, sagt sie hin und wieder und lächelt dabei traurig. Mit Omma telefonieren wir in diesen Tagen ein paarmal, und ihrer Stimme ist deutlich zu entnehmen, wie geschwächt sie ist.

Nach Stuttgart und Umgebung steht schließlich Köln auf dem Reiseprogramm, auch hier zeigen wir So-Hyeun und Ulsan-*man* Sehenswürdigkeiten, aber auch Orte, die mir besonders viel bedeuten. Wir bummeln durch die Straßen meiner Kindheit, besuchen mein Lieblingscafé im Uni-Viertel und machen einen Ausflug nach Bonn, wo wir Papas Bruder und seine Frau besuchen, die im achten Monat schwanger ist.

Die Blicke So-Hyeuns auf den Babybauch meiner Tante sprechen Bände … und auch von meinen Cousins, die fünf und acht Jahre alt sind, ist sie völlig verzückt! Sie macht Anstalten, erst den einen, und als dieser zurückschreckt, dann den anderen auf den Arm zu nehmen, doch der Ältere macht ihr unmissverständlich klar, dass sie keine Babys mehr seien.

Später dann trinkt sie lieber den koffeinfreien Kaffee zum Käsekuchen. »*Maybe baby*«, flüstert sie mir zwinkernd zu. Ich zwinkere lachend zurück, doch ich weiß auch, dass ihr Kinderwunsch so groß ist, weil sie unserer Mutter noch ein Enkelkind schenken möchte, bevor Omma womöglich stirbt. Ich an ihrer Stelle würde dies als Bürde empfinden, aber So-Hyeun wirkt weder belastet noch unglücklich. Allein Ommas Krankheit scheint sie zu bedrücken. Und sie würde alles tun, um Omma Erleichterung und Freude zu bereiten.

So-Hyeun und Ulsan-*man* reisen ab. An der Haltestelle des Shuttlebusses, der die beiden zum Flughafen bringt, bedanken sich die beiden überschwänglich für die schöne Zeit in Deutschland. Ulsan-*man* verbeugt sich mehrere Male vor Mama und Papa, und So-Hyeun und ich liegen uns lange in den Armen. Ihr Besuch ist für mich eins der größten Geschenke, das sie mir machen konnte!

Wie ein Wink des Schicksals ist es, als ich eines Abends eine E-Mail von einer freien Journalistin erhalte, die in einem Adoptionsforum Einträge von mir gelesen hat und sich für meine Biografie interessiert.

Sie schreibt, sie sei selbst Adoptivmutter und plane eine Dokumentation zum Thema »Suche nach der leiblichen Mutter«. Sie möchte sich gern mit mir treffen.

Im ersten Moment zögere ich. Es täte mir einerseits sicher gut, mal ein wenig zur Ruhe zu kommen und nicht wieder alles aufzuwühlen, gerade jetzt, wo Omma so schwer krank ist, sind meine Gedanken ganz in der Gegenwart … Andererseits könnte meine Geschichte einigen Adoptierten Mut machen, sich ihren Wunsch, auf Spurensuche zu gehen, trotz Hindernissen zu erfüllen, überlege ich.

Für viele Adoptierte ist die Suche nach der leiblichen Mutter eher ein aussichtsloses und schwieriges Unterfangen, vor allem wenn die Adoptiveltern der Suche mehr im Wege stehen, als dass sie sie unterstützen. Womöglich hilft solch eine Dokumentation auch Adoptiveltern, mehr Vertrauen in ihre Kinder zu haben, die eben nicht bessere Eltern, sondern ihre Wurzeln finden wollen. Nachdem ich lange mit Bernhard und meinen Eltern das Für und Wider abgewogen habe, sage ich nach ein paar Tagen schließlich zu.

»Was hältst du davon, wenn wir deine koreanische Familie nach Deutschland einladen und ich und ein Kamerateam euch ein paar Stunden begleiten?« Ich habe Tina, der Journalistin, bei unserem ersten Treffen meine Geschichte erzählt.

»Das wäre großartig!«, rufe ich spontan. Omma hier in Deutschland – das ist mein größter Wunsch. Doch dann kommen mir auch Bedenken, Omma geht es gesundheitlich nun wirklich nicht gut. Die Chemo ist gerade erst beendet … »Ich müsste natürlich erst meine leibliche Mutter fragen, sie ist ja sehr krank, und ich weiß nicht, ob sie das alles schafft und überhaupt mitmachen möchte«, füge ich noch hinzu.

»Selbstverständlich. Frag deine Familie. Und dann ruf mich an.«

Aufgeregt erzähle ich noch am gleichen Abend Sin-Young von dem Angebot, und »meine Koreaner« sind ausnahmslos genauso begeistert wie ich. Omma ist sich sogar sicher, dass sie die Reise gut bewältigen wird, will aber zur Sicherheit noch einmal ihren Arzt fragen.

Ein paar Tage später höre ich erneut Sin-Youngs Stimme durch den Telefonhörer. »Der Arzt rät von der Reise ab.«

Blitzschnell schlucke ich meine Enttäuschung hinunter, und mir liegt schon auf der Zunge, dass es für Omma sicher auch besser ist, wenn sie sich nicht solchen Strapazen aussetzt. Da fügt Sin-Young hinzu: »Aber Omma will nach Deutschland! Sie meint, dass es ihr guttäte, dich zu besuchen. Ha-Young, wir kommen! Uh-Chan kann in der Schule nicht fehlen, aber Omma, Appa, So-Hyeun und ich – wir kommen!«

»Das ist ja wunderbar!«, rufe ich immer wieder in den Hörer.

Für mich bedeutet es sehr viel, meiner leiblichen Familie zu zeigen, wo ich aufgewachsen bin. Omma soll wissen, wie ich lebe, wo ich mich mit Freunden treffe, wo ich besonders gern spazieren gehe … Und vor allem möchte ich ihr zeigen, dass ich es wirklich gut hatte als Kind. Ich wünsche mir, Ommas quälende und traurige Gedanken vertreiben zu können, sie soll sehen, dass es mir gut geht, dass ich glücklich bin.

Immer wieder rufe ich in den nächsten Tagen in Korea an und frage, ob die Flüge gebucht sind. Die Reiseplanung läuft für meinen Geschmack viel zu chaotisch ab (eben koreanisch), aber am Ende ist alles bestens geregelt, und meine leibliche Familie sitzt im Januar 2006 im Flieger nach Deutschland.

Warum bloß muss sich die Landung hier in Frankfurt so sehr verzögern? Meine Nervosität steigt und steigt. Irgendwo im Hintergrund steht ein Kamerateam, ich kümmere mich gar nicht darum.

Hoffentlich hat Omma den Flug gut überstanden! Ich mache mir Sorgen und bin mir nicht mehr sicher, ob es richtig war, dass sie sich gegen die Meinung des Arztes für diese Reise entschieden hat. Mama und Papa neben mir halten ebenfalls Ausschau.

Mama legt den Arm um mich, und ich werde ein wenig ruhiger. Dann sehe ich endlich meine beiden Schwestern, die vollbeladene Gepäckwagen vor sich herschieben. Aber wo sind Omma und Appa? Ein Glück, So-Hyeun und Sin-Young lachen, es kann also unterwegs nichts Schlimmes passiert sein. Wo bleibt Omma bloß?

Jetzt, jetzt sehe ich auch sie. In einer leuchtend roten Steppjacke und mit einer safaribraunen Wollmütze kommt sie langsam auf mich zu, ein langer bunter Strickschal schützt ihren Hals.

Ommas Blick findet meinen, und ich laufe ihr entgegen.

Ich bin von einer so großen Freude erfüllt, dass es mir fast schwindlig wird. Omma ist hier! Hier bei mir in Deutschland! Appa und meine Schwestern nehme ich in diesem Moment kaum wahr – zum Glück sind Mama und Papa da, die sie begrüßen. Omma ist blass. Ich sehe ihr an, wie geschwächt sie ist, aber wie immer lächelt sie tapfer, und ich weiß, sie wird sich mit keinem Wort über den Flug oder die Anstrengungen beklagen.

Ich nehme Ommas Hände und drücke sie. Omma streichelt mir über die Wange und blickt mich mit ihren dunkelbraunen Augen liebevoll an. Ich nehme sie fest in den Arm und mag sie gar nicht mehr loslassen.

Auch Omma freut sich wahnsinnig, in Deutschland – erst in Stuttgart, dann in Köln – zu sein, aber dieser Besuch kann ihr nicht die Trauer nehmen, die sich seit meiner Geburt so tief in ihr festgesetzt hat. Immer wieder muss sie weinen. Als wir das Album meiner Ankunft in Deutschland anschauen und sie das Foto sieht, auf dem ich neben dem Weihnachtsbaum auf einer Babydecke liege, strömen ihr die Tränen nur so über das Gesicht.

Erneut sagt sie, wie dankbar sie ist, dass ich so gute und liebevolle Eltern habe. Aber der Schmerz, dass sie so viele Jahre meines Lebens nicht mit mir teilen konnte, nicht dabei war, als ich meine ersten Schritte machte, nicht da war, wenn ich hinfiel, mich nicht trösten, nicht mit mir lachen und schmusen konnte, dieser Schmerz hört nicht auf.

»Wäre ich nicht krank gewesen, wäre es nicht so gekommen«, sagt sie unter Tränen.

Ich versuche, ihr wie schon so oft klarzumachen, dass sie keine Schuld trifft, dass sie nichts dafür kann, aber sie scheint meine Worte gar nicht zu hören. Immer wieder klagt sie, dass sie nicht hätte krank werden dürfen.

Es tut weh, Omma so leiden zu sehen.

Was kann ich nur tun?

Wir blättern weiter in dem Album, und jetzt mischt sich auf einmal ein Lachen in Ommas Tränen. Sie fährt mit den Fingerspitzen über ein leicht verblasstes Foto. Es zeigt mich in einem Kinderhanbok, den mir Papa von einer Koreareise mitgebracht hat. Es ist, als ob Omma den rot-goldenen Seidenstoff fühlen möchte.

In diesem Moment wird mir auf einmal klar, welch große Bedeutung die koreanische Tradition und Kultur für meine Mutter haben. Kurz nachdem wir uns gefunden hatten, sagte sie, sie sei nie auf den Gedanken gekommen, ich könne in einem anderen Land als in Korea aufgewachsen sein.

So wie ich mich ihr in Korea zugleich nah und fern gefühlt habe, so wird sie jetzt vermutlich dieses Hin-und-hergerissensein zwischen Fremdheit und Nähe spüren. Wie schmerzlich muss dies für eine Mutter sein! Ich habe meine Mama und habe Omma noch dazubekommen. Omma aber hat mich als Baby verloren und muss akzeptieren, dass ich eine andere Mama habe und ein Leben weit von ihr entfernt in einem anderen Land mit einer anderen Kultur führe.

Noch ein letztes Mal streicht sie mit den Fingerspitzen über den Hanbok des kleinen Mädchens auf dem Bild, bevor sie weiterblättert.

Als sie das Album schließt, sieht sie erschöpft aus, und ich frage sie, ob sie sich nicht ein wenig ausruhen möchte.

Zuerst lehnt sie ab, dann lässt sie sich aber doch überreden, und Appa, So-Hyeun und Sin-Young begleiten sie ins Schlafzimmer. Appa legt sich neben sie, und So-Hyeun und Sin-Young setzen sich zu den Eltern ans Bett und massieren Omma die Beine. Die Vertrautheit der vier berührt mich.

Ich dimme das Licht, und jetzt zieht Omma ihre Wollmütze ab. Ihre schwarzen Haare sind seit der Chemotherapie wenige Zentimeter nachgewachsen und noch sehr dünn.

Ich setze mich nun auch zu ihr und streichle ihr über das Haar, das sich ganz weich anfühlt. Ommas Augen leuchten, und in ihrem Gesicht ist kaum eine Falte zu sehen. Ich finde sie auch jetzt wunderhübsch. Ich tippe mit dem Zeigefinger auf die Spitze ihrer kleinen, flachen Nase – wie bei einem kleinen Kind. Sie lächelt mich verlegen an, bestimmt weil ihr ihre Nase selbst nicht so gut gefällt, nimmt meine Hand und lacht darüber, dass ich, ihre jüngste Tochter, auch die kleinste Hand von allen habe.

Bei einem Waldspaziergang am nächsten Tag sagt Omma mehrmals: »Gute Luft in Deutschland. Besser als in Korea.« Und obwohl es offensichtlich ist, wie sehr sie das Gehen und Luftholen beanspruchen, gibt sie uns allen das Gefühl, dass es ihr gut geht. Selbst bei den anstrengenden Terminen mit dem Kamerateam möchte sie keine besondere Schonung, sondern macht alles mit, was geplant ist. Sie bewundert die deutschen Weinberge und kostet in einer schwäbischen Gaststätte neugierig die deutsche Küche. Ich zeige ihr das frühere Haus in Kornwestheim, in dem Mama und Papa wohnten und das mein erstes Zuhause in Deutschland wurde.

Auch ein längeres Interview, in dem sie unsere Geschichte erzählt und viele Fragen beantwortet, will sie nicht einmal für eine Pause unterbrechen.

Ich lausche Ommas Stimme, betrachte, wie sich ihre Brauen über den schönen ausdrucksstarken Mandelaugen hochziehen, wenn sie etwas betont, versuche mir ihre wunderbare Mimik einzuprägen – Omma spricht mit ihrem ganzen Gesicht, und ich bin mal wieder verzaubert.

Sie erzählt, welch ein Schock und welch große Freude es für sie war, mich, ihre verlorene Tochter, im Fernsehen zu sehen. »Mich hat auch die Frage gequält, warum ist mein Kind in Deutschland? Warum ist es dort und nicht in Korea? Aber schon als Ha-Young mir das Album geschenkt hat, habe ich erkannt, dass sie sehr glücklich in Deutschland aufgewachsen ist.«

Frau Radke fragt nun nach, wie es für Omma ist, hier in Deutschland zu sein und zu sehen, wie ich hier lebe, und Omma antwortet flüssig und mit fester Stimme: »Ich freue mich, Ha-Young so heiter zu sehen und dass sie so tolle Adoptiveltern hat, und andererseits bin ich auch traurig … Ich möchte Ha-Young so gern öfter umarmen, ihr wie den anderen Kindern auch öfter nahe sein und sie spüren.«

Als die Dolmetscherin diese Worte übersetzt, muss ich an das Badehaus in Pohang denken. In Korea haben die Eltern mit den Kindern einen engen Körperkontakt, nicht nur die Mütter mit den Töchtern. Für mich ist das fremd, und auch jetzt nehme ich Omma zwar gern in den Arm oder halte ihre Hand, aber ich verspüre kein Bedürfnis, mich wie ein kleines Kind an sie zu schmiegen. Mehr oder weniger gern zu kuscheln ist anscheinend eher eine Frage der Sozialisation als der Erbanlage.

Auf die Frage, was Omma am meisten bei ihrer bisherigen Deutschlandreise beeindruckt habe, blickt sie Mama an und antwortet, ohne zu zögern: »Ich bin sehr beeindruckt von Martina, davon, wie sie mit Ha-Young umgeht. Ich habe gesehen, wie Martina den Kühlschrank in Ha-Youngs Wohnung gefüllt hat, mit allem, was Ha-Young so braucht. Ich glaube, ich wäre nicht so fürsorglich zu meiner Tochter. Das hätte ich sicher nicht geschafft. Ich spüre, dass Ha-Young von ihren Adoptiveltern sehr geliebt wird.«

Als die Dolmetscherin mit ihrer Übersetzung fertig ist, sehe ich, wie Mama Omma die Hand drückt. Meine beiden Mütter schätzen einander und mögen sich.

Als in Stuttgart alles besichtigt und erkundet ist, fahren wir alle zusammen nach Köln. Und während sich Omma am ersten Tag im Rheinland im Haus von Papa und Mama ausruht – die beiden haben meinen koreanischen Eltern ihr Schlafzimmer für den Besuch überlassen –, suche ich mit So-Hyeun und Sin-Young in einem Hutgeschäft in der Innenstadt eine neue Mütze für Omma aus, damit sie eine zum Wechseln hat. Wir wählen ein roséfarbenes Modell, das ein bisschen aussieht wie ein Hut ohne Krempe. Als ich die Wollmütze überreiche, ist Omma sehr gerührt – und sie steht ihr sehr gut. Ich konnte ihr tatsächlich eine kleine Freude bereiten.

In den nächsten Tagen machen wir nur wenig Sightseeing, den Dom besichtigen wir selbstverständlich, aber sonst zeige ich Omma und den anderen ausschließlich Orte meiner Kindheit, zum Beispiel meine Grundschule, wo wir auf dem Schulhof meine alte Klassenlehrerin treffen. Omma und Appa sind beeindruckt von den vielen freundlichen Menschen, die mein Leben geprägt haben. Und doch schwingt auch immer ein wenig Wehmut mit, wenn Omma mich nach solchen Begegnungen liebevoll anlächelt.

Bis zu Ommas Krebserkrankung fühlten sich meine koreanischen Verwandten dem Buddhismus zugehörig, auch wenn sie nicht strenggläubig waren. Doch seit der Erkrankung haben sie mehr und mehr Kontakt zu einer evangelischen Kirche in Pohang gesucht und wechselten schließlich zum christlichen Glauben über. Für Omma sind Kirche und Religion ein starker Halt, und so nutzt sie den Besuch der Kirche, in der ich zur Kommunion gegangen bin, für ein längeres Gebet. Sie sitzt mehrere Minuten lang völlig versunken da, und auch wir anderen sind in Gedanken oder in ein Gebet vertieft.

Ich muss in diesen Minuten an die Prognose des Arztes

denken, der gesagt hatte, Weihnachten vergangenen Jahres werde Omma nicht mehr erleben. Aber sie lebt noch! Warum soll sie nicht auch die nächsten Monate, Jahre weiterleben? Sie muss weiterleben. Im Januar, kurz vor dem Abflug, hat Omma erfahren, dass nicht allein die Lunge vom Krebs befallen ist, sondern auch die Wirbelsäule und das Becken, und die Hoffnung auf Heilung sinkt immer mehr. Aber ich möchte es nicht wahrhaben! Omma ist noch zu jung zum Sterben!

Ihr eigener Lebenswille ist auch nach wie vor ungebrochen, sie gibt nicht auf, also dürfen auch wir die Hoffnung nicht aufgeben. Vor ein paar Tagen sagte Omma: »Ich möchte noch so viel erleben: die Hochzeit meiner Kinder, die Geburt der Enkel, weite Reisen …«

Der Tag, an dem ich meine leibliche Familie verabschieden muss, ist ein kalter, sonniger Tag im Januar 2006. Mit Mama und Papa bringe ich Omma, Appa, So-Hyeun und Sin-Young zum Shuttlebus der Fluggesellschaft, der in der Nähe des Doms auf die Fahrgäste wartet. Das Kamerateam ist wieder dabei, und so versuche ich, meine Gefühle unter Kontrolle zu halten. Ich drücke Omma immer wieder, wir lachen sogar noch, und für einen Außenstehenden ist bestimmt nicht erkennbar, wie schwer uns allen der Abschied fällt. Erst als der Bus langsam davonfährt, die Kameras eingepackt werden, spüre ich den dicken Kloß im Hals und die Tränen, die in mir aufsteigen und die ich jetzt nicht länger zurückhalten kann. Habe ich Omma eben zum letzten Mal in den Arm genommen? Werde ich sie nie wiedersehen? Es ist so schwer, Hoffnung zu haben, wenn es doch eigentlich keine Hoffnung gibt. Mama und Papa legen die Arme um mich und trösten mich. Ich fühle mich von ihnen verstanden, keiner weiß wohl besser als sie, wie weh es tut, den langsamen Tod eines geliebten Menschen mitzuerleben.

In diesem Moment muss ich an meine sterbenskranke Großmutter denken, Mamas Mutter. Eingefallen und abgemagert hatte sie die letzten Wochen in ihrem Krankenbett gelegen, und ich wünsche mir jetzt, Omma als die lebenslustige Frau in Erinnerung zu behalten, die ich im Sommer 2003 kennen gelernt habe.

Jeden Tag rechne ich mit einem Anruf aus Korea und der Nachricht, die ich so sehr fürchte … Ich treffe Jin-Ah in einem unserer Lieblingscafés und erzähle ihr bei einem Milchkaffee von meinen Sorgen.

»Warum fliegst du nicht noch einmal nach Korea und besuchst deine Mutter ein letztes Mal?«

Aber ich könnte den Anblick meiner sterbenden Mutter einfach nicht ertragen.

Ich rufe Omma in dieser Zeit so oft wie möglich an, höre ihr Husten und wie sie nach Atem ringt, und Appa und meine Geschwistern halten mich selbstverständlich über alle Entwicklungen auf dem Laufenden, aber an Ommas Tod versuche ich nicht zu denken. Wenn ich So-Hyeun frage, wie es unserer Mutter geht, antwortet sie meist: »Nicht gut, aber wir hoffen auf ein Wunder. Wir beten jeden Tag für Omma. Ha-Young, du musst auch beten.«

»Das werde ich tun«, antworte ich dann.

Immer öfter spüre ich jetzt die Verzweiflung und auch die Hoffnungslosigkeit meiner koreanischen Familie, und dann fühle ich mich fernab von Pohang wieder schrecklich hilflos. Einerseits muss ich mein Leben in Deutschland weiterleben, und andererseits weiß ich, dass meine leibliche Mutter auf einem anderen Kontinent mit dem Tod ringt und mein leiblicher Vater und meine Geschwister alle Sorgen allein tragen müssen.

Ende Februar meldet sich So-Hyeun spätabends, ich befürchte das Schlimmste, doch ihre Stimme klingt fröhlich. »Bin schwanger, Ha-Young! Erwarte Baby!« Und dann erzählt sie auch sogleich ein paar Details, das Kind ist wohl in der Nacht, nachdem sie aus Deutschland zurückgekommen sind, gezeugt worden.

»Ach, wirklich?«, rufe ich immer mal wieder in den Hörer. Inzwischen bin ich an die koreanische Offenheit bei delikaten Themen gewöhnt.

»Omma glücklich! Freut sich auf Baby!«

Vielleicht kann dieses wachsende Leben Omma Kraft geben, denke ich, und so muss es tatsächlich sein, denn obwohl sie nach wie vor schlecht Luft bekommt und schnell geschwächt ist, scheint sich ihr Zustand in den nächsten Monaten wenigstens nicht zu verschlechtern. Ja, über drei Monate gehen dahin, und Omma lebt, und allmählich ist auch meine Sehnsucht nach ihr so sehr gewachsen, dass ich sie nun doch noch einmal sehen möchte!

Im Juni 2006, also drei Jahre nach unserem ersten Kennenlernen, reise ich in Begleitung meiner Tante Monika noch einmal nach Korea, um Omma zu besuchen. Diese Reise fürchte ich wie keine andere vorher … Bevor ich meine leibliche Mutter kennen lernte, wusste ich nicht, was mich erwartete, ob wir uns mögen würden, ob wir uns gut verstehen würden, trotzdem hatte ich keine Angst, sondern machte mich zuversichtlich auf den Weg. Ich war nervös und unsicher, aber Angst hatte ich nicht. Jetzt ist das anders. »Mit den Kindern kommen die Sorgen«, heißt es bei uns in Deutschland. Nicht nur mit den Kindern, denke ich, auch um seine Eltern macht man sich Sorgen. Immer wenn Menschen einander lieben, sorgen sie sich auch umeinander. Wenn mich andere Adoptierte zum Bespiel in Chats fragen, ob ich jetzt glücklicher sei, weil ich meine leibliche Mutter gefunden hätte, dann fällt es mir schwer, einfach »Ja« zu sagen. Natürlich bin ich mehr als glücklich, Omma gefunden zu haben, auch wenn ich vorher nicht darunter gelitten habe, dass ich meine Wurzeln nicht kannte. Aber wenn Omma jetzt stirbt, ist es ein Verlust, mit dem ich klarkommen muss. Und ich weiß nicht, wie ich das schaffen werde.

Doch dann sehe ich Omma wieder, die Schmerzen und das Leid, die der Krebs ihr bereitet, entgehen mir nicht, aber sie strahlt mich wie immer an, und ihr Lächeln gibt mir Kraft. Wir halten uns lange im Arm.

Jeden Tag dieses Aufenthalts versuche ich die Nähe zu Omma tief in mir abzuspeichern. Diesmal empfinde ich die koreanische Kultur nicht mehr so extrem als Gegensatz zur deutschen wie bei meinen vorherigen Reisen. Ich nehme es so, wie es ist, und kümmere mich mehr um das Wesentliche. Natürlich gibt es immer Dinge, die mich abschrecken, zum Beispiel das viele Beten meiner Geschwister. Als Omma auf der Rückfahrt von einem wunderschönen Ausflug durch die weitläufigen Reisfelder starke Hustenanfälle bekommt, betet So-Hyeun, die bereits im sechsten Monat schwanger ist, mehrere Minuten lang laut und Appa legt eine CD mit Kirchenmusik ein. Es ist eine bedrückende Atmosphäre im Wagen, und Omma beginnt nach dem Anfall hemmungslos zu weinen. Als ich später frage, ob es denn nicht Medikamente gebe, die Ommas Beschwerden lindern könnten, erklärt mir So-Hyeun, dass der Arzt davon abgeraten habe, weil Omma sie nicht vertrage. Diese Worte überzeugen mich nicht. Aber ich akzeptiere in diesem Augenblick auch, dass diese Familie gemeinsam ihren Weg nach bestem Gewissen geht, auch wenn dieser sehr schwer ist. Ich darf mich da nicht einmischen und bin dankbar, dass sie mich überhaupt teilhaben lassen.

Wenn ich daran zurückdenke, dass es Jahre gab, in denen mich meine koreanischen Wurzeln überhaupt nicht interessiert haben, kann ich jetzt nur verwundert den Kopf schütteln, so viel ist inzwischen geschehen. Alles war damals gut, wie es war. Ich habe nichts vermisst. Doch seit ich Omma gefunden habe, spüre ich ein ganz enges Band zwischen uns.

Meine Zuneigung zu ihr ist anders als die enge Bindung zu meinen Eltern in Deutschland – aber ich kann und möchte die Gefühle gar nicht vergleichen. Vom ersten Moment an, als ich Omma sah, hat mich ein wohliges Gefühl ergriffen. Obwohl ich keine Möglichkeit habe, mit ihr ein langes, vertrauliches Gespräch in ihrer Sprache zu führen, und obwohl ich bisher insgesamt nicht mehr als sechs Wochen mit ihr verbracht habe, ist sie für mich eine Vertraute und keine Fremde. Wir haben Wege gefunden, miteinander zu sprechen, uns auszutauschen, zusammen zu lachen und uns einfach kennen zu lernen. Jetzt möchte ich sie nicht mehr missen, möchte mit ihr Zeit verbringen und ihr immer aufs Neue zeigen, dass sie wegen unserer Trennung nicht mehr traurig zu sein braucht. Ich wünsche mir, dass sie nicht ständig über die verpassten Jahre nachdenkt. An der Vergangenheit können wir nichts ändern. Wir haben uns gefunden, nur das zählt!

Wie zu erwarten war, ist der Abschied diesmal mehr als schwer für mich. Ich will Omma eine Freude machen und suche den Plüschdelfin in der Wohnung, aber ohne Erfolg. Wie gern hätte ich ihn diesmal mitgenommen. Mir wäre es nun völlig gleichgültig, was die Leute denken. Aber der Delfin ist nicht mehr da.

Als Omma und ich uns zum Abschied umarmen, frage ich mich abermals, ob es das letzte Mal sein wird. Diese Abschiede und diese Fragen sind wie lauter kleine Tode, und sie schmerzen immer ein bisschen mehr. Verunsichert blicke ich Omma in die Augen. Nicht eine Träne läuft diesmal über ihre Wange. Ob sie mir den Abschied erleichtern möchte? Will sie nicht, dass ich sie weinend in Erinnerung behalte? Ihre Stärke beeindruckt mich, und zugleich bin ich selbst von den aufwallenden Gefühlen wie benommen.

Ich steige zu Appa ins Auto, und meine Schwestern und

Omma stehen winkend am Straßenrand. Am liebsten würde ich sogleich wieder herausspringen und zurücklaufen. Doch Appa startet den Motor, und der Wagen fährt an.

Zurück in Deutschland bin ich in Gedanken ständig mit Omma und ihrem nahenden Tod beschäftigt. Es gibt so viel, was ich ihr gern sagen würde, so viel, was sie noch nicht von mir weiß. Deshalb beginne ich einen Brief zu schreiben, den mir Jin-Ah später übersetzen wird. Dieser Brief kostet mich viel Kraft, trotzdem schreibe ich beinahe jeden Abend daran weiter. Manchmal lese ich auch nur das, was ich bisher zu Papier gebracht habe, und lege ihn danach zur Seite. Dann, an einem anderen Abend, formuliere ich neu, lese den Brief wieder und wieder und schreibe es noch einmal mit anderen Worten …

Liebe Omma,
seit meinem Besuch bei euch mit Tante Monika sind nur wenige Wochen vergangen, aber es kommt mir wie eine Ewigkeit vor. Ich möchte dir noch so viel von mir erzählen, ich würde dich so gern noch viele Male besuchen und Zeit mit dir verbringen. Ich weiß gar nicht, wo ich anfangen soll … Zum Glück habe ich koreanische Freunde in Deutschland, die dir diese Zeilen übersetzen werden.
Es macht uns sicherlich beide manchmal traurig, dass wir nicht die gleiche Sprache sprechen. Unsere Sprachen sind ja völlig unterschiedlich, und es ist nicht leicht, die andere zu erlernen. Doch ich ärgere mich sehr, dass ich es bis heute noch nicht sehr weit mit meinen Koreanischkenntnissen gebracht habe.
Liebe Omma, ich möchte dir jetzt gern schreiben, was mir durch den Kopf geht, möchte versuchen, dir meine Gefühle zu vermitteln. Hoffentlich klappt es trotz Übersetzung. Aber eigentlich habe ich gar keine Sorge, dass du mich nicht verstehst. Ich bin unglaublich froh und auch dankbar, dass ihr mich mit meiner west-

lichen Lebensart angenommen habt. Ohne Kritik, ohne Vorwürfe.
Für mich ist es auch heute noch ein Wunder, dass ich dich, euch fünf, vor nunmehr drei Jahren gefunden habe. Wenn wir miteinander telefonieren oder wenn ich eine E-Mail von einem von euch erhalte, meine ich immer wieder, ich müsste mich zwicken. Und dann sehe ich mir ein Foto von euch an und weiß: Ja, es ist Wirklichkeit! Ich habe meine leibliche Mutter tatsächlich gefunden!
Ich werde das Bild nie vergessen, der erste Blick von dir und Appa. Von der ersten Sekunde an spürte ich eine unbeschreibliche Nähe zu dir. Ich habe mir neugierig dein freundliches Gesicht angesehen und deine warme, weiche Hand gehalten.
Die lange Fahrt von Seoul nach Pohang ist eine der schönsten Erinnerungen meines Lebens. Es kam mir vor, als wären wir alle eine große Familie. Es freute mich unbeschreiblich, dass ihr, meine koreanische Familie, zwischen meiner deutschen Familie gesessen habt und sich niemand ausgeschlossen fühlen musste. Ihr habt nicht nur mich, sondern meine ganze Familie herzlich aufgenommen. Ich glaube, so eine warme und offene Art wünscht sich jedes Adoptivkind vom ersten Treffen beider Familien. Und es war in manchen Momenten so heiter, als würden wir uns alle schon ein Leben lang kennen.
Ich habe in dem heißen Sommer 2003 in Korea fest daran geglaubt, dass wir ab jetzt ständig Kontakt haben werden. Ich dachte, wir hätten nun alle Zeit der Welt, um uns besser kennen zu lernen, uns immer mal wieder zu besuchen. Wenn ich daran denke, wie lange und häufig wir in den ersten Wochen nach unserem Kennenlernen gechattet haben!!!
Im März 2004 erhielten wir dann die Nachricht, dass du an Leberkrebs erkrankt warst. Das musste ein schlechter Traum sein, dachte ich. Es durfte einfach nicht wahr sein!! Meine Angst, dich so schnell wieder zu verlieren, war unglaublich groß. Es fühlte sich an, als würde mir jemand den Boden unter den Füßen weg-

ziehen. Sobald ich von dir sprach, kamen mir die Tränen, so aufgelöst war ich … Und ich spürte deine Trauer darüber, dass ich nicht in deiner Nähe war.
Du hast dich dann so gefreut, als Mama und ich dich besuchten. Und du glaubst ja nicht, wie viel mir dein strahlendes Lächeln bedeutet hat. Ich wollte mich darin verlieren und es immer wieder ansehen. Doch dann kam der Abschied … Du warst wieder so liebevoll und hast dieses wunderbare Zeichen in die Luft geschrieben. Ich danke dir für deine Liebe.
Ich bewundere dich so sehr dafür, mit welcher Kraft und Stärke du gegen deine Krankheit ankämpfst, und es tut mir leid, dass ich nicht mehr für dich da sein kann. Omma, ich will dich nicht verlieren …

Ich habe diesen Brief bis heute nicht zu Ende geschrieben, weil mir immer mehr einfällt, was ich ihr sagen möchte, und ich nie glaube, alles gesagt zu haben. Und ich möchte auch nicht so traurig schließen, aber mir fallen einfach nicht die richtigen Worte ein.

Meine Sehnsucht nach Omma wächst, während sich in meinem Leben in Deutschland gerade einiges verändert. Ich werde nach Passau ziehen und ein Studium beginnen. Ich wollte mir einfach noch mehr berufliche Möglichkeiten eröffnen, und ich möchte noch mehr lernen. Und in Passau gibt es einen interessanten Studiengang: Kulturwirtschaft. Der einzige Haken ist: Ich muss auch Scheine in BWL und Mathe absolvieren. Mathe!!!

In meinem WG-Zimmer in Passau habe ich nun noch viel mehr Zeit, an Omma zu denken. Ich kenne noch nicht so viele andere Studenten, und das Semester beginnt eher gemütlich – bis auf die Mathevorlesungen, die der blanke Horror sind. Omma und ich telefonieren jetzt häufig. Stets lausche ich angestrengt ihrer Stimme. Sie ist kaum zu hören. In den letzten Tagen hat Omma stark abgebaut. So-Hyeun, die vor zwei Wochen ein kleines Mädchen zur Welt gebracht hat, beklagte dies auch, als wir gestern miteinander sprachen. Omma hat tatsächlich bis zur Geburt ihrer Enkeltochter durchgehalten, doch jetzt scheinen sie die Kräfte zu verlassen.

In einem Gespräch redet Omma leise koreanisch mit mir, und obwohl ich nicht alle ihre Worte verstehe, presse ich mein Ohr an den Hörer.

»Ha-Young, pogo shipda. Sarang hae …«, sagt sie leise, dann wird sie von einem starken Hustenanfall geschüttelt.

Wer den Namen Ha-Young trägt, der denkt positiv, schaut nach vorn und versucht stets, das Gute zu sehen. Im Moment fällt mir das schwer.

Meine Mutter stöhnt angestrengt auf, ihr fehlt der Atem zum Weitersprechen. Ich sage ihr ebenfalls auf Koreanisch, dass ich sie sehr vermisse und liebe. Diese koreanischen Sätze habe ich zum Glück schnell gelernt. Wieder einmal kann ich nicht mehr tun. Warum muss ich auch bloß so weit entfernt leben? Und warum muss Omma sterben, sie ist doch gerade mal Anfang 50! Ich kann mir einfach nicht vorstellen, dass sie in ein paar Monaten, Wochen nicht mehr da sein soll. Ich will es mir auch nicht vorstellen. Ich will es nicht …

Ich möchte nur bei ihr sein, sie trösten. Wie toll wäre es, wenn ich Koreanisch so schnell lernen könnte wie Französisch oder Spanisch. In diesem Moment wünsche ich mir so sehr, die Sprache meiner Mutter zu sprechen, ihr gut zuzureden, ihr mit Worten über diese Distanz ein wenig Mut zu machen. Und ich nehme mir vor, in den nächsten Semesterferien einen Intensivkurs Koreanisch zu belegen.

Ich frage mich plötzlich, wieso ich nicht einfach wieder nach Korea fliege. Wer weiß, wie lange Omma noch leben darf? Warum die Uni nicht einfach Uni sein lassen und mit dem nächsten Flieger aufbrechen? Meine Mutter und meine

Familie in Korea unterstützen, mich zu Omma ans Bett setzen, ihre Hand halten und sie anschauen. Mir jede Lachfalte einprägen, jede Sorgenfalte, ihr Gesicht nie wieder aus dem Gedächtnis verlieren.

Am Abend rufe ich Bernhard an, der auch in ein WG-Zimmer umgezogen ist, und erzähle ihm von meinen Gedanken. »Ich habe Angst, sie zu verlieren«, sage ich und muss schlucken, bevor ich weiterreden kann. »Ich möchte jetzt am liebsten bei ihr sein.«

»Anneli, wenn du jetzt für ein paar Wochen wegfährst, kannst du das erste Semester komplett vergessen!«

»Ich weiß, aber …« Ich ärgere mich darüber, dass Bernhard mir nicht rät, zu meiner Mutter zu fliegen. »Omma geht es wirklich sehr, sehr schlecht!«

»Das ist auch wirklich sehr schlimm und traurig. Aber ich habe ein bisschen den Eindruck, die Reise kommt dir ganz recht. Als würdest du vor dem Studium die Flucht ergreifen, nur weil dir BWL und Mathe nicht liegen. Du willst kneifen, Anneli!«

Jetzt bin ich richtig sauer. Auch, weil an Bernhards Worten etwas Wahres dran ist. Es stimmt, ich zweifele an meiner Entscheidung, hier in Passau zu studieren. Ich hätte mir vielleicht doch noch etwas Zeit geben und nicht so kurzentschlossen hierherziehen sollen. Passau ist mir zu beschaulich. Und die Mathevorlesungen sind schlichtweg unverständlich. Ich befürchte, ich bin hier völlig fehl am Platz. Aber das allein treibt mich nicht von hier fort. Es ist meine leibliche Mutter. Bis in den Schlaf hinein begleiten mich die Gedanken an sie. Ich muss einfach zu ihr!

Am nächsten Tag sehe ich kein bisschen klarer. Doch ich mache mich trotzdem auf den Weg zur Uni, diesmal mit dem Auto.

Die Abendvorlesung dauert bis 19.30 Uhr, danach treffe ich mich mit einer anderen Kommilitonin, die ich bei einer Veranstaltung für Erstsemester kennen gelernt habe, wir wollen ins Kino. Es gibt hier ein neugebautes mit acht großen Sälen. Es läuft *Marie Antoinette* von Sophia Coppola, und da ich bis auf Horrorfilme alle Genres gern schaue und die Ablenkung mir sicher guttut, freue ich mich auf den Abend.

Der Film ist unterhaltsam, aber der Saal ist alles andere als groß, eben Passauer Verhältnisse.

Nach dem Kino mache ich mich zügig auf den Weg zum Uni-Parkhaus, weil ich nicht sicher bin, ob es länger als bis 22.00 Uhr geöffnet hat. Und während ich über den Campus laufe, denke ich darüber nach, warum ich schon wieder mit der Wahl meines Studiengangs so unzufrieden bin. Ich hätte standfest bleiben sollen, als die Zusage aus Passau ins Haus geflattert kam. Der Ort hatte von Anfang an keinen Reiz für mich gehabt. Aber ich weiß noch, dass ich mich geschmeichelt fühlte, weil ich für einen so gefragten Studiengang zugelassen worden war. So eine Chance lehnt man doch nicht einfach ab! ... Und Bernhard hatte mir gut zugeredet, dass ich das mit Mathe und BWL schon schaffen würde. Ach, hätte ich doch auf meine Freundin Anika gehört! Sie – Mathe-Leistungskurs! – studiert ein sehr ähnliches Fach in Mannheim und hatte mir von dem Studium in Passau abgeraten.

»Anneli, ehrlich, ich glaube, das ist nichts für dich. Die Mathe-Vorlesungen sind nicht ohne. Und du und Mathe ...«

Anika hatte recht gehabt. Und auch meine ehemalige Chefin hatte mir empfohlen, erst einmal meinen anderen Plänen nachzugehen: nach Argentinien zu reisen, dort Spanisch zu lernen und in eine fremde Kultur einzutauchen. So eine Möglichkeit würde ich wohl kaum wieder bekommen. Und dann solle ich zum Wintersemester in Berlin mein Traumfach Nordamerikastudien beginnen. Sie sagte, schließlich sei es die Hauptsache, dass ich etwas täte, das mir hundertprozentig Spaß mache, etwas, in dem ich voll und ganz aufgehen kann.

Na, bravo. Toll gemacht, Anneli, schimpfe ich in Gedanken mit mir und gehe noch etwas schneller. Plötzlich treten mir Tränen in die Augen. Der Ärger über mich selbst, der in meinem Bauch aufgestiegen ist, hat sich mit einer leisen Trauer vermischt. Ich sehe das blasse Gesicht meiner Mutter vor mir und höre in Gedanken ihre dünne Stimme. Die Stiche in meinem Herz wollen jetzt nicht mehr aufhören. Bis zum Parkhaus sind es noch gut fünf Minuten. Ich ziehe mein Handy aus der Tasche und rufe zu Hause in Köln an.

Mir wird es guttun, mit meinen Eltern zu sprechen. Sie wissen, wie ich »ticke«, sind immer da, wenn ich sie brauche, und hören mir zu, wenn ich Kummer habe. Und Kummer habe ich tatsächlich, wie auch mein Papa sogleich merkt, denn kaum habe ich ihn in der Leitung, fange ich an zu weinen. Ich kann zuerst gar nicht erklären, was los ist. Die Tränen laufen, und es ist, als ob ein Knoten geplatzt wäre. Weinend, das Handy am Ohr, laufe ich in eine Seitenstraße. In einer Einfahrt bleibe ich stehen und schaffe es endlich, meinem Vater zu sagen, was los ist.

»Ich glaub, das Studium ist nichts für mich! Es ist so viel Mathe dabei … und das wird sich in den nächsten drei Jahren auch nicht ändern! Dieses Studium anzufangen war ein Fehler! Ach, ich weiß einfach nicht, was das Richtige für mich ist! Ob es überhaupt ein Studium gibt, das mir liegt!«

Ich erzähle, dass ich inzwischen an allem zu zweifeln begonnen hätte, und es sprudelt jetzt nur so aus mir heraus.

»Ich würde so gern Omma noch einmal sehen und Appa und den anderen helfen. Sin-Young besucht Omma jeden Tag. Und seit So-Hyeun das Baby hat und nicht mehr so oft kommen kann, ist Appa fast 24 Stunden dort. Und ich? Ich kann von hier aus eigentlich gar nichts tun. Ich fühle mich total hilflos, und viel sagen kann ich am Telefon ja auch nicht. Außerdem kann Omma kaum noch sprechen. Und … ich habe riesige Angst, dass ich mir irgendwann vorwerfen werde, dass ich nicht noch einmal da gewesen bin. Wenn sie gestorben ist, kann ich nichts mehr rückgängig machen …«

Zu meinem Erstaunen höre ich am anderen Ende: »Ja, wir haben auch schon daran gedacht. Und wenn dir das Studium in Passau nicht gefällt, dann lass es, fang im nächsten Jahr etwas Neues an, das dir liegt, und flieg jetzt nach Korea!«

Ich weiß, dass meine Eltern mich immer unterstützen, dass sie von Herzen das Beste für mich wollen und meine Gedanken und Gefühle kennen wie niemand anderes auf der Welt. Aber trotzdem habe ich erwartet, dass sie sagen würden: »Anneli, wir können dich ja verstehen, aber du kannst dieses Studium doch nicht so schnell wieder abbrechen. Schreib doch wenigstens die ersten Klausuren mit. Und deine Mutter hast du doch noch im Juni besucht. Die Flüge sind schließlich ganz schön teuer …«

Ich hätte diese Argumente alle verstanden. Aber hätte ich später dann reinen Herzens sagen können: »Na ja, es ging einfach nicht. Ich musste studieren, und der Flug wäre auch viel zu teuer gewesen.«

Zum Glück wiederholt mein Vater noch einmal: »Mach es, flieg nach Korea! Warte nur nicht zu lange. Am besten buchst du gleich für nächste Woche. In solch einem kritischen Zustand kann es manchmal recht schnell gehen.«

Ich bin erleichtert und wische mir die Tränen aus dem Gesicht. »O.k., ich werde gleich am Wochenende, wenn ich in Stuttgart bin, in einem Reisebüro nach Flügen fragen.«

Zu Hause angekommen rufe ich Bernhard an. Ich erzähle ihm noch einmal von Omma, traue mich aber nicht, ihm von meinem Entschluss zu berichten. Ich werde es ihm besser erklären können, wenn wir uns am Wochenende sehen.

Als ich später im Bett liege, denke ich daran, welches Glück ich habe, dass Mama und Papa meine Reisen nach Korea unterstützen, und im selben Moment meldet sich auch wieder einmal das schlechte Gewissen, ihnen auf der Tasche zu liegen. Und hoffentlich haben »meine Koreaner« nicht den Eindruck, dass es für mich und meine Eltern selbstverständlich sei, so ein teures Flugticket zu kaufen. Dass wir uns immer und zu jeder Zeit einen Flug nach Korea leisten könnten … Die Reisen nach Korea sind mein größter und eigentlich auch mein einziger Luxus.

Was werden sie überhaupt sagen, wenn ich ihnen mitteile, dass sie mich schon bald wiedersehen?

Ich stehe noch einmal auf, hole das WG-Telefon aus dem Flur und rufe So-Hyeun auf dem Handy an.

»An-young So-Hyeun Onni! How are you?«, frage ich. Ich habe mich inzwischen dem einfachen Englischstil meiner Schwestern angepasst, amüsiere mich aber auch über unsere kurzen Sätze.

»Ahhh, Ha-Young!«, ruft So-Hyeun erfreut durchs Telefon. »Ich bin in einem Erholungsheim für Mütter und Babys.«

»Wie lange wirst du bleiben?«

»Noch bis morgen.«

»Hat das Baby inzwischen einen Namen?« Meine Nichte wurde vor zwei Wochen geboren.

»A-ni …«

»Oh, noch immer nicht? …« Die Beziehung der jungen Mütter zu ihren Babys ist in Korea völlig anders als bei uns in Deutschland. Da ich aber weniger wegen meiner Nichte angerufen habe, frage ich nicht weiter nach, sondern erkundige mich nach unserer Mutter: »Wie geht es Omma?«

»Unverändert.«

Einen Moment lang herrscht Stille, dann frage ich, ob der Doktor etwas dazu gesagt habe, wie lange Omma noch leben werde.

So-Hyeun kann mir die Frage nicht beantworten. Stattdessen sagt sie: »Wir hoffen, Omma kommt bald nach Hause. Wir hoffen auf ein Wunder ...«

Ich auch, denke ich. »Vielleicht werde ich nach Pohang kommen, um Omma zu sehen. Ich möchte euch helfen. Kochen oder so ...«

»Das wäre schön. Wann kommst du?«

»Vielleicht nächste Woche. Aber sag Omma und Appa bitte noch nichts, denn es ist noch nicht ganz sicher! Ich ruf dich wieder an.« Und dann spüre ich, wie mir die Lider vor Müdigkeit doch allmählich schwer werden. *»Sarang hae, So-Hyeun Onni«*, verabschiede ich mich von meiner Schwester.

»Sarang hae, Ha-Young!«

Für mich steht fest, dass ich zumindest die BWL-Klausuren auf keinen Fall mitschreiben werde, und so entscheide ich mich bereits am Donnerstag, nach Stuttgart zu fahren.

Ich rufe meine Tante an und verabrede mich mit ihr für Samstag 12.00 Uhr in der Stadt vor dem Reisebüro. Ich habe sie länger nicht gesehen und freue mich nach dem Buchen des Flugs auf einen Bummel mit ihr.

Gepackt habe ich schnell, nur den Reisepass kann ich nicht finden. Hektisch durchwühle ich die Schubladen, ich brauche ihn doch, um den Flug zu buchen. Zwischen anderen Papieren entdecke ich den Pass schließlich und stecke ihn ein. Und nachdem alles im Auto verstaut ist, fahre ich am Nachmittag los. Ich freue mich auf Bernhard und auf das Wochenende mit ihm. Da wir uns in den letzten Jahren fast täglich gesehen haben, sind die 420 Kilometer Distanz eine riesige Umstellung. Vor allem in Zeiten, in denen man gern einfach mal in den Arm genommen werden möchte.

Ich gebe Gas und lasse die Landschaft an mir vorüberziehen, in gut vier Stunden werde ich in Stuttgart sein.

Doch ich komme später an als erhofft. Endlich am Ziel

angelangt, esse ich noch etwas, währenddessen erzählt Bernhard mir von seiner Woche, und ich höre gespannt zu. Ich habe keine Lust, heute Abend noch über meine Reise nach Korea zu reden, ich bin vielmehr froh, dass er mich mit seinem Bericht auf andere Gedanken bringt. Wir gucken noch einen Film, und nach Mitternacht schlafe ich in seinen Arm gekuschelt augenblicklich ein.

Abschied

Es dämmert draußen gerade erst, als mich der Klingelton meines Handys aus dem Schlaf reißt. Ich taste mit halb geöffneten Augen den Boden ab.

Benommen höre ich kurz darauf die Stimme meines Vaters. »Anneli, Jie-Oun hat uns eben angerufen. Omma geht es sehr schlecht. Sin-Young hat ihn gebeten, uns mitzuteilen, dass deine Mutter im Sterben liegt.«

Ich richte mich abrupt auf. Was hat Papa da gerade gesagt? Das kann nicht sein! Ich habe doch erst vorgestern beschlossen, nächste Woche zu Omma zu fliegen, um die letzten Wochen ihres Lebens bei ihr und meiner koreanischen Familie zu sein. Und warum ruft Sin-Young unseren Freund und nicht gleich mich an?

»Sin-Young bittet darum, dass du sie zurückrufst.«

Wie aus weiter Ferne höre ich wieder Papas Stimme.

»O.k. Hast du die Nummer? Ich bin nicht sicher, ob ich sie dabeihabe.«

»Hast du etwas zum Schreiben?«

Wie auf Kommando taumele ich aus dem Bett, tapse zum Schreibtisch am anderen Ende des Zimmers, suche ein Stück Papier und einen Stift. Ich schreibe die Nummer auf. Gleich darauf beende ich das Gespräch und versuche, meine Schwester zu erreichen.

Bernhard ist inzwischen auch wach geworden und setzt sich neben mich. Es klingelt, ein-, zwei-, dreimal. Ich flehe innerlich, dass Sin-Young endlich drangeht. Sie muss doch auf meinen Anruf warten. Dann wird abgehoben.

»Sin-Young, was ist passiert?«

Meine Schwester antwortet: *»Ha-Young, Omma die, Omma not speak. Omma not see …«*

Mutter stirbt. Mutter spricht nicht mehr. Mutter sieht nichts mehr, übersetze ich mechanisch.

Ich höre meine Schwester am anderen Ende der Leitung bitterlich weinen und kann meine Tränen auch nicht länger zurückhalten. Und so weinen wir zusammen vielleicht ein, zwei Minuten.

»Ich will versuchen, so schnell wie möglich nach Korea zu kommen. Sobald ich weiß, wann ein Flug geht, melde ich mich«, sage ich schließlich, und wir verabschieden uns.

Sofort rufe ich Mama an und erzähle ihr von dem Telefonat.

»Am besten nimmst du noch heute Abend eine Maschine. Das kann jetzt sehr schnell gehen«, rät Mama.

»Du hast recht, wir gucken gleich im Internet nach einem Flug.« Ich schaue Bernhard an. Er streichelt mir über den Rücken und nickt.

»Macht das. Vielleicht bekommst du eine Nonstop-Verbindung nach Seoul.«

»Aber Mama, nonstop ist doch viel teurer als über Amsterdam oder Paris.«

»Das ist jetzt egal. Du musst sehen, dass du möglichst schnell nach Pohang kommst.«

Nachdem ich aufgelegt habe, nimmt mich Bernhard erst einmal in den Arm. »Anneli, willst du das wirklich? Willst du wirklich fliegen? Meinst du nicht, dass dich das zu sehr mitnimmt?«

Ich blicke ihn entgeistert an.

»Ich mach mir doch nur Sorgen um dich«, erklärt er jetzt mitfühlend.

»Ich möchte Omma noch einmal sehen. Vielleicht gibt es ihr ja noch ein bisschen Kraft.«

Bernhard hält mich ganz fest. Es tut gut, ihn zu spüren, zu wissen, dass ich nicht allein bin. Er hat verstanden, warum ich fliegen muss, und würde, wenn er könnte, sofort mitkommen.

Etwa eine Stunde später habe ich einen Platz in einem Flieger nach Seoul, Flughafen Inchon. Von dort werde ich dann mit dem Shuttlebus zum Gimpo-Airport fahren, um eine Maschine nach Pohang zu nehmen. Ich rufe jetzt noch einmal bei meiner Schwester an, damit sie Bescheid weiß und auch Omma ausrichten kann, dass ich morgen bei ihr sein werde.

Aber ich erreiche niemanden. Deshalb versuche ich es auf Ommas Handy. Vielleicht sind alle bei ihr.

Am anderen Ende der Leitung höre ich nur bitterliches Schluchzen.

»Omma, Ha-Young Korea«, sage ich. Mehr hätte ich in diesem Moment auch nicht herausgebracht, wenn meine Mutter fließend Englisch könnte.

»Ich bin es, Sin-Young«, erkenne ich plötzlich die Stimme meiner Schwester.

»Sin-Young, sag Omma, Ha-Young morgen in Korea.«

»Omma die, Omma die!«, ruft meine Schwester da wieder.

»Ja, aber ich komme morgen«, sage ich hilflos.

Sin-Youngs Ton wird plötzlich schärfer: »Nein, Ha-Young, Omma stirbt vor einer Stunde …«

Einen Moment lang hoffe ich, mich verhört zu haben. Dann nehme ich durch den Hörer einen leisen Trauergesang wahr. Ich verfluche dieses unzulängliche Englisch, mit dem sich meine koreanische Familie und ich verständigen.

Omma ist gestorben. Ich werde sie nicht mehr lebend sehen. Meine leibliche Mutter ist tot.

Wie konnte es jetzt auf einmal so schnell gehen?

Ich stehe unter Schock, kann nicht einmal weinen. »Sin-Young, morgen Ha-Young in Korea«, sage ich noch einmal schnell. *»Bye-bye.«*

Wie versteinert sitze ich, das Handy in der Hand, in Bernhards WG-Zimmer. In meinem Kopf herrscht Chaos, ich kann keinen einzigen klaren Gedanken fassen. Ich habe doch noch vor ein paar Tagen mit Omma telefoniert. Ja, sie klang sehr schwach, aber niemand, niemand hat nur ein Wort darüber verloren, dass es inzwischen so schlecht um sie stand.

Ich rufe noch einmal Mama an.

»Es ist zu spät. Sie ist vor einer Stunde gestorben«, berichte ich. »Dieses blöde Englisch! Sie können ja nicht in der Vergangenheit sprechen. Ich habe im ersten Moment gar nicht verstanden, dass Omma schon vor einer Stunde gestorben ist.« Es tut so furchtbar weh, es auszusprechen.

Diesmal kann mir meine Mama nicht helfen. Sie ist für mich da, hört mir zu, versucht, mich zu trösten, aber sie kann mir den Schmerz nicht abnehmen. Ich spüre, wie traurig auch sie ist.

Wir verabschieden uns, und erst jetzt steigen mir Tränen in die Augen. Im gleichen Moment gehen mir wieder tausend Gedanken durch den Kopf. Ich frage mich, ob ich zu lange gezögert habe. Seit dem letzten Wochenende quälte mich die Sehnsucht nach Omma. Als ob mir mein Bauch hätte sagen wollen: »Flieg rechtzeitig, sie brauchen dich. Omma möchte dich noch einmal sehen.«

Ich habe mir einfach nicht vorstellen können, dass Omma jetzt stirbt. Offenbar hatte meine leibliche Familie in den letzten Wochen keine genauen Angaben mehr über den Gesundheitszustand von Omma bekommen. Und wenn doch, haben sie die Wahrheit vielleicht verdrängt. Wer will schon hören, dass ein geliebter Mensch gehen muss?

Aber ich hätte es ahnen können. Ich weiß doch, dass es unwahrscheinlich ist, in diesem Krankheitsstadium noch lange am Leben zu bleiben …

Nach einer Dusche mache ich mich früher als nötig auf den Weg, um Bernhard an der Mensa zu treffen. Wir sind erst um 11.15 Uhr verabredet, aber ich halte es allein in der Wohnung keine Minute länger aus.

Ich fahre in die Stadt und gehe zur Mensa. Bernhard ist noch nicht da. Ich rufe meine Tante an.

»Hallo Schätzle, wie geht's dir? Bist du schon in Stuttgart?«

Wieder steigen Tränen in mir auf, und mit einem Kloß im Hals erzähle ich, was passiert ist und dass ich bereits am Abend nach Korea fliege.

»Das tut mir sehr leid, Anneli!« Ich höre, dass ihre Stimme ein wenig zittert. Sie hatte Omma als eine besonders herzliche Person kennen gelernt und sie auf Anhieb gemocht. »Kann ich irgendetwas für dich tun?«

»Nein, aber trotzdem danke.«

Dann wünscht sie mir alles Gute für die Reise. In der Ferne sehe ich Bernhard. Als er bei mir ist, kann ich die Tränenflut nicht mehr zurückhalten.

»Sie ist gestorben«, presse ich hervor.

Er drückt mich ganz fest an sich und streichelt mir über den Rücken. Ich erzähle ihm, dass ich noch einen Flug am Abend bekommen habe und dass ich vorher unbedingt noch einen schwarzen Rock kaufen müsse. Außerdem brauche ich Unterwäsche, denn ich habe ja nur ein paar Sachen fürs Wochenende bei Bernhard eingepackt. Diese praktischen Aufgaben bringen mich wieder auf den Boden zurück. Drei Stunden habe ich, um alles zu besorgen und zu packen.

Bernhard fragt nicht mehr, ob ich wirklich fliegen möchte. Er spürt, dass es das einzig Richtige ist. Dass in Korea meine Verwandten warten, mit denen ich meine Trauer teilen kann, die wissen sollen, dass ich mich als Teil der Familie fühle und mich gemeinsam mit ihnen von Omma verabschieden möchte.

Wir gehen gemeinsam in die Stadt. In der ersten Boutique probiere ich drei schwarze Röcke an, zwei davon gefallen mir. Nach einer halben Stunde habe ich auch ein passendes schwarzes Oberteil, und nach einer Stunde sind alle Einkäufe erledigt.

Bernhard und ich trinken in der WG noch einen Kaffee, ich packe den Trolley, und dann muss ich auch schon los, um den ICE zum Flughafen Frankfurt zu bekommen. Bernhard begleitet mich noch zum Bahnhof, drückt mich fest und wünscht mir ganz viel Kraft für die Zeit in Korea.

Auf der Zugfahrt fällt mir der Brief ein, an dem ich seit Wochen schreibe, den ich für Omma übersetzen lassen wollte und den sie jetzt niemals lesen wird. Hat sie gewusst, wie glücklich ich darüber war, dass wir uns gefunden haben? Hat sie erkannt, was es für mich bedeutet zu wissen, wo meine Wurzeln liegen, dass ich mich in gewisser Weise in ihr wiedererkenne?

Ach, was wird in Korea bloß auf mich zukommen?

Beerdigungen haben mir immer schon Angst gemacht. Wie wird es erst bei einem Begräbnis in Korea sein? Welche Bestattungsrituale haben Koreaner? Was erwartet meine Familie von mir? Werde ich dies erfüllen können? … Um mich abzulenken, schreibe ich ein paar SMS an meine engsten Freunde.

Nachdem der Zug in Frankfurt-Flughafen eingerollt ist, lasse ich mich von dem Menschenstrom mitziehen und gehe in Richtung Lufthansa-Check-in. Ich habe mich dort mit Mama verabredet, sie will mich noch einmal drücken vor dieser schweren Reise. Ich sehe mich nach ihr um, kann sie aber nirgends entdecken, also rufe ich sie an. Im selben Moment, als ich ihre Stimme durchs Handy höre, erblicke ich sie in der Schlange an der Abfertigung, wo sie sich für mich schon eingereiht hat. Ich wünschte, sie könnte mitkommen, aber zwei Flüge sind einfach viel zu teuer …

Als Mama mich in den Arm nimmt, möchte ich sie am liebsten nicht mehr loslassen.

Unter anderen Umständen würden wir uns in ein Café setzen, aber wir haben weder Appetit noch wollen wir einen

Kaffee trinken – Mama ist Ommas Tod ebenso auf den Magen geschlagen wie mir. Mir fällt ein, dass ich noch kein Geschenk zur Geburt meiner Nichte besorgt habe, und wir erledigen das in einem der zahlreichen Geschäfte.

Als etwas später das Boarding beginnt, müssen wir uns verabschieden. Ich sehe Mama an, dass sie mich nur ungern allein in den Flieger steigen lässt. Bevor ich losmuss, steckt sie mir einen Brief zu und flüstert: »Ich denk an dich.« Dann drücken wir uns noch einmal.

Meine liebe Anneli,
wie gern würde ich dich jetzt auf dieser schweren Reise ins ferne Korea begleiten. Es tut mir so sehr leid, dass du deine Omma nicht noch besuchen und in den Arm nehmen konntest. Vielleicht findest du in einem stillen Moment die Gelegenheit, dich in Gedanken von ihr so zu verabschieden, dass dich der verpasste Moment nicht mehr quälen muss. Omma liebte dich und ihr Lächeln wird dich immer begleiten.
Wenn man einen geliebten Menschen verliert und trauert, hilft es, mit nahen Menschen zusammen zu sein, mit ihnen zu sprechen. Ich hoffe sehr, dass du in deiner leiblichen Familie genug Halt findest. So wie ich alle kennen gelernt habe, brauche ich mich aber sicher nicht um dich sorgen. Und wenn du doch einmal jemanden zum Sprechen vermisst, dann rufe uns an. Jederzeit. Du weißt, wir sind immer für dich da und lieben dich von ganzem Herzen.
Lieber Schatz, ich werde in Gedanken jede Minute bei dir sein, ich umarme dich und deine Geschwister sowie deinen Appa und halte euch ganz fest.
In Liebe, deine Mama

Nach neuneinhalb Stunden ist das Flugzeug kurz vor Seoul. Es ist 13.30 Uhr Ortszeit. Nach der Landung hole ich mein Gepäck und verlasse das Flughafengebäude. Ein leichter Wind bläst mir ins Gesicht. Das tut gut! Es ist wärmer als bei uns. Ich schließe die Augen und halte mein Gesicht kurz wie zum Krafttanken in die Sonne, dann suche ich den Shuttlebus, kaufe ein Ticket, verstaue mein Gepäck und setze mich neben eine junge Stewardess.

Während der Fahrt zieht sich mein Magen unangenehm zusammen. Diese Strecke bin ich jetzt schon so viele Male gefahren. Links und rechts das Meer, vertraute Bilder. Gleich werde ich an dem kleinen Inlandsflughafen Gimpo einchecken und eine gute halbe Stunde später in Pohang eintreffen.

Doch dieses Mal wird Omma nicht hinter der Glasscheibe stehen und mir freudig zuwinken. Ich werde sie auch in keinem Krankenhaus besuchen, wo sie auf ihrem Bett sitzt, sich etwas zurechtgemacht hat und mich anstrahlt. Ich kann mir gar nicht vorstellen, hier zu landen und keine freudigen Gesichter zu sehen. Omma war das Herz ihrer Familie und ist nun nicht mehr da. Wer wird mich am Flughafen abholen? Wo ist meine Familie jetzt? Wo ist Omma?

Zwei Stunden vor Abflug erreicht der Bus den Gimpo-Airport. In einer Kaffeebar entdecke ich einen Computer mit Internetzugang. Dann kann ich kurz meine E-Mails checken und versuche dann, mich noch über Beerdigungsrituale in Korea zu informieren. Ich lese zwei kurze Artikel, kann mich aber nicht richtig konzentrieren und schalte, um die Uhrzeit im Blick zu haben, mein Handy ein. Als das Display plötzlich eine Verbindung zeigt, wundere ich mich. Mein neues Handy muss über einen zusätzlichen Netzzugang verfügen. Das ist gut, das gibt mir die Möglichkeit, erreichbar zu sein. Von der nächsten Telefonzelle aus möchte ich allen Bescheid geben, dass sie mir jederzeit eine SMS schreiben können. Doch ich bekomme keine Verbindung.

Kurzentschlossen tippe ich auf dem Handy die Rufnummer meiner Eltern ein und freue mich, als meine Mutter sogleich abhebt.

Mama sagt mir, dass Jie-Oun und Kum-Hwa am Flughafen seien und mich suchten, sie hätten sie wenige Minuten zuvor angerufen. Und tatsächlich finden wir uns nach dem Einchecken im Wartebereich. Wir haben nur wenige Minuten Zeit, miteinander zu sprechen, und ich sage, dass ich Angst vor dem hätte, was mich in Pohang erwarte, da ich ja nicht wisse, wie eine koreanische Beerdigung ablaufe. Sie sind bemüht, mich zu beruhigen, es sei sicher nicht viel anders als in Deutschland … Und dann muss ich auch schon zur Maschine gehen.

In meinem Kopf laufen die Bilder von meiner letzten Ankunft wie in einem Film an mir vorüber. Ich sehe noch einmal meine schwangere Schwester im Sommerkleidchen vor mir, direkt neben ihr steht Omma, die freudig winkt …

Mein Herz krampft sich nach der Landung immer mehr zusammen.

Ich lasse meinen Blick über das Grüppchen Angehöriger schweifen, die die anderen Fluggäste erwarten, und entdecke meinen Schwager Ulsan-*man*. Das reißt mich aus den trüben Gedanken. Er trägt einen schwarzen Anzug, begrüßt mich in gebrochenem Englisch und nimmt mit einem traurigen Blick mein Gepäck. Mit gesenktem Kopf eile ich hinter ihm her zu seinem Wagen. Wohin er mich wohl bringen wird?

Obwohl es am frühen Abend nicht viel Verkehr gibt, kommen wir nur langsam voran. Beinahe jede Ampel zeigt Rot. Mein Schwager und ich wechseln nur wenige Worte. Er sagt mir wie zur Beruhigung, dass Omma schnell gestorben sei. Dann erwähnt er zweimal, dass ich nicht erschrecken solle vor dem, was ich gleich zu sehen bekäme. Es sei koreanische Tradition.

Ich bedanke mich für den Hinweis, frage mich jedoch gleichzeitig, was er wohl meint. Die beiden Artikel, die ich über die hiesigen Beerdigungsrituale überflogen habe, klangen befremdlich, aber nicht schockierend.

Ich blicke durchs Seitenfenster auf den Fluss, dessen Wasser im Dämmerlicht wie ein schwerer grauer Teppich daliegt. Nachdem wir ihn und etliche Kreuzungen überquert haben, kommen wir in eine Gegend, die mir vertrauter vorkommt. Rechts erkenne ich das große Kaufhaus Lotte wieder. »Wir sind da«, sagt Ulsan-*man*, und mir schnürt sich die Kehle zu.

Ich erkenne vor uns das Krankenhausgebäude, und im selben Moment lenkt er den Wagen an den Straßenrand und parkt.

Schnell gehen wir die steile Einfahrt hinab in den Keller des Krankenhauses. Ulsan-*man* schiebt mich durch den langen Gang, bis ich auf einmal die Köpfe meiner Schwestern entdecke. Sie blicken aus einem kleinen, abgetrennten Raum heraus in den Flur.

Nachdem Ulsan-*man* und ich die Schuhe ausgezogen und in das Regal an der Wand gestellt haben, fallen So-Hyeun, Sin-Young und ich uns endlich in die Arme. Minutenlang müssen wir erst einmal weinen. Als wir uns etwas beruhigt haben, nehme ich wie durch einen Schleier die schwarzen Trauertrachten wahr, die meine Schwestern tragen. Und schon ergreifen die beiden meine Hände und ziehen mich in den kleinen Raum, aus dem sie herausgetreten waren. Dort steht ein Altar mit einem Bild von unserer Mutter. Um das Bild herum sind Blumen dekoriert. Zwei große Kerzen, eine Bibel und ein Behälter mit Räucherkerzen stehen neben dem Bild. In einem Eimer auf dem Boden stecken einzelne weiße Blumen, und aus einem kleinen Kassettenrecorder neben dem Altar ertönt Kirchenmusik. Ich spüre, wie sich wieder dieser dicke Kloß in meinem Hals bildet. Ich wünschte, das alles wäre ein böser Traum, aus dem ich gleich aufwache.

Ich habe nicht viel Zeit, mich umzusehen, denn Sin-Young führt mich gleich weiter in einen anderen Raum. Dort liegt eine koreanische Trauertracht mit weiß gesäumtem Kragen für mich bereit, die ich mit Sin-Youngs Hilfe rasch überziehe. Sie steckt mir eine Nadel in mein Haar, an der eine weiße Schleife befestigt ist. Danach bringt meine Schwester mich zu einer höheren Ebene, die von dem Flur abgeht, wo Appa, Uh-Chan, Verwandte und Freunde der Familie, viele aus der Gemeinde meiner Eltern, zusammensitzen. Jeder Einzelne begrüßt mich, spricht mit mir Koreanisch, aber ich verstehe ja nichts. Alle weinen, und auch ich lasse die Tränen laufen. Appa sieht abgemagert, blass und völlig übermüdet aus.

Als ich frage, warum denn die beiden Großmütter nicht da sind, erklärt So-Hyeun: »Daegu und Gyeongju Halmôni sind so alt. Würden das nicht verkraften. Ist zu anstrengend.«

Nach der Begrüßung führen mich meine Schwestern zurück in den Altarraum, wo ich mir eine Blume aus dem Eimer aussuchen und sie auf den Altar legen darf. Wir setzen uns auf den Boden und halten uns an den Händen. So möchte ich am liebsten für eine Weile ruhig sitzen bleiben. Es sind so viele Eindrücke und Gefühle in mir. Doch alle paar Minuten kommen neue Trauergäste. Sie betreten den Altarraum, nehmen entweder eine Blume oder zünden ein Räucherstäbchen an, knien sich dann vor den Altar und verbeugen sich zweimal. Zunächst gehen sie dabei in die Hocke, knien sich dann vollständig auf den Boden, lehnen danach den Oberkörper vor und küssen gewissermaßen den Boden. Dann stellt sich die Trauerfamilie dem Trauergast gegenüber auf, und man verbeugt sich voreinander.

Im Anschluss an diese Geste ziehen die Gäste nacheinander weiße Umschläge hervor und stecken sie beim Verlassen des Altarraums in einen Schlitz in einem Schreibtisch, der am Eingang steht. »Geld von Familie für Beerdigung und Grab von Omma«, erklärt mir meine Schwester leise. Befremdet beobachte ich, wie meine Schwestern jedes Mal in dem Schreibtisch nachsehen, wie viel Geld die Person hinterlassen hat.

Obwohl ich Teil dieser Familie bin, fühle ich mich wie eine Fremde. Mir sind die Rituale und Gepflogenheiten einfach nicht vertraut.

Mein Bruder Uh-Chan erzählt mit leiser Stimme, dass er am vorangegangenen Nachmittag so schnell wie möglich von Seoul nach Pohang gefahren und dass Omma eine halbe Stunde vor seinem Eintreffen gestorben sei. Er tut mir unglaublich leid, und ich kann nur erahnen, wie schmerzhaft es für ihn sein muss, seine Mama nicht noch einmal lebend gesehen zu haben. Ich selbst bin schon so unglücklich darüber, wie muss es erst für ihn sein?

Vor uns läuft unser Vater unruhig auf und ab.

Ich möchte sie alle so gern trösten, aber ich stehe wie versteinert da und kann nichts tun. Am liebsten würde ich mich mit meiner Familie zurückziehen.

Mein Blick fällt auf So-Hyeun, die vor dem Bild unserer Mutter steht. Sie sagt in einem klagenden Ton etwas auf Koreanisch. Plötzlich schreit sie auf und beginnt laut zu weinen. Drei unserer vier Onkel, die ebenfalls in Nähe des Altars stehen, halten sie jetzt fest und sprechen sehr ernst, beinahe energisch mit ihr. Keiner von ihnen versucht, mir zu erklären, was los ist.

Nach einer Weile wird mir verständlich gemacht, dass die Familie nun gemeinsam zu Omma gehen wird. Mir ist unwohl bei dem Gedanken, ich vermute, dass sie entweder noch im Krankenhausbett oder vielleicht schon zurechtgemacht in einer kleinen Kapelle aufgebahrt liegt.

Gemeinsam mit meinen Schwestern betrete ich als eine der Ersten den Raum, der vielleicht vier Meter lang und drei Meter breit ist und der mir eher wie eine Rumpelkammer als wie eine Kapelle vorkommt. Er liegt am Ende eines langen Gangs nahe dem Leichenkeller. Auf einer der Längsseiten des Raums ist eine große Glasscheibe, durch die ich auf einen Lamellenvorhang blicke, wie man ihn in Deutschland aus manchen Arztpraxen kennt. In einem Holzregal hinter uns sind verschiedene Kleidungsstücke wie zum Verkauf ausgestellt. Ich habe solch einen Raum noch nie zuvor gesehen.

Meine Schwestern und eine meiner Tanten stellen sich ganz nah an die Glasscheibe und fangen an zu weinen. Sie wollen, dass ich mich zu ihnen geselle. Doch weil ich nicht weiß, was auf mich zukommt, bleibe ich lieber hinter ihnen, in zweiter Reihe stehen. Unvermittelt beginnen die Frauen jetzt mit ihren Händen gegen die Scheibe zu trommeln. So-Hyeun und Sin-Young rufen in klagendem Ton: »Omma! Omma! Omma!« So-Hyeun schreit ein paarmal wie vor Schmerzen auf und ruft jetzt noch lauter: »Omma!«

Erst als auch einige der anwesenden Männer gegen die Scheibe schlagen, öffnet sich der Lamellenvorhang und gibt den Blick auf einen Rolltisch aus Metall frei, wie ich ihn nur aus der Pathologie in Kriminalfilmen kenne. Auf diesem Tisch liegt unsere Mutter, zugedeckt mit einem weißen Tuch. Neben dem Tisch stehen zwei grobschlächtige Männer in Trainingsanzügen. Denen möchte ich im Dunkeln nicht allein auf der Straße begegnen. Was machen diese Kerle da? Was geht hier vor? Ich bekomme für einen kurzen Moment kaum Luft und muss mich stark zusammenreißen, um nicht einfach wegzulaufen. Hilflos lasse ich meinen Blick durch den Raum wandern. Ein Kellerraum, kalt und nicht einmal besonders sauber. An der Wand hängen übergroße Kämme.

Ich zucke zusammen, als die Männer unvermittelt das Tuch von Ommas Leichnam ziehen. Aufschreie hallen durch den Raum, alle weinen, und meine Schwestern wollen gar nicht mehr aufhören zu schreien und trommeln unentwegt gegen die Glasscheibe. Ich aber kann meinem Entsetzen keinen Ausdruck geben und stehe nur stumm da. Omma liegt fast nackt vor uns, direkt auf dem kalten Metall des Tisches, lediglich drei kleine Tücher über dem Busen, dem Geschlecht und dem Gesicht bedecken sie.

Ich bin unfähig, mich auch nur einen Millimeter zu bewegen oder einen Laut von mir zu geben.

Ich sehe, wie die Männer nach den Armen und Beinen des Leichnams greifen und beginnen, ihn zu waschen. Über die rituelle Leichenwaschung habe ich in einem Artikel etwas gelesen, aber ich habe nicht gedacht, dass dieses Bestattungsritual vor den Augen der Familie und zudem von solchen Typen vollzogen wird. Ich sehe mit an, wie lieblos, für meine Begriffe brutal, diese Waschung vor sich geht, und es bricht mir fast das Herz. Die gewaschenen Gliedmaßen lassen die Kerle förmlich fallen. Auf einmal verrutscht das Tuch über dem Kopf des Leichnams und gibt den Blick auf das Gesicht frei. Ich kann kaum hinsehen. Es ist furchtbar! Es war für mich schon schlimm genug, den toten Körper unserer Mutter eindeutig an den Händen, den Füßen und Armen zu erkennen, aber das Gesicht ist zu viel für mich.

Ich trete noch weiter von der Scheibe zurück und finde mich plötzlich neben Appa wieder, dem die Tränen ohne Ende über die Wangen laufen. Ich versuche, ihn zu trösten, mich dabei selbst von dem abzulenken, was hinter der Scheibe vor sich geht. Ich streichele ihm über den Rücken und nehme erst jetzt sein leises Schluchzen wahr, das durch die lauten Klageschreie kaum zu hören ist.

Als ich meinen Blick wieder nach vorn richte, sehe ich, dass die Männer zwei große weiße Socken in den Händen halten. Nachdem sie sie über die Füße des Leichnams gezogen haben, beginnen sie, Ommas reglosem Leib einen weißen Totenhanbok überzustülpen. Sie versuchen, das Hauptkleid, das praktisch einem zwei bis drei Meter langen Baumwolltuch entspricht und an dem zwei Armschlaufen, ähnlich wie bei einem Unterkleid, angebracht sind, um sie herumzulegen.

Ich wende meinen Blick ab, doch als der nächste laute Schrei zu hören ist, muss auch ich wieder hinschauen. Während sich die Männer bemühen, die Jacke, die zu dem Hanbok gehört, unter Ommas Oberkörper herzuziehen und ihn dafür hochheben, hängt ihr Kopf leblos herab und ihr Gesicht wendet sich uns zu. Ich bin fassungslos. Mir wird schlagartig übel, und mein Herz krampft sich zusammen. Jetzt möchte ich »Aufhören!« brüllen, stattdessen schreien sich meine Schwestern und Tanten immer mehr in eine Art Rauschzustand hinein. Sie pressen ihre Gesichter gegen das Glas, das von ihrem Atem beschlägt.

Wie bei einer Mumie wird der Leichnam meiner Mutter an Füßen, Bauch und Oberkörper mit breiten Stoffbändern geschnürt. Mit einem der großen Plastikkämme bürstet einer der Männer ihr lieblos das Haar. Ich kann nicht fassen, dass man so mit einem toten Menschen umgeht. Ich begreife auch nicht, dass mein Vater nicht längst zu den Männern gelaufen ist, um ihnen zu befehlen, dass sie den Leichnam sofort loslassen sollen. Warum kann Appa nicht sagen, dass er das Anziehen mit der Familie gern selbst übernehmen will? Denn auch ihm steht ins Gesicht geschrieben, wie weh es ihm tut, dem Ritual zuzuschauen.

Als das Klagen seinen Höhepunkt erreicht hat, werden wir von den Männern aufgefordert, an den Leichnam heranzutreten, und meine Geschwister stürzen auch gleich durch eine versteckte Tür hinüber. Ich bleibe wie angewurzelt stehen und beobachte, wie sie sich ganz dicht über das Gesicht unserer toten Mutter beugen.

Ich kann das nicht. Ich will das nicht. In mir sträubt sich

alles. Ich möchte nur noch weg. Die Tränen strömen über mein Gesicht, und endlich schaffe ich es, mich aus meiner Starre zu lösen. Ich stürze aus dem Raum.

Draußen auf dem Flur ringe ich panisch nach Luft. Dann haste ich ans Ende des Ganges und suche in meiner Tasche nach dem Handy. Als ich es endlich zu greifen bekomme, versuche ich zuerst, Bernhard zu erreichen. Zitternd wähle ich die Nummer mit der deutschen Vorwahl. Es klingelt und klingelt. Bernhard hebt nicht ab. Also wähle ich die Nummer von Mama und Papa. Ich bete, dass sie zu Hause sind. Erleichtert höre ich Mamas Stimme. Ich kann in den ersten Sekunden vor Weinen nicht sprechen, aber dann erzähle ich schluchzend, was ich habe mit ansehen müssen.

»Ich will hier weg! Ich will nach Hause!«, sage ich verzweifelt.

Mama ist bemüht, mich zu beruhigen. »Wenn es dir zu viel wird, dann zieh dich einfach zurück«, rät sie mir.

»Das geht nicht!«, entgegne ich, spüre aber, dass mir das Gespräch ein wenig hilft, ruhiger zu werden.

»Sie möchten, dass ich an allem teilnehme, ich gehöre doch zu ihnen«, erkläre ich meine Lage.

Und während ich das sage, sehe ich Appa auf mich zukommen.

»Mama, ich muss Schluss machen! Ich melde mich wieder.«

Appa kommt in schnellen Schritten, um mich zu holen. Ich gehe natürlich mit ihm, fürchte aber, dass er mich jetzt zwingt, mich ebenfalls direkt neben meine tote Mutter zu stellen. Ich kann das einfach nicht. Ich habe ehrlich gesagt riesige Angst vor einer Leiche, habe Angst, dass sie riecht, dass ich dieses Bild des Leichnams nie wieder aus dem Kopf bekomme. Doch in dem Raum, in dem eben noch Ommas Leichnam lag, steht jetzt ein einfacher Holzsarg. Er ist zum Teil abgedeckt, und an der Seite sind koreanische Schriftzeichen eingraviert, der Name meiner leiblichen Mutter, wie ich vermute. Dicht gedrängt hat sich die Trauergemeinde um den Sarg versammelt. Ein Pfarrer steht neben meinen Geschwistern, und Appa gesellt sich zu ihnen. Ich stelle mich in die zweite Reihe, neben Ulsan-*man*. Er stützt So-Hyeun von hinten.

Abwechselnd spricht der Pfarrer und die Gemeinde singt. Und wieder beginnen meine Geschwister laut zu weinen. Auch Uh-Chan schreit plötzlich laut auf, als hätte er jetzt erst verstanden, dass unsere Mutter nie mehr zurückkommt. Er schluchzt, krallt sich an dem Sarg fest, und es tut mir im Herzen weh, ihn so zu sehen. Zwischen dem Weinen ruft er immer wieder: »Omma, Omma …!« Sein Gesicht ist völlig verheult, er hat einen hochroten Kopf, und ich habe Angst, dass er vor lauter Kummer auf der Stelle zusammenbrechen könnte.

Ich bin schrecklich hilflos – und ich komme mir plötzlich wie ein Kind zweiter Klasse vor. Sie war ja auch meine Mutter, auch wenn ich nicht mit ihr aufgewachsen bin. Meine Geschwister hatten sie ihr ganzes Leben lang, sie wurden von ihr getröstet, wenn sie traurig waren, wurden umsorgt, wenn sie krank waren, und kannten sie in- und auswendig. Ich habe mich noch nicht einmal mit ihr richtig über unsere Trennung unterhalten können.

Ich habe den Eindruck, dass ich diese große Trauer meiner Geschwister nicht teilen, dass ich gar nicht nachempfinden kann, wie tief ihr Schmerz reicht, und fühle mich in diesem Augenblick wie eine Außenstehende.

Als bei diesem Gedanken eine neue Tränenflut in mir aufsteigt, sehe ich auf einmal Omma wieder vor mir, wie sie mich anlächelt. Ich stelle mir vor, wie ich noch einmal über ihr kurzes, nachwachsendes Haar streichle. Es fühlte sich ganz weich an! Die Vorstellung tröstet mich.

Nach der Predigt gehen wir in den Altarraum. Draußen ist in der Zwischenzeit ein großes Buffet mit kalten und warmen Speisen aufgebaut worden. Appa bittet mich zu essen. Ich habe zwar keinen Appetit, hole mir aber ein paar von den Mandarinen, die auf einem Teller aufgetürmt sind. Als ich das erste Mal Mandarinen in Korea gesehen habe, war ich erstaunt, dass diese Zitrusfrüchte hierher exportiert werden, aber dann erklärte mir jemand, dass sie sogar auf der koreanischen Insel Cheju wachsen. Deshalb heißen sie auch Cheju-Orangen. Sie genügen mir nun völlig. Ich kann jetzt unmöglich etwas Warmes essen.

Meine Schwestern und ich setzen uns an den Rand des Raumes und wickeln unsere Beine und Füße in Decken, die wie so oft in Korea bereitliegen, falls die Fußbodenheizung einmal nicht ausreicht. Immer noch kommen neue Trauergäste. Ich versuche, ein wenig abzuschalten, und beobachte das Treiben wie aus der Ferne.

Ich sehne mich nach Bernhard, würde jetzt gern in den Arm genommen werden. Wenn er hier wäre, könnte ich mit ihm über all diese fremden Rituale sprechen.

Aber ich habe niemanden zum Unterhalten. Für alle, die an dieser Trauerzeremonie teilnehmen, gehören diese Rituale zu ihrer Kultur. Sie empfinden die Leichenwaschung vielleicht völlig anders, und selbst wenn sie grob ist, nehmen sie sie als traditionelle Handlung hin. Ich hingegen kenne von den wenigen Beerdigungen, an denen ich teilgenommen habe, andere Rituale, die mir persönlich würdevoller erscheinen. Ich fühle mich mit der koreanischen Art, Trauer auszudrücken und die Bestattung zu begehen, wie ich es gerade erlebe, schlichtweg überfordert.

Meine älteste Schwester holt ein Heft und beginnt darin einzutragen, von wem sie wie viel Geld bekommen haben. Ich kann nicht nachvollziehen, wie man vor dem Traueraltar Geld zählen kann. Meine Schwester bemerkt meinen fragenden Blick und erklärt mir, dass Beerdigungen in Korea sehr viel kosten und alles direkt bezahlt werden muss.

Ich nicke zögerlich.

Wie bei Hochzeiten beteiligen sich die Gäste auch bei einer Beerdigung an den Kosten und schenken Geld. Es wird auch deshalb genau aufgeschrieben, wie viel Geld von wem überreicht wurde, damit man sich gegebenenfalls mit dem gleichen Betrag revanchieren kann. Eine Art zinsloses Darlehen von Freunden und Verwandten, denke ich.

Ich sitze also mit meinen Schwestern da, während sie die Scheine zählen und die Beträge aufschreiben und addieren. Die Fußbodenheizung verströmt unterdessen eine angenehme Wärme, und ich spüre, wie ich müde werde und meine Gedanken in einen Traum übergehen. Ich nicke vor Erschöpfung ein und schrecke hoch, als mir eine Decke über den Kopf gelegt wird. Meine Schwester wollte es mir wegen des hellen Deckenlichtes »gemütlich« machen, doch ich hatte das Gefühl, ein Leichentuch würde über mir ausgebreitet, so wie ich es wenige Stunden zuvor bei Ommas Leichnam gesehen habe. Meine Schwester zuckt auch zusammen, als sie merkt, welchen Schrecken sie mir eingejagt hat.

Nachdem ich mir die Müdigkeit aus den Augen gerieben und mich aufgesetzt habe, beginnen meine Schwestern, mir ausführlich zu erzählen, wie Omma gestorben ist. »So plötzlich«, sagen sie immer wieder auf Englisch. Auch sie können es einfach nicht fassen, dass unsere Mutter tot ist. »Haben gesagt, Ha-Young kommt. Hilft uns«, sagt So-Hyeun und betont dann noch, dass Omma wirklich sehr glücklich darüber gewesen sei und sich schon auf mich gefreut habe.

Sie erzählt mit belegter Stimme, dass sie am Donnerstagabend noch alle bei ihr im Krankenhaus gewesen seien. Omma habe zum ersten Mal ihre Enkeltochter gesehen und sei sehr gerührt gewesen. Zu So-Hyeuns Kummer habe die Kleine geschlafen und die Augen nicht aufgemacht. Sie scheint sehr betroffen zu sein, weil unsere Mutter ihre Enkelin nun niemals wach gesehen hat.

Sin-Young legt ihr tröstend die Hand auf die Schulter und übernimmt es weiterzuerzählen.

»Ich bringe Freitagmorgen noch ein warmes Frühstück ins Krankenhaus – wie immer«, berichtet sie. »Omma hat davon gegessen und ungefähr um 7.00 Uhr gesagt, ich soll mich beeilen, damit ich nicht zu spät zur Arbeit komme. Daraufhin verabschiede ich mich.«

Kurz nachdem sie gegangen sei, habe meine Mutter zu meinem Vater gesagt, dass sie so schlecht Luft bekomme. Daraufhin habe dieser nach der Krankenschwester gerufen, die der Mutter eine Sauerstoffmaske aufgesetzt habe, die sie sonst strikt ablehnte. Immer wieder habe sich Omma auf die Brust geklopft, und sie habe stark geschwitzt.

Sie muss sehr schlecht ausgesehen haben, denn gegen 10.00 Uhr rief unser Vater meine Geschwister an. Als Sin-Young wieder im Krankenhaus ankam, saß meine Mutter aufrecht mit der Sauerstoffmaske im Bett, dessen Rückenlehne wie immer senkrecht stand. Omma hatte zwar die Augen geöffnet, reagierte aber nicht mehr. Irgendwann schloss die Krankenschwester meine Mutter an eine Maschine an, um den Herzschlag zu beobachten.

Der Arzt sagte dann zu meinem Vater, dass der Zustand meiner Mutter sehr, sehr schlecht sei. Trotzdem schien er es nicht so verstanden zu haben, als liege sie im Sterben. Doch der Arzt riet meinem Vater dringend, die Freunde von Omma zu rufen. Das tat er, und daraufhin kamen viele Freunde aus der Gemeinde, die schließlich alle im Krankenzimmer um das Bett herum standen. Sin-Young, So-Hyeun und Appa streichelten meine Mutter und wichen keine Sekunde von ihrer Seite.

Irgendwann erklärte die Krankenschwester, meine Mutter

solle nun entspannen, und brachte die Lehne des Bettes in die Waagerechte. Innerhalb von fünf Sekunden, so erzählen meine Schwestern beinahe wütend, habe die Herzmaschine angezeigt, dass das Herz unserer Mutter aufgehört habe zu schlagen. Das Bett hätte nach ihrer Ansicht nicht verstellt werden dürfen, weil Omma nur im Sitzen Luft bekam.

»Kurz vor dem Tod sind zwei Tränen aus ihren Augen gelaufen«, sagt So-Hyeun, und ihre Stimme ist jetzt ganz weich.

Sin-Young ergänzt: »Omma hat deshalb zwei Tränen vergossen, weil sie gespürt hat, dass sie keine Luft mehr bekommt. Sie wollte uns sagen, dass sie traurig ist, weil sie Uh-Chan und dich nicht mehr sehen durfte.«

Ein leises Weinen schüttelt mich nach diesen Worten.

Es ist längst Mitternacht, ich bin erschöpft und sehne mich nach Ruhe: »Sin-Young, wann fahren wir denn nach Hause?«

»Wir schlafen hier«, antwortet sie unbekümmert.

»Hier? In der Leichenhalle?«

»Wir möchten bei Omma sein. Omma möchte nicht allein sein«, fügt Sin-Young hinzu.

Dagegen kann ich schlecht etwas sagen.

»Außerdem müssen wir morgen sehr früh zur Beerdigung in die Berge.«

Ich nicke bloß müde.

Dann erkundige ich mich bei So-Hyeun: »Wo ist denn eigentlich deine Tochter?«

»Meine Schwiegermutter kümmert sich um sie, ist gut versorgt.«

Kurz darauf gehen Sin-Young und ich ins Hauptgebäude des Krankenhauses, wo sich eine Toilette befindet.

Anschließend will meine Schwester mir für das Frühstück am nächsten Morgen Joghurt und Brot kaufen, aber ich sage ihr, dass mir ein paar Cheju-Orangen reichen, die noch auf dem Buffet-Tisch liegen.

Aber Sin-Young lässt nicht locker und geht mit mir in den nächsten kleinen Supermarkt in der Nähe des Krankenhauses. Sie erzählt mir, dass Omma noch am Donnerstag sehr hungrig gewesen sei und gut gegessen habe. »Omma schläft nur«, sagt sie leise. »Ich kann nicht glauben, dass sie tot ist.«

Ich nehme meine Schwester fest in den Arm, dann gehen wir zurück zu den Kellerräumen.

Als ich vor dem Schlafen meinen Hanbok ausziehe, sehen mich So-Hyeun und Sin-Young zwar seltsam an, aber ich ignoriere den Blick. Wenn ich schon hier auf dem harten Boden schlafen soll, dann wenigstens ohne diese unbequeme Tracht. Meine Schwestern legen sich in ihrer Trauerkleidung schlafen.

Als ich trotz Fußbodenheizung und Decke frierend daliege und frage, ob wir denn nicht das Licht ausmachen, antwortet Sin-Young: »Nein, Omma mochte es nicht dunkel haben.«

Und so drehe ich mich von links nach rechts, während von nebenan das Schnarchen meiner Onkel dringt. Nach einiger Zeit stehe ich auf und hole mir im Nachbarraum etwas zu trinken. Dort liegen meine Onkel ohne Decke auf dem nackten Boden und – ich muss zweimal hinsehen – unter ihren Köpfen aufgestellte Toilettenpapierrollen als Kissenersatz. Ich staune. Wie kann man so schlafen?

Sie können. Und sie schnarchen und schnarchen. Doch nicht nur das laute Schnarchen hält mich vom Einschlafen ab. Das monotone brummende Geräusch der Leichenkühltruhen ist nicht zu überhören, sodass Bernhard es sogar durch das Handy wahrnimmt, als ich mit ihm telefoniere. Es tut gut, ihm alles zu erzählen, und er tröstet mich.

Nachdem ich aufgelegt habe, holen mich immer wieder die Bilder von der Leichenwaschung ein, und ich schalte schließlich meinen MP3-Player ein, um mich abzulenken.

In dieser Nacht mache ich kein Auge zu.

Als ein Onkel um 6.00 Uhr morgens zum Wecken hereinkommt, erhebe ich mich völlig erschöpft. Sin-Young begleitet mich ins Hauptgebäude zu einer sparsamen Morgentoilette.

Kaum sind wir wieder in den Kellerräumen angekommen, höre ich Ommas ältesten Bruder schimpfen. Er will offenbar von meinen Schwestern wissen, warum ich die Trauertracht ausgezogen habe. Meine Schwestern erklären ihm, dass ich die Tracht nur zum Schlafen abgelegt hätte.

Also ziehe ich sie wieder an, obwohl mich die Zurechtweisung meines Onkels ärgert.

Dieses Mal hilft mir So-Hyeun dabei. Sie macht es ebenso flink wie Sin-Young. Ich bewundere das Geschick der beiden jedes Mal, wenn sie mir in eine Tracht helfen.

Bald darauf beginnt das große Aufräumen.

Die Männer tragen die Wasser- und Bierkästen zu dem kleinen Reisebus vor der Kellerzufahrt. Wir Frauen nehmen die leichteren Gegenstände. Der Bus und die anderen Autos sind mit schwarzen Bändern gekennzeichnet, sie reichen vom Ende der Stoßstange bis über die Windschutzscheibe des jeweiligen Wagens.

Während alle hektisch Sachen zusammenräumen, stellt sich So-Hyeun vor das Foto unserer Mutter auf dem Altar und spricht zu ihr.

Auf dem Foto lächelt Omma, es stammt wohl noch aus der Zeit, als sie gesund war. Sin-Young erklärt mir, dass das Bild ein Ausschnitt von dem Familienfoto sei, das wir am letzten Tag meines ersten Aufenthalts in Pohang im Studio gemacht hätten. Und tatsächlich, jetzt, als sie es sagt, erkenne ich die Aufnahme wieder. Sie wurde so bearbeitet, dass es aussieht, als trage Omma einen grünen Hanbok. Ob die Farbe Grün toten Menschen vorbehalten ist? Oder ob sie vielleicht für Erlösung steht?

Mir bleibt keine Zeit, solche Fragen zu stellen, denn

schon treibt uns ein Onkel zum Mithelfen an, und ein anderer räumt flink die Blumen und das Bild vom Altar.

Gemeinsam mit meinen Schwestern gehe ich in Richtung Ausgang, wo auf einer leicht erhöhten Ebene der Sarg aufgestellt ist. Er ist mit einem schwarzen Samttuch bedeckt.

Mehrere Verwandte und Gemeindemitglieder haben sich für eine letzte Andacht im Halbkreis um den Sarg herum angeordnet, an dessen Fußende der Pfarrer steht. Meine Geschwister und ich begeben uns zu Appa an das Kopfende des Sarges, und der Pfarrer spricht ein paar Worte. Alle singen gemeinsam.

Im Anschluss daran heben die Männer den Sarg hoch und tragen ihn zum Bus. Ich traue meinen Augen nicht, als der Sarg tatsächlich unten in das Gepäckfach des Busses geschoben wird. Ich hatte erwartet, dass es für den Sarg sicher ein besonderes Bestattungsfahrzeug geben würde. Ob das Fach wenigstens besonders gepolstert ist?

Sin-Young stößt mich an und bedeutet mir, mich in den Bus zu setzen, was ich auch sogleich tue. Ich lasse mich in der ersten Sitzreihe nieder. Hinter mir nehmen So-Hyeun und Ulsan-*man* ihre Plätze ein, schräg hinter mir sitzen Uh-Chan und Sin-Young. Nur ein paar Tanten fahren ebenfalls mit uns im Bus. Die anderen Sitze bleiben leer. Mein Vater hat seinen Platz im geschmückten Jeep des Onkels. Sie fahren mit Warnlicht vor uns her, in Korea anscheinend ein zusätzliches Zeichen dafür, dass ein Trauerzug durch die Straßen rollt.

Wir fahren bei strahlendem Sonnenschein durch Pohang in Richtung Gebirge, vorbei an Geschäften, die um 8.00 Uhr morgens alle noch geschlossen sind. Es ist ein herrlicher Novembertag. Keine einzige Wolke ist am Himmel. Das Wetter passt so gar nicht zu meiner traurigen Stimmung. Der Gedanke, dass meine Mutter unter uns im Sarg liegt, lässt mich nicht los.

Ich höre die Stimmen meiner Geschwister, die sich auf Koreanisch unterhalten. Zu gern würde ich mit ihnen reden können. Wieder fühle ich mich sehr einsam, und die Traurigkeit wird noch größer. Schnell suche ich nach meinem Handy und rufe zu Hause bei Mama und Papa an. Kaum hat Papa abgenommen, kann ich nur noch weinen. Ich erzähle ihm von dem gestrigen Abend und der Nacht und meinem Bedürfnis, jetzt jemanden bei mir zu haben, und dass ich am liebsten schon am Nachmittag wieder zurückfliegen möchte. In diesem Moment legt So-Hyeun ihre warme Hand auf meine Schulter und streichelt mich. Papa versucht, mich zu ermutigen. Er meint, dass das Schlimmste doch jetzt sicher überstanden sei.

Ich wünsche es mir.

Nachdem ich aufgelegt habe, schlafe ich vor lauter Erschöpfung bald ein.

Ich wache erst wieder auf, als der Bus an einem abgemähten Feld stoppt und wir aussteigen sollen. Obwohl die Sonne vom Himmel strahlt, ist es draußen sehr kalt, und ich ziehe die Jacke eng um mich.

Nachdem die Getränke und Lebensmittel aufgebaut sind, hocken sich alle an den Feldrand und es wird gefrühstückt. Meine Schwestern und ich beginnen immer mehr zu frieren, sodass wir nah zusammenrücken.

»Omma mag Sonnenschein! Wunderschöner Tag!«, sagt Sin-Young. Sie schaut dabei traurig zu Boden.

Dann erzählt sie, dass sie mit Omma auch schon hier gewesen seien.

Weil wir nicht aufhören zu zittern, ziehen mich meine Schwestern zum Jeep des Onkels, und wir setzen uns hinein: Sin-Young vorn auf den Beifahrersitz, So-Hyeun und ich hinten auf die Rückbank. Die beiden holen ihre Handys heraus und zeigen mir Fotos von Omma. Auch ich ziehe meins hervor. Damit habe ich noch im Sommer ein paar Bilder gemacht. Auf einem sind Omma und Appa zu sehen, die fröhlich in die Kamera lachen. Ich finde es sehr schön und zeige es den beiden. So-Hyeun streichelt liebevoll über den Bildschirm, sagt etwas auf Koreanisch und fängt wieder an zu weinen. Sie schüttelt den Kopf, schaut mich an und sagt wieder: »So plötzlich. Omma stirbt so plötzlich.«

Als die Männer den Sarg aus dem Bus heben und ihn neben Getränke und Lebensmittel auf die Ladefläche eines kleinen Lkws setzen, steigen wir aus dem Wagen aus. Es ist ein merkwürdiges Bild. Es scheint mir so, als sei der Sarg nur eine Fracht, die von einem Ort zu einem anderen transportiert wird. Der Lkw ist dreckig, und ich finde nicht, dass es das richtige Fahrzeug für eine Beerdigung ist. Mir kommt das alles unwürdig vor. In solchen Momenten wird mir wieder einmal klar, wie deutsch ich mich fühle und wie schwer es mir manchmal noch fällt, die koreanische Kultur zu verstehen. Ich versuche, sie so gut es geht zu achten und meine Gedanken für mich zu behalten. Ich möchte meine Familie schließlich nicht verletzen.

Jetzt setzt sich der Lkw in Bewegung. Uh-Chan hält sich ein großes Porträt von Omma vor sein Gesicht und führt so den Trauerzug an. Wir anderen gehen alle hinter dem Sarg her. Eine Tante nimmt meine linke Hand, So-Hyeun, die neben Sin-Young geht, meine rechte. Als ich mich umsehe, stelle ich fest, dass der Pfarrer und die Gemeindemitglieder gar nicht mehr bei uns sind.

Der Lkw fährt zwar nicht schnell, aber legt doch an Geschwindigkeit zu, und so kommen wir kaum hinterher. So-Hyeun trägt drei Mäntel übereinander, einen Mundschutz und einen dicken Schal und geht sehr langsam. Man könnte meinen, sie sei eine betagte alte Dame, die bei jedem Schritt umzufallen droht. Ich frage meine Schwester, ob ihr noch immer kalt sei. Meine Tante erklärt mir, in Korea werde sehr darauf geachtet, dass Frauen nach der Niederkunft immer schön warm gehalten werden.

Ein Weg führt uns später in einen Wald hinauf. Schnaufend stapft jetzt jeder für sich voran, und wir haben so gar nichts mehr von einer Trauergemeinschaft. Endlich erreiche ich nach fünf Minuten einen Lkw, der wie ein Imbisswagen aussieht. Ich nehme an, dass es jetzt nicht mehr weit ist und wir uns hier später zum Essen zusammenfinden werden. Der Wagen ist unterhalb eines steilen Pfades geparkt und Tischchen sind um ihn herum aufgebaut. Ein Onkel deutet mir den weiteren Weg die Anhöhe hinauf. Ich raffe meine Trauertracht hoch, damit ich nicht auf sie trete, und marschiere weiter. Meine Schwestern sind weit hinter mir. Wer wohl den Sarg hier heraufschleppen wird?

Oben angekommen erblicke ich auf einer Lichtung einen Bagger. Bauarbeiter schaufeln noch das Grab. Irritiert schaue ich mich um. Überall karge Erde, hier wächst kaum ein Grashalm; der Platz hat so gar nichts von einer beschaulichen Grabstätte, geschweige denn von einem Friedhof. Vom Rand der Lichtung aus blicke ich auf den See am Fuße des Berges hinunter, das gefällt mir. Es ist eine friedliche Stimmung inmitten der Berge, so entrückt und ganz ohne den Lärm der Stadt.

Am Ende des Pfades sind ebenfalls ein paar Tischchen und Hocker aufgebaut. Es stehen Getränke und Snacks bereit – und dann entdecke ich daneben auf einem Tisch das Foto meiner Mutter und die Blumen aus dem Altarraum. Ich ermahne mich, nicht allzu kritisch zu sein, und sehe ungeduldig nach, wo denn meine Schwestern bleiben.

Kurz nachdem So-Hyeun, Sin-Young und die anderen Familienmitglieder auf der Lichtung angekommen sind, tragen Bauarbeiter den Sarg in Richtung Grabstätte. Wir Trauernden stehen rund um das nun fertig ausgehobene Erdloch. An sechs Kordeln lassen die Männer den Sarg wankend in das Erdloch hinab. Teilweise mit Zigaretten im Mund stehen die restlichen Arbeiter daneben. Das Ganze ist befremdlich und hat für mich nichts Würdevolles, wie so vieles an der Zeremonie. Nachdem der Sarg im Loch versenkt ist, klettern die Männer in die Grube. Sie versuchen, ihn mittig im Loch zu platzieren und schieben ihn mal nach rechts und mal nach links.

Plötzlich beginnen sie, gegen den Sarg zu hämmern, und ich schaue erschrocken meine Familie an. Doch niemand außer mir scheint sich zu wundern. Was haben die Männer bloß vor? Im nächsten Moment heben sie auch schon den Deckel an.

O Gott! Was tun die jetzt?, schießt es mir verzweifelt durch den Kopf. Nachdem ich die Leichenwaschung gesehen habe, rechne ich mit dem Schlimmsten und möchte mich am liebsten abwenden.

Ich gehe einen Schritt zurück, will auf keinen Fall einen Blick in den Sarg werfen. So-Hyeun und Sin-Young hingegen drängen vor in Richtung Sarg, werden jedoch von einem Onkel zurückgehalten. Dann wird der Deckel ganz vom Sarg abgehoben. Einer der Arbeiter bückt sich tief in den Sarg hinein. Mir wird schlecht. Was soll das?

Toilettenpapierrollen fliegen plötzlich durch die Luft, sie haben offenbar im Sarg gelegen. Meine Mutter muss von Papier bedeckt gewesen sein, so viele Rollen kommen zum Vorschein. Mir ist klar, dass sie zur Stabilisierung des Leichnams während des Transports in den Sarg getan wurden, aber warum gerade Toilettenpapier?

Hätten sie es doch nur dringelassen! Keiner von uns hätte es je erfahren.

Wenn ich daran denke, wie andächtig die Beerdigungen in Deutschland vollzogen werden … Wann wird meine Mutter endlich ihre Ruhe finden?

Die Bauarbeiter rufen sich laut etwas zu. Schlimmer kann es jetzt nicht mehr werden.

Doch, es kann. Ich traue meinen Augen nicht, als ein Bauarbeiter plötzlich Erde in den geöffneten Sarg schaufelt. Er hört gar nicht mehr auf. Meine Schwestern beginnen zu weinen, und auch mir strömen wieder Tränen über das Gesicht. Mir bleibt beinahe das Herz stehen, als der Arbeiter Sekunden später in den Sarg steigt! Er tritt kraftvoll die aufgefüllte Erde fest. Anders gesagt: Er trampelt auf unserer Mutter herum!

Wieder will ich schreien: »Aufhören! Sofort aufhören!«

Und wieder scheint keiner der anderen mein Empfinden zu teilen. Heute schreit nicht einmal jemand laut auf. Dabei finde ich dieses Vorgehen noch unerträglicher als die derbe Waschung.

Noch immer stampft der Bauarbeiter von vorn nach hinten durch den Sarg. Als wolle er mir meine Grenzen ganz genau aufzeigen, nimmt er jetzt auch noch eine Schaufel zu Hilfe und klopft die Erde damit fest. Für mich ist das kaum noch auszuhalten!

Erst als der Sarg randvoll mit Erde ist, setzen die Männer den Deckel wieder darauf und füllen nun das Grab bis zur Höhe des Deckels auf, sodass eine glatte Fläche entsteht. Dann verbeugen sich die Trauergäste tief vor dem Sarg, fast bis zum Boden. Ich verneige mich ebenfalls, immerhin so tief, wie ich in meiner Tracht komme.

Als ich mich wieder aufrichte, hilft einer der Männer Appa in die Grabstätte. Appa steht auf dem Sargdeckel und verteilt Erde und Blumen darauf. Dabei laufen ihm wahre Tränenbäche über die Wangen. Jetzt sind meine Schwestern an der Reihe. Sie halten ihre Trachten hoch wie Schürzen, und man schaufelt Erde hinein. Danach schreiten auch sie über den Sarg und verteilen die Erde. Plötzlich lässt sich So-Hyeun fallen und schreit laut auf.

Wird von mir ebenfalls erwartet, dass ich in das Grab steige? Das kann niemand von mir verlangen, geht es mir durch den Kopf, und als mich jemand von hinten auf den Sarg schubsen möchte, halte ich dagegen und sage nachdrücklich: »*No!*« Dann nehme ich Erde in meine rechte Hand. Ich möchte mich auf meine Art von meiner leiblichen Mutter verabschieden, wünsche mir einen Abschied, der auch für mich würdevoll ist.

Ruhig stelle ich mich vor das Grab und schicke meiner Mutter liebevolle Gedanken. Dann werfe ich die Erde auf den Sarg.

Der brummende Motor des Baggers hallt durch den Wald. So-Hyeun, Sin-Young und ich sitzen erschöpft auf einem Hügel und sehen stumm und weinend zu, wie die Bauarbeiter das Grab mit Erde füllen. Mit der Schaufel des Baggers drückt der Baggerfahrer die Erde nach unten.

Die anderen Trauergäste sind inzwischen zu dem Imbisswagen hinuntergegangen, wo es ein warmes Mittagessen geben soll. Ich will nicht einmal an Essen denken.

Die Sonne strahlt vom Himmel, und ich blinzle ihr entgegen. Dann schließe ich für einige Minuten die Augen und versuche mich zu sammeln, doch die vielen Bilder in meinem Kopf machen mich nur noch unruhiger, und ich öffne die Lider wieder. Die Bauarbeiter haben damit begonnen, über dem Grab einen Hügel aufzuschütten. In der Mitte steckt jetzt ein Stab, und um diesen Stab herum häufen sie gleichmäßig die Erde auf und klopfen sie fest. Jetzt holen die Arbeiter Grasbüschel, die sie in einiger Entfernung deponiert haben, und pflanzen sie auf den Hügel. Ich frage So-Hyeun, was genau die Schriftzeichen auf dem Grabstein bedeuten.

»Vorn steht Ommas Name, an der Seite der Todestag und auf der Rückseite ein Psalm aus der Bibel und unsere Namen. Auch der Name von Ulsan-*man*«, erklärt sie.

»Nach deiner Heirat kommt auch der Name von deinem Mann darauf«, sagt Sin-Young und fügt dann lächelnd hinzu: »Aber das ist schwierig, weil der Name von deinem Freund langer Name …«

Die Zeit verstreicht, und ich nehme an, dass bald eine volle Stunde vergangen sein muss. »Lasst uns auch etwas essen gehen«, schlägt Sin-Young vor.

Vor dem Lastwagen sitzen die Verwandten und Freunde von Omma und Appa. Sie unterhalten sich, manche essen noch, andere trinken heißen Kaffee. Sie wirken wie eine Wandergruppe, die gerade eine Pause eingelegt hat. Ich habe immer noch keinen Appetit, werfe aber trotzdem einen Blick in den Suppentopf: In der Brühe schwimmt reichlich Fleisch. Das ist also ohnehin nichts für mich. Doch meine Schwestern bestehen darauf, dass ich wenigstens Reis und Salat nehme. Und es tut dann auch gut, ein wenig im Magen zu haben, bevor wir nach dem Essen alle gemeinsam wieder hinauf zur Lichtung gehen.

Der Grabhügel ist fast fertig, die Arbeiter sind aber noch damit beschäftigt, die Erdfläche um den Hügel herum weitläufig mit Gras zu bepflanzen. Ich wundere mich über die Größe der Grabstätte und erzähle meinen Schwestern, wie klein deutsche Gräber dagegen angelegt werden.

»Platz ist für uns alle«, erklärt Sin-Young. »Wenn Appa einmal stirbt, dann bekommt er hier auch ein Grab.«

Als der Hügel von Gras umsäumt ist, tragen die Arbeiter zwei schwere Marmorplatten zum Grab, die in der Nähe bereitlagen. Die eine sieht aus wie ein kleiner Altar, und die andere ist der Grabstein. Als die Platten befestigt sind, legt So-Hyeun Ommas Bibel auf den Marmoraltar, und Sin-Young dekoriert die Blumen dazu; schließlich stellt So-Hyeun das Bild von Omma in die Mitte, und alle Anwesenden werden auf einen Schlag wieder sehr andächtig und traurig. Mir kommt es beinahe so vor, als hätten meine Schwestern den anderen durch das Aufstellen des Bildes ein geheimes Zeichen gegeben, »Achtung, jetzt kollektiv trauern!« … In Korea gibt es nun einmal viele Verhaltensregeln, und die müssen schließlich koordiniert werden. Selbst wenn ein naher Angehöriger stirbt, sollen Gefühle anscheinend nicht individuell der Persönlichkeit entsprechend gezeigt werden, sondern eher rituell und gemeinschaftlich. Ich werde in Deutschland noch einmal genauer recherchieren, was die koreanischen Beerdigungsrituale bedeuten und wie Trauer hier gelebt wird. Dann werde ich vielleicht besser verstehen, was um mich herum passiert. Ich habe diesen Gedanken noch nicht zu Ende gedacht, da geschehen auch schon die nächsten wunderlichen Dinge.

Während die Trauergemeinde im Halbkreis um den Hügel steht, tritt der älteste Bruder meiner Mutter vor das Grab und schreit auf einmal laut auf, streckt die Hände gen Himmel, stößt einige Klagelaute aus und winkt uns weinend heran. Wir sollen das Grab umrunden und es berühren. Und schon setzen sich alle in Bewegung, und ich kann mich nicht einmal unauffällig zurückziehen, sondern muss mitgehen. Um mich herum wird laut geklagt und geweint, Hände greifen in Richtung Grab, tätscheln es, als wäre es unsere Mutter persönlich. Und ich mittendrin, eine Beobachterin, eine Fremde. Wie gern würde ich schweigen und in Ruhe meinen Gedanken an Omma nachhängen …

Nach dieser zweitägigen Bestattungszeremonie kommen wir am späten Nachmittag in der Wohnung unserer Eltern in Pohang an, und ich blicke mich erst einmal um. Omma ist nicht mehr hier, denke ich immer wieder. Dabei habe ich das Gefühl, sie müsste jeden Moment aus einem der anderen Zimmer herausschauen und uns lächelnd etwas zurufen. An der Wand hängen die gewohnten Bilder, die Möbel sind dieselben, aber es sieht chaotischer aus als noch im Sommer, Bücher liegen herum, Kleidung hängt in Stapeln über Möbelstücken, von denen man nicht mehr viel sieht, Tüten mit Medikamenten stehen verstreut in der Wohnung, und zwei abgebrochene Regalböden warten darauf, wieder befestigt zu werden. Sicher sind Appa und Sin-Young gar nicht mehr dazu gekommen, sich neben den Krankenhausbesuchen und der Pflege von Omma groß um die Wohnung zu kümmern.

Uh-Chan ist die Woche über in Seoul auf der Militärakademie, und So-Hyeun lebt mit Mann und Baby in ihrer ersten eigenen Wohnung und hat sicher genug mit ihrem eigenen Haushalt zu tun. Wer sollte also regelmäßig aufräumen und sauber machen?

Vor lauter Müdigkeit kann ich bald keinen klaren Gedanken mehr fassen, und ich frage, ob ich mich ein wenig hinlegen darf. Ich freue mich, als mich Sin-Young in ihr Zimmer, das ehemalige »Mädchenzimmer«, führt, in dem das große Bett steht. Wenig später liege ich unter der Decke und falle in einen tiefen Schlaf, aus dem ich erst zwei Stunden später wieder erwache.

Ich höre meine Schwestern und Appa miteinander reden, mein Vater weint, und nach einer Weile beginnen auch meine Schwestern zu schluchzen. Zwischendurch wird wieder gesprochen. Sicher tauschen sie Erinnerungen an Omma aus … Ich möchte dabei sein.

Ich finde die drei im Zimmer unserer Mutter – weil Appa so sehr schnarcht, hatte Omma ein eigenes Zimmer zum Schlafen. Meine Schwestern legen gerade ein paar Kleider zusammen. So-Hyeun lächelt mich an und reicht mir einen lila Seidenschal und die rosafarbene Mütze, die ich unserer Mutter in Deutschland geschenkt habe.

Ich blicke So-Hyeun fragend an.

»Für dich, Ha-Young. Omma mag die Sachen sehr. Trägt sie oft.«

Mochte die Sachen, trug sie oft, korrigiere ich in Gedanken traurig und nehme beides entgegen, nachdem So-Hyeun ihre Nase noch einmal tief in den Schal gedrückt hat.

»Riecht wie Omma.«

Wir setzen uns auf den Boden, nehmen Appa zwischen uns.

Während wir so dasitzen, sehe ich noch einmal die Szenen an Ommas Sarg vor mir.

»Deutsche Beerdigungen sind ganz anders«, sage ich leise. »Ich habe nicht verstanden, warum die Männer Ommas Sarg öffnen mussten.«

So-Hyeun und Sin-Young zucken mit den Schultern.

»Das ist koreanische Tradition«, erwidert So-Hyeun unsicher. Dann erklärt sie, dass die Beerdigung unserer Mutter auch für sie und Sin-Young die allererste Beerdigung gewesen sei, an der sie teilgenommen hätten.

Appa blickt uns neugierig an, und So-Hyeun übersetzt ihm, worüber wir sprechen.

Gleich darauf sprudelt es aus Appa hervor, und er gestikuliert wild mit seinen Armen. So-Hyeun übersetzt, dass die Graberde nach einiger Zeit wohl nach unten sacken werde und der Leichnam so geschützter im Sarg liege.

Hm. Ich bin mir nicht sicher, ob das die einzige Erklärung sein kann. Ein bisschen fühle ich mich wie ein kleines Kind, das Erwachsene nach Dingen fragt, auf die diese zwar selbst gar keine Antworten haben, aber dennoch eine geben möchten.

Es dämmert bereits, als Uh-Chan hereinkommt und fragt, ob wir ihn bei einem Spaziergang am Meer begleiten. Die Familie ist früher fast jeden Abend gemeinsam am Meer spazieren gegangen, wie So-Hyeun erzählt. Ich lehne ab, bin noch zu k.o., und es ist mir auch zu kalt draußen, aber Sin-Young geht mit.

Als die beiden fort sind und Appa sich ins Wohnzimmer gesetzt hat, frage ich So-Hyeun, ob sie denn ihr Baby nicht vermisse.

»Ich vermisse Omma«, antwortet sie.

»Aber die Kleine braucht dich doch bestimmt …«, entgegne ich.

»Aber Chongbu Omma« – so wird die Schwiegermutter genannt – »passt gut auf Baby auf.«

»Das ist aber nicht dasselbe«, hake ich vorsichtig nach.

»Das ist schon o.k.«

Ich beschließe, es so stehen zu lassen. Ich finde es schade, dass das Baby noch immer keinen Namen hat, aber ich sage nichts, denn in Korea scheint es nichts Besonderes zu sein. Und wenn man trauert, fällt die Namenssuche sicher auch nicht leicht.

Ich sehne mich nach dem bequemen Bett und sage So-Hyeun und dann auch Appa Gute Nacht. Mein Vater sitzt bei laufendem Fernseher vor dem großen Wohnzimmerfenster, schaut nach draußen und weint. Er tut mir so leid! Ich knie mich neben ihn und streichle ihm über die Schulter. Könnte ich ihm doch jetzt etwas Tröstendes sagen! Aber mir bleibt nur, eine Weile bei ihm zu sitzen. Er nimmt meine Hand, blickt mich an, versucht zu lächeln.

Später liege ich allein in dem großen Bett in Sin-Youngs Zimmer und muss an meine allererste Nacht hier denken, als Omma neben mir nach meiner Hand griff. Ich rolle mich vor Traurigkeit eng zusammen und versuche, die Tränen hinunterzuschlucken. Ich wäre jetzt am liebsten zu Hause, aber mit meinem Ticket muss ich mindestens sieben Tage in Korea verbringen, sonst wird es teurer. Ich hatte vor dem Flug noch gedacht, ich würde vielleicht länger hierbleiben und So-Hyeun mit dem Baby helfen, aber jetzt habe ich einfach das Verlangen, mit jemandem über meine Gefühle, meine Eindrücke zu sprechen. Mit den Gedanken abwechselnd bei Bernhard, Mama und Papa und dann wieder bei Omma und meinen Schwestern schlafe ich irgendwann ein.

Am nächsten Tag ist es uns allen ein großes Bedürfnis, immer wieder von Omma zu sprechen. Meine Schwestern erzählen noch einmal ausführlich, wie Ommas letzte Stunden verlaufen sind, was sie noch zu wem gesagt hat, wie sie dasaß in ihrem Bett und wie sie dann so »plötzlich« starb. Und immer wenn ihnen die englischen Vokabeln fehlen, spielen sie mir Szenen vor oder zeigen mit Gesten, was sie nicht ausdrücken können. Sie berichten, dass unsere Mutter nicht einmal mehr die Kraft gehabt habe, allein zur Toilette zu gehen. Mir vorzustellen, wie hilflos Omma in den letzten Wochen ihres Lebens geworden ist, macht mich noch trauriger. Ommas Sterben mitzuerleben hat meine Schwestern belastet, dennoch haben die beiden alles für sie getan, was ihnen möglich war. Das ist bestimmt ein tröstendes Gefühl in dieser schweren Zeit.

So-Hyeun bittet uns am Nachmittag, sie in Ommas Zimmer zu begleiten, wo ein Stapel sorgfältig zusammengelegter Kleidung auf einem Hocker liegt. Ich sehe sofort, dass die blaue Hose dabei ist, die unsere Mutter sehr oft getragen hat, außerdem ein Pulli, Socken, ein BH …

»Morgen gehen wir zu Ommas Grab. Der Pastor und die Gemeindemitglieder gehen mit uns. Wir verbrennen dort Ommas Lieblingskleider.«

Ich wundere mich zwar, frage aber nicht nach und betrachte Sin-Young, die liebevoll über jedes einzelne Kleidungsstück streicht, bevor sie es in eine kleine Tasche packt. Danach geht sie zu dem Kleiderschrank unserer Mutter, ein sehr schöner koreanischer Schrank aus hellem Holz mit perlmuttbesetzten Tierfiguren als Verzierung, Vögel und Schmetterlinge vor allem.

»Omma hat nie viel neue Kleider, hat nur eine Tasche und zwei Paar Schuhe.«

Die beiden zeigen mir, dass Omma in dem Schrank viele alte und aufgetragene Kleidungsstücke verwahrt hat, und blicken mich traurig an.

»Omma will Geld nur für Familie. Für Erziehung und Ausbildung von uns Kindern. Und schöne Kleidung für Kinder.«

Dass Omma die anderen immer wichtiger waren als sie sich selbst, das habe ich auch schon oft gedacht. Sie schien sich stets aus tiefstem Herzen zu freuen, wenn sie etwas Schönes für ihre Kinder kaufen konnte.

Appa geht plötzlich stumm zum Schrank hinüber und greift eine Jacke heraus, die er sich vors Gesicht presst. Mit der Jacke noch vor dem Gesicht beginnt er zu schluchzen. Die Trauer scheint ihn immer wieder zu überrollen. Erneut stehe ich hilflos daneben und weiß nicht, was ich für ihn tun kann.

Auf andere Gedanken kommen wir erst, als wir mit So-Hyeun in ihre Wohnung fahren, damit ich endlich das Baby sehen kann.

Die Wohnung meiner Schwester liegt im 12. Stock eines großen Apartmenthauses, und als wir mit dem Aufzug oben ankommen, empfängt uns Ulsan-*mans* Mutter, eine zierliche, kleine Dame in Bluse und Trainingshose – die Ärmste hat schließlich den kompletten Haushalt meiner Schwester zu schmeißen und sich vor allem ums Baby zu kümmern.

Sin-Young erklärt mir später: »Wenn Baby kommt, koreanische Frauen müssen für sechs bis acht Wochen relaxen. Höchstens kochen sie mal oder versorgen das Baby.«

»Aber warum? Sie sind doch nicht krank!«, entgegne ich perplex.

»Ha-Young, nach der Geburt eines Babys müssen koreanische Frauen viel schlafen und ausruhen, sonst werden sie krank.« Sin-Youngs Blick erlaubt keinen Widerspruch, dennoch wage ich mit einem Schmunzeln zu erwidern: »In Deutschland machen auch frischgebackene Mütter ihren Haushalt, kümmern sich manchmal um zwei, drei Kinder und das Neugeborene gleichzeitig, und sie werden nicht krank.«

Jetzt schauen mich meine beiden Schwestern entgeistert an. Sie zweifeln ernsthaft an meiner Aussage und einigen sich schließlich darauf, bei *korean women* sei das dann anscheinend genetisch bedingt.

»Wenn du Baby bekommst, musst du auch sechs Wochen relaxen. Sonst nichts, nur relaxen«, erklärt Sin-Young.

Ich lache, Koreanerinnen scheinen das Wort »Wochenbett« wörtlich zu nehmen, und entgegne, dass mein Mann das sicher nicht mitmache und dass in Deutschland auch die Großmütter meist noch berufstätig seien.

Sin-Young reißt ungläubig die Augen auf, und ich füge noch hinzu: »Okay, ich könnte relaxen, wenn du für die sechs Wochen nach Deutschland kommst und dich für mich um meinen Haushalt kümmerst.« Da muss auch Sin-Young grinsen und stupst mich liebevoll in die Seite.

Meine Nichte hat jetzt schon dichtes dunkles Haar, große dunkelbraune Augen und – wie sollte es auch anders sein – eine niedliche, kleine »koreanische« Nase. Sie ist so winzig, dass man beinahe nur die beiden Nasenlöcher sieht.

Jetzt erst überreiche ich meine Mitbringsel für meine Nichte, ein rosa Jäckchen mit Hose und passenden Söckchen mit zwei kleinen weißen Bommeln, ein kleines Kuscheltuch mit einem Mäusekopf und eine rosa Rassel. Meine Schwester ist völlig begeistert und gerührt von den Geschenken. Und für einen kurzen Moment strahlt sie über das ganze Gesicht. Sie sagt, sie werde es nur noch waschen und der Kleinen dann so schnell wie möglich anziehen.

Während wir die Kleine bestaunen, fängt sie plötzlich an zu weinen, und meine Schwester macht ihr ein Fläschchen. Alles Wichtige hierfür befindet sich auf einem kleinen Tisch im Schlafzimmer, vier Fläschchen, dazu eine große Thermoskanne mit warmem Wasser und eine Dose mit einem Löffel, in der das Milchpulver aufbewahrt wird.

Sin-Young darf unserer Nichte die Flasche geben. Die Kleine hat anscheinend Hunger und zieht kräftig. Nach dem Bäuerchen fängt sie jedoch wieder an zu weinen. Ich hole die Spieluhr, die ich schon vor der Geburt aus Deutschland geschickt hatte, und lasse sie »Guten Abend, gut Nacht ...« spielen, und meine Nichte beruhigt sich tatsächlich sofort. Doch nach einer Weile fängt sie erneut an zu jammern, und So-Hyeun riecht an ihrem Po und stellt mit sichtbarem Schrecken fest, dass ihre Tochter wohl gerade in die Windel gemacht hat. Etwas hilflos blickt sie sich um. Schließlich legt sie sie hin, zieht sie unten herum aus, öffnet dann die Windel ... und zögert. Nach kurzem Austausch mit Sin-Young trägt sie die Kleine mit nacktem Hinterteil ins Badezimmer, hält sie über die Badewanne, nimmt den Duschkopf und braust sie ab. Ich beobachte alles und mische mich nicht ein, obwohl ich vom Babysitten einige Erfahrung mit dem Windelwechseln habe.

Aber es ist auch kein Wunder, dass So-Hyeun so unbeholfen ist, wenn die Schwiegermutter bis jetzt fast die ganze Arbeit übernommen hat. So kann So-Hyeun nicht gerade gut in ihre Aufgaben als junge Mutter hineinwachsen.

Nach dem Wickeln ist das Baby wieder vergnügt, und wir haben alle Spaß beim Anblick des süßen Geschöpfs, das gar nicht breit genug lachen kann.

Wie schön wäre es, wenn Omma jetzt bei uns sein könnte! Genau das scheint auch So-Hyeun zu denken, denn sie verpasst der Kleinen plötzlich einen sanften Klaps und sagt ärgerlich: »Omma sieht Baby nur schlafend, nur mit geschlossenen Augen ...«

Zum Glück stört sich die Kleine nicht an den Worten ihrer Mutter und lacht mit uns anderen weiter.

Am nächsten Tag bringen wir die Kleidungsstücke unserer Mutter, Getränke, eine Kiste Mandarinen und kleine koreanische Süßigkeiten für die Gemeinde sowie wunderschöne gelbe Rosen zu Ommas Grab. Meine Schwestern erklären, dass wir nach der Verbrennung mit der Gemeinde ein kleines Picknick machen würden. Doch es kommt weder zu der geplanten Kleiderverbrennung noch zu dem Picknick, weil es dem Pfarrer zu windig ist. Überhaupt hat an diesem Tag der Pfarrer das Sagen, und er bestimmt auch, dass mein Vater stattdessen alle Gemeindemitglieder in ein teures Fischrestaurant einzuladen hat.

Appa hat viel, viel Geld für Ommas Medikamente und Krankenhausaufenthalte ausgegeben und ist im Moment sicher nicht gut in der Lage, mal eben ein Essen für zwanzig Leute zu bezahlen. Doch er widerspricht nicht.

Während wir später auf das Essen warten, beginnt der Pfarrer, mit englischen Einschüben etwas über Deutschland und über Europa zu erzählen, und alle hören ihm interessiert zu. Dieser »heilige« Mann ist mir unsympathisch. Er hat mich bisher strikt ignoriert und noch kein Wort mit mir gewechselt, geschweige denn mich begrüßt. Ich finde auch nichts Freundliches, Herzliches in seinem Blick. Doch alle Anwesenden begegnen ihm mit großer Ehrfurcht.

Als wir später zu den Autos gehen, verteilt Appa noch die Mandarinen und die Getränke an die Gemeindemitglieder und an den Pfarrer. Ich verstehe das nicht, frage mich, warum wir es nicht wieder mit nach Hause nehmen, schließlich ist das Obst in Korea nicht billig.

»Als Dank für Besuch von Ommas Grab«, erklärt Sin-Young mir später.

Wieder einmal kulturelle Unterschiede, die ich nicht so ganz nachvollziehen kann. Für mich wären es entweder Freunde, die gern zum Grab meiner Mutter gehen, um sich noch einmal persönlich von ihr zu verabschieden, oder eine Delegation der Gemeinde, die nur aus Höflichkeit mitkommt, der man dann aber auch nicht danken muss.

Wieder zurück in Pohang setzen wir Schwestern uns noch in das Zimmer unserer Mutter, wo es schön warm ist und wir uns auf dem Boden noch zusätzlich unter drei Wolldecken aneinanderkuscheln. Hier fühlen sich die beiden besonders nah bei unserer Mutter, denn hier hat Omma die letzten Monate vor dem Krankenhausaufenthalt verbracht.

Sin-Young erzählt, wie Omma im Sommer traurig am Fenster gesessen und den blauen Himmel und die Sonne betrachtet habe. Sie hat sich sehr gewünscht, draußen spazieren gehen zu können, aber es wäre zu anstrengend gewesen, und die Stadtluft war auch zu belastet für ihre empfindliche Lunge.

»Konntet ihr keinen Rollstuhl besorgen und sie in den Wald fahren?«, frage ich vorsichtig.

»Nein, Omma wollte auf keinen Fall in einen Rollstuhl.«

Ich nicke, denn ich kann mir gut vorstellen, warum sie lieber in ihrem Zimmer saß, als draußen umhergeschoben zu werden: Sie war zu stolz.

»Ha-Young, es ist wirklich ein Wunder, dass wir dich gefunden haben«, sagt Sin-Young auf einmal unvermittelt. »Omma weint jede Nacht, weil sie nicht weiß, wo du bist. Und dann bist du im Fernsehen. Omma freut sich so sehr. Aber sie ist auch schrecklich traurig, weil sie dich nicht aufwachsen sieht.«

Es versetzt mir einen Stich, dies zu hören, und ich sage: »Aber ich habe Omma doch immer gesagt, dass es wohl einfach Schicksal war und wir die Uhr nicht zurückdrehen können. Mir ging es stets gut, sie sollte nicht immer traurig sein. Ich war doch sehr glücklich, sie überhaupt gefunden zu haben.«

»Ja, ja, wir wissen das, aber Omma fühlt sich immer schlecht.«

Und So-Hyeung fügt hinzu: »Omma bekommt den Krebs, weil sie sich immer schlecht fühlt. Omma weint so viel in ihrem Leben, weil sie ein Kind verliert. Als sie hört, dass du lebst, aber nicht weiß, wo, spricht Omma ein Jahr lang kein Wort. Geht jeden Tag allein in die Berge. Omma bekommt den Krebs nur, weil sie immer traurig war und Angst um dich hat.«

Ich weiß, dass meine Schwestern nicht mir die Schuld an Ommas Krankheit geben. Doch in diesem Moment bin ich sehr betroffen. Wie sehr habe ich mir gewünscht, dass Omma ihre Trauer ablegt! Doch es ist mir nicht gelungen, ihren Schmerz zu lindern.

Plötzlich höre ich mich sagen: »Ich glaube Gyeongju Halmôni nicht. Sie sagt, dass sie mich zu einer reichen Frau geben wollte, aber nur nach wenigen Tagen weiß niemand mehr, wo ich bin. Das ergibt doch keinen Sinn.«

Ich habe ausgesprochen, was mir schon seit ein paar Monaten durch den Kopf geht. Bis zu diesem Abend habe ich die Fragen und Gedanken zu meinem Lebensanfang immer wieder verdrängt, obwohl ich schon lange das Gefühl habe, dass die Großmutter aus welchen Gründen auch immer nicht die Wahrheit sagt. Es ist mir unerklärlich, wie ein Baby einfach so von einem auf den anderen Tag abhandenkommen kann. Sie hätte doch die Freundin dieser Frau, bei der sie mich gelassen hatte, einfach nur fragen müssen, wem oder wohin sie mich gegeben hat. Jemand muss mich doch willentlich vor dem Kinderheim ausgesetzt oder dort abgegeben haben.

»Ein Baby geht doch nicht einfach so auf der Straße verloren, wie ein paar Handschuhe …«

»Aber Ha-Young, Gyeongju Halmôni verliert dich nicht. Sie gibt dich einer Freundin, die dich zu reicher Frau bringt. Du weißt doch, Appa hat kein Geld und keine Arbeit und wir leben in einer kleinen Wohnung. Gyeongju Halmôni denkt an Zukunft, will Gutes.«

»Das ist nicht der Punkt«, erkläre ich. »Ich kann nachvollziehen, warum sie mich weggeben wollte. Aber …«

»Ha-Young, nach wenigen Tagen will Gyeongju Halmôni dich zurückholen. Sie ändert ihre Meinung. Aber du bist nicht bei der reichen Frau. Sie hat dich weggegeben. Hat Streit mit ihrem Mann.«

»Ich kenne diese Geschichte«, sage ich und bin nun doch ärgerlich, dass meine Schwestern anscheinend nicht sehen können, was an der Sache unglaubwürdig ist. »Aber ein Baby kann nicht einfach verloren gehen. Das ist meine Meinung. Warum sollte die reiche Frau Gyeongju Halmôni nicht gesagt haben, wo sie mich hingegeben hat?«

Ich habe den Eindruck, dass meine Schwestern sich gar keine eigene Meinung bilden möchten, sondern das glauben und nachsprechen, was die Älteren, die vermeintlichen Respektspersonen, vorsagen.

So füge ich noch trotzig hinzu: »Wisst ihr, ich denke, dass Gyeongju Halmôni diese beiden Frauen, die Freundin und die reiche Frau, nur erfunden hat. Ich nehme an, dass sie mich aussetzte oder zum Kinderheim in Gyeongju brachte, schließlich lebt sie in der Nähe.«

Ich bin nach diesen offenen Worten ein bisschen über mich selbst erschrocken, denn ich weiß, dass es nach koreanischer Sitte nicht angemessen ist, dass ich so über unsere Großmutter spreche. Aber es schwirrt mir so lange durch den Kopf und muss endlich einmal raus. Jetzt beobachte ich genau die Gesichter meiner Schwestern und bemerke, wie sie unsicher überlegen, was sie entgegnen können.

Und dann schlage ich vor, dass wir doch einfach die Großmutter anrufen, sie freundlich mit meinen Zweifeln konfrontieren und sie noch einmal fragen, ob sie sicher sei, dass sich die Geschichte damals so ereignet habe.

»Nein, Ha-Young«, rufen meine Schwestern jetzt entrüstet wie im Chor.

Und So-Hyeun fügt schnell hinzu: »Die Großmutter ist doch viel zu alt für solch eine Aufregung. Wir dürfen sie nicht mit solchen Dingen belasten.«

Obwohl ich mit solch einer Antwort gerechnet habe, bin

ich enttäuscht. Es fällt mir schwer zu begreifen, dass meine Schwestern nicht verstehen können, warum ich so gern wissen würde, was in den ersten Tagen nach meiner Geburt tatsächlich passiert ist.

Und nach diesem Gespräch grüble ich noch eine ganze Weile, ob ich wohl je die Möglichkeit bekommen werde, meine Großmutter dazu zu bewegen, mir die Wahrheit, meine Wahrheit zu erzählen.

Es ist schon seltsam: Jetzt bin ich meiner Geschichte auf die Spur gekommen und habe viel mehr über mich erfahren, als ich es mir je erhofft hatte, und doch kann ich nicht die ganze glaubhafte Wahrheit über meine ersten Lebenstage, darüber, wer mich nun vor dem Kinderheim ausgesetzt hat, herausfinden. Es fällt mir schwer, mich damit abzufinden, dass ich vielleicht nie erfahren werde, was damals genau passiert ist – obwohl es einen Menschen gibt, der die Antworten kennt.

Meine Schwestern sprechen mich nach diesem Abend nicht mehr auf die Sache an, und auch ich halte mich mit weiteren Fragen zurück. Ich möchte auf keinen Fall eine Auseinandersetzung provozieren, schließlich haben wir alle genug mit der Trauer um Omma zu tun, wir müssen zusammenhalten und uns gegenseitig stärken, einen Streit können wir jetzt ganz und gar nicht gebrauchen.

Besonders um Appa mache ich mir von Tag zu Tag mehr Sorgen. Er hat nichts, womit er sich ablenken könnte, Appa hat in den letzten Jahren beinahe nur noch für Omma gelebt, sie gepflegt und umsorgt: Sie war sein ganzer Lebensinhalt. Ohne sie muss ihm das Leben nun völlig sinnlos erscheinen. Ich versuche, ihn so oft wie möglich zu trösten, und streiche ihm hin und wieder über den Rücken oder nehme ihn in den Arm. Zu Beginn unseres Kennenlernens habe ich es eher vermieden, Appa so nah zu kommen. Doch die Trauer verbindet uns. Auch seine Art zu trauern ist mir vertraut, denn er zieht sich wie ich eher zurück. Schon bei der Beerdigung war er der Einzige der engeren Familie, der nicht in lautes Klagen ausgebrochen ist, sondern leise geweint hat.

Die Abreise naht, und ich denke darüber nach, meinen Flug zu verschieben, um Appa und meinen Schwestern noch einige Zeit beizustehen. Doch dann horche ich noch einmal in mich hinein und spüre, dass ich jetzt selbst gut Beistand vertragen könnte. Ich habe zwar nicht meine Mama verloren wie meine koreanischen Geschwister. Meine Mama lebt in Köln und wartet auf mich, um für mich da zu sein, um mich zu trösten. Aber ich habe dennoch viel Traurigkeit in mir, habe den Menschen verloren, der mir das Leben schenkte. Ich sehne mich nach langen Gesprächen mit meinen Eltern und meinen Freunden, denen ich alles anvertrauen und mit denen ich über meine Gefühle sprechen kann. Darüber, welcher Schmerz einen befällt, wenn man die wiedergefundene leibliche Mutter so schnell verliert.

Ich fühle mich von meiner koreanischen Familie keineswegs unverstanden oder alleingelassen, nein, im Gegenteil. Sie sind unglaublich herzlich zu mir und zeigen mir stets aufs Neue ihre Liebe. Aber ihre Kultur unterscheidet sich sehr von der, in der ich aufgewachsen bin, sodass ich mich in ihr nicht selbstsicher bewegen kann und mich manches auch zurückschrecken lässt.

Ich bin Ommas und Appas Tochter, ich bin eine Tochter von Koreanern. Aber ich bin und bleibe auch Europäerin und das Kind von Martina und Gerd Schinkel. Ich lerne die Unterschiede der beiden Kulturen, zu denen ich gehöre, immer besser zu verstehen, kann mich durch meine biologischen Wurzeln der koreanischen Kultur sozusagen von innen nähern – und ich hoffe im Laufe der Zeit zu lernen, noch besser Brücken zu schlagen. Und ganz vielleicht schaffe ich es sogar, doch noch ein paar Antworten zu finden …

Bevor ich abreise, überreiche ich meiner Familie ein Kuvert mit einem höheren Geldbetrag, den ich nach Rücksprache mit Mama und Papa von der Bank geholt habe. Wir – meine Eltern, Jannik, Tante Monika, Onkel Franz und ihr Sohn Daniel – wollen es mit der koreanischen Tradition halten und wie die anderen Angehörigen der Familie nicht nur unsere Anteilnahme ausdrücken, sondern uns ebenfalls angemessen an den Kosten dieser Beerdigung beteiligen. Ich weiß, dass Appa das Geld nicht annehmen möchte, und gehe behutsam vor. Aber als er es immer wieder ablehnt, sage ich: *»Appa, we family. Germany family love Omma. Germany family love you. We want help. Only little help. That's ok.«*

Ihm laufen vor Rührung Tränen über die Wangen, und ich streiche ihm tröstend über die Schulter.

Ich bin glücklich, dass er das Kuvert endlich annimmt!

Kurz darauf müssen wir Abschied nehmen, aber ich weiß, wir sehen uns bald wieder. Dann kann meine kleine Nichte wohl schon laufen und vielleicht ja sogar ein paar Worte plappern.

»Sarang hae, Ha-Young!«

»Sarang hae, Onni! Sarang hae, Appa!«

Ich drehe mich im Gehen immer wieder um und sehe Appa und Sin-Young winken.

Dann bleibe ich noch einmal stehen und mache mit den Armen »Ommas Herz« über dem Kopf. Ich bin traurig und muss dennoch lächeln.

Noch viele Wochen nach der Beerdigung habe ich, wenn ich an Omma denke, immer nur diese schrecklichen Bilder von der Leichenwaschung und der Grablegung vor Augen. Ich kann sie nicht einfach aus meinem Kopf löschen und habe mich deshalb mit Jin-Ah verabredet, die mir einiges über die koreanischen Beerdigungsrituale erzählen möchte und mir Material aus der Uni besorgt hat. Ich hoffe, dass ich so mehr Verständnis und Distanz entwickle.

Jin-Ah erklärt, dass die koreanischen Bräuche rund um den Tod und die Beerdigung von Angehörigen maßgeblich durch die Ahnenverehrung bestimmt sind, wie sie Konfuzius lehrte. »Ich kenne zwar nicht alle Bräuche, aber ich weiß zum Beispiel, dass sobald der Tod eines nahen Menschen eingetreten ist, Koreaner weinen, schreien und klagen dürfen – obwohl sie leidenschaftliche Gefühle sonst eher unterdrücken müssen. Doch bei einem Todesfall wird von uns in gewisser Weise sogar erwartet, dem schmerzlichen Verlust Ausdruck zu geben.«

Jin-Ah berichtet weiter, dass es in Korea als schlechtes Omen gilt, einen Toten heimzubringen. »Wenn ein Angehöriger also im Krankenhaus verstorben ist, dann wird er selbstverständlich dort aufgebahrt, und die Totenwache wird auch dort gehalten.«

Während Jin-Ah Einzelheiten zur Vorbereitung eines Leichnams für die Beerdigung beschreibt, laufen mir leise Schauer über den Rücken, und die Bilder von Ommas leblosem Körper, die mich jetzt wieder einholen, machen es mir schwer, mich auf die Worte meiner Freundin zu konzentrieren. Dann erfahre ich einige rituelle Feinheiten, die ich bei Ommas Beerdigung entweder gar nicht wahrgenommen oder als besonders grob empfunden habe, und mein Interesse an diesen Details hilft mir endlich, die Erinnerungsbilder wieder zu vertreiben. »Der in Hanf gekleidete Leichnam muss dem Brauch nach siebenmal mit einem Seil umwickelt werden«, höre ich. Für mich war es ein bloßes Verschnüren, ein Fesseln gewesen. Auch der kleine Altar mit Ommas Bild und Schriftstücken von ihr war genau so hergerichtet, wie Jin-Ah es beschreibt. Wie ich mir schon dachte, ist die Zeremonie sowohl der Totenwache als auch der Beerdigung bis ins Kleinste festgelegt.

»Auch wenn die traditionelle dreijährige Trauerzeit heute nicht mehr gilt«, erklärt Jin-Ah weiter, »ist es in Korea immer noch üblich, das Grab eines Ahnen regelmäßig aufzusuchen und Grabrituale durchzuführen – einfache Andachten, aber auch längere Erinnerungszeremonien. Und nur wenn solche Andachten abgehalten werden, kann die Familie ins normale Leben zurückfinden, heißt es.«

»Die symbolischen Gesten sind in Korea viel wichtiger als bei uns«, stelle ich fest. »Aber wo bleibt denn da noch Platz für die ganz persönliche Trauer?«

Jin-Ah zuckt die Schultern. »Inzwischen werden von manchen Familien auch schlichtere Bestattungsriten gepflegt. Aber selbst Familien, die zum christlichen Glauben konvertiert sind, legen die traditionellen Zeremonien nicht unbedingt ab. Und dass so viel Wert auf die Gemeinschaft gelegt wird, kommt noch vom alten Konfuzius, dem war wichtig, dass die Gemeinschaft und vor allem die Gesellschaft reibungslos funktioniert. Nur dass er dafür die Älteren und die Männer über die Jüngeren und die Frauen stellte. Diese hierarchische Struktur ist heute zum Glück überholt.«

Jin-Ah drückt mir zum Abschied noch jede Menge Kopien in die Hand, Aufsätze, die sie mir rausgesucht hat. Ich bin froh, dass ich jetzt die Möglichkeit habe, meine Erfahrungen noch einmal neu zu sortieren.

Ich sehe mir jetzt oft Fotos von Omma an und versuche, die anderen Bilder in meinem Kopf endgültig loszuwerden. Und ich bin froh, dass ich inzwischen nicht mehr weinen muss, wenn ich von Omma erzähle. Mir geht es ganz allmählich etwas besser, und ich hoffe, dass auch meine koreanische Familie irgendwann wieder nach vorn schauen kann. Natürlich haben sie es viel schwerer als ich, und ihre Trauer wird sicher noch einige Zeit ihr Leben bestimmen.

Ich rufe regelmäßig in Korea an, spreche mit meinen Schwestern und erkundige mich nach Appa. Er möchte mir einen Brief schreiben, aber Sin-Young sagt, dass er darüber immer schrecklich traurig wird. Er schreibt jeden Tag und kommt doch nicht weiter, weil er immerzu weinen muss. Es erinnert mich an meinen Brief, den Brief, den ich Omma geschrieben habe und auch nie beenden konnte …

Ich weiß, dass Appa, wenn er mir schreibt, natürlich auch an Omma denkt. Ommas und meine Geschichte sind schließlich dicht verwoben, auch wenn wir nur wenige gemeinsame Jahre hatten … Sin-Young berichtet, Appa versuche Arbeit zu finden, um sich abzulenken. Aber vielleicht benötigt er auch noch mehr Zeit, um sich dem Leben wieder zuzuwenden.

Doch auch in Korea geht das Leben weiter. Meine Nichte hat inzwischen einen Namen bekommen: Na-Yuen. Sie wächst und gedeiht zusehends; ich bekomme regelmäßig Fotos geschickt. So-Hyeun beklagt ihr Gewicht, und Ulsan-*man* verwöhnt sie, wo er nur kann. Ein wenig Sorgen mache ich mir noch um Sin-Young, die nun mit unserem Vater allein in der Wohnung der Familie lebt, das Geld verdient und kaum Möglichkeiten haben wird, das Leben einer jungen Frau von Mitte 20 zu leben. Ich wünsche mir für sie, dass sie sich mehr um sich kümmert und nicht nur für die anderen da ist.

Sin Young schreibt mir in einem Brief:

Alles was seit unserem Treffen geschehen ist, kommt mir wie ein Traum vor. Die deutsche Familie, die so viel Freude und so viel Leid mit uns teilt, ist für mich ein sehr, sehr wertvolles Geschenk. Omma ist zwar nicht mehr bei uns, aber sie blickt vom Himmel auf uns schützend herunter.
Lass uns all das in guter Erinnerung behalten.

Auch mir ist es wichtig, die Erinnerung lebendig zu halten. Und ich trage jetzt öfter Ommas lila Seidenschal. Immer mal wieder bekomme ich gesagt, wie schön der Schal sei und dass mir der kräftige Ton gut stehe. Dann entgegne ich stolz, dass ich ihn von meiner koreanischen Mutter bekommen hätte. Überhaupt spüre ich jetzt erst, wie wichtig meine Spurensuche für mich war. Auch wenn ich vorher glücklich war – ich habe durch die letzten Jahre sehr viel hinzugewonnen und verstanden, was es heißt, Freude und Lust am Leben zu haben. In den strahlenden Augen meiner Mutter konnte ich lesen, wie sehr sie das Leben liebte, wie sehr sie um ihr Leben gekämpft hat – um ihrer Familie, ihrer Kinder willen, die alles für sie bedeuteten. Erst durch Omma habe ich richtig schätzen gelernt, was es heißt, eine Familie zu haben, die einen liebt und auf die man sich immer verlassen kann.

Sie hat Jannik beim ersten Treffen wie einen Sohn aufgenommen, meine deutschen Eltern waren für sie ein Teil der Familie … »*Germany Mama and Papa*« … Und auch Bernhard hat sie sogleich in ihr Herz geschlossen. Durch sie habe ich erkannt, wie wertvoll Toleranz und Offenheit sind. War ich auch des Öfteren überfordert von »der koreanischen Art«, so lehrte mich die Toleranz meiner leiblichen Familie, auch selbst offener zu sein und Befremdliches lieber noch einmal wertfrei anzuschauen, statt es sogleich in eine Schublade zu stecken. Dieser letzte Punkt verwundert mich im Nachhinein besonders. Schließlich würde man doch von mir, die ich in einem westlichen Land aufgewachsen bin und bei einigen weiten Reisen bereits fremde Kulturen kennen gelernt habe, erwarten, dass ich Übung darin habe, Toleranz zu zeigen. Aber wenn ich ganz ehrlich bin, habe ich den Eindruck, dass meine koreanische Familie, die bis zum Besuch bei uns noch nie ein anderes Land bereist hatte, mir in puncto Toleranz ein paar Längen voraus ist.

In dieser Hinsicht möchte ich also sehr gern eine gute koreanische Tochter werden!

Wenn mich aber nun einer fragt, wie viel Koreanerin denn in mir steckt, dann muss ich dennoch sagen: Nicht so viel. Die Nase, ja. Die Augen, ja. Mein Äußeres ist unverkennbar koreanisch. Aber ich fühle mich nach wie vor westlich. Ich frage mich immer mal wieder, wie ich mich wohl entwickelt hätte, wenn ich in Korea aufgewachsen wäre. Doch auf diese Frage werde ich nie eine Antwort finden, und das ist auch nicht schlimm. Lediglich diese kleine biografische Lücke – zwei, drei Tage in meinem Leben wie ein blinder Fleck – macht mir immer mal wieder zu schaffen. Dann will ich unbedingt wissen, was damals wirklich geschah. Und da ich schon so viel herausbekommen habe, meine ich manchmal, auch diese letzte Tür tatsächlich aufstoßen zu können. Doch so einfach ist das nicht … Und deshalb verwerfe ich diese fixe Idee wieder und konzentriere mich auf das, was mir Halt gibt:

Ich bin Anneli, als Tochter von Lee Sang-Suk und Chun Sang-Gun in Korea geboren, im Alter von vier Monaten nach Deutschland adoptiert und seitdem Tochter von Martina und Gerd Schinkel.

Ich bin glücklich, dass ich meine große Familie habe: zwei Mütter, zwei Väter, vier Geschwister und einen Freund, mit dem ich glücklich bin – und, wer weiß, vielleicht in einigen

Jahren eine eigene kleine Familie gründen werde. Ich habe zwei Geburtstage und einen Ankunftstag. Wer kann sich schon an drei Tagen feiern lassen? Ich weiß, dass ich ein Wunschkind war, ein richtiges Wunschkind, sozusagen viermal gewünscht. Meine koreanischen Eltern freuten sich auf mich, und meine deutschen Eltern haben mich ebenfalls lang ersehnt. Als ich mich im Frühjahr 2003 auf die Suche nach meinen Wurzeln gemacht habe, stand der Wunsch im Vordergrund, meine leibliche Mutter zu finden. Ich habe sie gefunden – und noch weit mehr dazugewonnen!

Schlusswort

Als ich gefragt wurde, ob ich die Geschichte von der Suche nach meinen Wurzeln nicht aufschreiben möchte, habe ich mich daran erinnert, wie wenige Bücher ich selbst zum Thema grenzüberschreitende Adoptionen und Spurensuche von Adoptierten aus dem Ausland gefunden habe. Lediglich einzelne Erfahrungsberichte habe ich im Internet entdeckt. Ich hätte sehr gern mehr von anderen Adoptierten gelesen, wollte wissen, welche Gefühle sie hatten, ob ich mich in ihren Gedanken wiederfinden konnte.

Seitdem ich meine »Nadel im Heuhaufen« gefunden habe, werde ich immer wieder gefragt, wie es mir jetzt geht und was sich gegenüber früher verändert hat. Es gibt also auch bei anderen diesen Wissensdrang. So kam es, dass ich mich eines Tages tatsächlich entschloss, meine Geschichte niederzuschreiben.

Viele Adoptierte haben Angst vor der Suche nach der leiblichen Familie. Ich kann diese Angst verstehen. Mit meiner Geschichte möchte ich zeigen, dass selbst ein Findelkind das Glück haben kann, Licht ins Dunkel der eigenen Biografie zu bringen. Ich möchte anderen Adoptierten Mut machen, es auch zu wagen, das Geburtsland – womöglich ein völlig fremdes Land – zu bereisen und sich von den Spuren in die eigene Kindheit zurückführen zu lassen. So eine Reise fällt natürlich nicht leicht, viele Gefühle können einen überrollen, nicht zuletzt, wenn niemand aus der leiblichen Familie zu finden sein sollte. Aber es sind überwältigende Erlebnisse, durch die Straßen zu wandeln, in denen man gefunden wurde, das Kinderheim zu besuchen, in dem man mehrere Tage, Wochen oder Monate lebte, Erzieherinnen zu treffen, die vermutlich ein Mutterersatz waren, Gerüche und Geräusche aufzunehmen, die man vielleicht als Kleinkind schon wahrnahm. Eine Reise in die unbekannte Vergangenheit kann helfen, Antworten auf Fragen zu finden, die einem wichtig sind. Wer bin ich? Wie koreanisch, brasilianisch oder indisch usw. bin ich? Und wenn man seine leiblichen Eltern tatsächlich findet: Wem sehe ich ähnlich?

Ich möchte mit meiner Geschichte aber auch den Adoptiveltern Mut machen, die Suche ihres Kindes zu verstehen und vielleicht sogar zu unterstützen. Ich möchte ihnen zeigen, dass dies nicht bedeuten muss, dass sie ihr Kind »verlieren«, dass es sie als Eltern in Frage stellt oder ablehnt. Man sollte Vertrauen haben in die jahrelange Beziehung, die Nähe und die Liebe zwischen (Adoptiv-)Eltern und Kind.

Doch jede Adoptionsgeschichte ist anders, nicht alle verlaufen glücklich, und jeder Adoptierte muss seinen ganz persönlichen Weg finden.

Auch wenn ich mich im Fernsehen oder in einem Chat über meine Geschichte geäußert habe, waren die Reaktionen oft völlig unterschiedlich. Selbstverständlich nehmen nicht alle einfach nur Anteil und wollen mehr zu den Hintergründen erfahren. Ich hoffe, dass dieses Buch verständlich macht, warum ich meinen Weg so und nicht anders gegangen bin und auch in Zukunft weitergehen möchte. Und ich wünsche mir, dass diejenigen, die bisher nicht mit demThema Adoption in Berührung gekommen sind, einen Eindruck von den Fragen bekommen, die einen Adoptierten ein Leben lang begleiten. Dass sie einen Eindruck bekommen, wie wichtig die Frage nach den eigenen Wurzeln sein kann.

Die Arbeit an diesem Buch ist mir phasenweise auch schwergefallen. Mit zeitlichem und räumlichem Abstand sieht man manches anders als im Moment des Erlebens. Während des

Schreibens wurden Personen und Situationen vor meinem inneren Auge wieder lebendig, ich durchlebte manches noch einmal. Mir wurde klar, wie viel Persönliches und Familiäres ich preisgebe. Natürlich wollte ich dabei niemanden verletzen, niemanden bloßstellen, und so musste ich oftmals abwägen, was ich erzähle. Manchmal gab es skurrile Situationen, die ich dennoch aufgeschrieben habe, gerade um zu zeigen, wie schwierig es sein kann, sich zwischen zwei Kulturen zu bewegen, die sich so wenig ähneln. Für jemanden wie mich, der mit westlichen Werten und Vorstellungen groß geworden ist, hat so mancher koreanische Brauch und so manche Konvention etwas Befremdliches. Eine fremde Kultur kennen und verstehen zu lernen bedarf eben mehr als eines zweiwöchigen Seminars.

Wenn mich heute jemand fragt, ob ich Auslandsadoptionen befürworte, dann kann ich das nicht einfach mit Ja oder Nein beantworten. Für mich persönlich sehe ich es als Glück an, dass ich »eine Schinkel« geworden bin. Ich hatte eine schöne Kindheit, die ich nicht missen möchte, und bin meinen Eltern für vieles sehr dankbar: welche Freiräume sie mir ließen, wie sie mich zu einer lebensfrohen, selbstständigen Frau erzogen haben, wie sie über all die Jahre Korea in unser Familienleben integrierten. So gehen wir bis heute jedes Jahr zur Feier meines Ankunftstages gemeinsam koreanisch essen.

Ich lebe gern in Deutschland. Und dennoch bin ich zwiespältig, denn zugleich ist meine innere Zerrissenheit niemals zu kitten: Mit meinem asiatischen Aussehen gelte ich in Deutschland immer als »Ausländerin«, in Korea wiederum werde ich wegen meines westlich geprägten Auftretens und meiner Sprache nicht als »echte« Koreanerin akzeptiert. Daher ist es meiner Meinung nach am besten, Waisenkindern in ihrem Geburtsland eine Familie zu suchen oder aber ihr Aufwachsen im Heim mit Direkthilfen zu unterstützen. Schließlich geht es um das Wohl der Kinder, und nicht jedem Kind tut man etwas Gutes, wenn man es aus seinem Kulturkreis herausreißt. Eine Adoption aus einem armen Land kann viele Chancen bieten, aber sie birgt eben auch Probleme. Zumal die Babys und kleinen Kinder nicht gefragt werden können, aber es ihr Leben ist, über das entschieden wird.

Allen Adoptierten und ihren Eltern wünsche ich viel Kraft, Liebe und Zuversicht auf ihrem Weg.

Eine wichtige Reise an den Ausgangspunkt des Lebens
Ein Nachwort von Maria Holz

Anneli bat mich, ein Nachwort zu ihrem Buch zu schreiben, und ich komme diesem Wunsch gerne nach.

Seit 28 Jahren arbeite ich als Sozialpädagogin im Adoptionsreferat von terre des hommes und mache vor allem in den letzten 10 bis 15 Jahren die Erfahrung, wie wichtig es für die einzelnen Adoptierten ist, mehr über ihre Herkunft und Vergangenheit in ihrem Geburtsland zu erfahren. Insgesamt wurden durch die Adoptionsvermittlungsstelle des Vereins ca. 2800 Kinder, davon über 1800 aus Korea vermittelt. Seit Beendigung der Vermittlungsarbeit 1995 umfasst die Adoptionsarbeit bei terre des hommes u.a. die nachgehende Begleitung von Adoptierten und ihren Familien in Form von Beratungsgesprächen und Seminaren für Adoptierte und Familien insgesamt. Bisher hat terre des hommes im Rahmen dieser Arbeit zehn Reisen in die Herkunftsländer von Adoptierten mit fachlicher Begleitung durchgeführt.

Anneli wurde im Juli 1982 in Südkorea geboren und kam wenige Monate später, im November, zu ihren Eltern nach Deutschland. Seit Beendigung des Beratungs- und Auswahlverfahrens für die Eltern im Frühjahr 1982 besteht der Kontakt zu ihrer Familie und ist nach ihrer Adoption nicht abgerissen, was sicherlich auch mit dem starken ehrenamtlichen Engagement der Eltern bei terre des hommes zu tun hatte. Auf diese Art und Weise habe ich mal in kürzeren, mal in längeren Abständen Annelis und später auch Janniks Entwicklung miterleben können.

Auch für mich war Anneli aufgrund der vorhandenen Unterlagen ein Kind, über dessen Freigabe zur Adoption nichts bekannt war. Also musste man annehmen, dass sie ausgesetzt worden war. Informationen über Korea und die Einbeziehung des Herkunftslandes in das Alltagsleben waren in ihrem Elternhaus selbstverständlich, sodass Anneli im Gegensatz zu vielen anderen Adoptierten über viel Wissen verfügte, ihr – wie sie selber schreibt – diese Angebote eher schon manchmal zu viel wurden.

Wie viele andere Adoptierte machte sich Anneli Gedanken über ihre leiblichen Eltern. Und wie bei vielen anderen tauchte im jungen Erwachsenenleben verstärkt der Wunsch auf zu erfahren, wer ihre leiblichen Eltern sind.

Irgendwann reichen Filme, Bilder oder Bücher über das Geburtsland nicht mehr aus, die Wünsche werden – wie ich bei vielen anderen Adoptierten ebenfalls im Lauf der Jahre erfahren konnte – immer drängender, selbst ins Land zu fahren. Und wenn schon nicht die leiblichen Eltern gefunden werden können, müssen sie wenigstens das Heim oder die Stadt kennen lernen, in der sie gelebt haben oder aufgefunden wurden.

Der Wunsch der Adoptierten ist es, die eigene Lebensgeschichte zu komplettieren und weitere Puzzleteile dazuzubekommen; sie möchten sie so wie andere Menschen auch von Anfang an kennen. So wie Anneli ihre Gründe beschreibt, ist es mir auch von anderen Adoptierten bekannt.

Viele machen sich auf den Weg, meist im Erwachsenenalter, um ihre Lebensgeschichte zu vervollständigen. Für die Fragen der Identitätsfindung ist es ein wichtiger Prozess herauszufinden: bin ich Deutsche oder ist vielleicht doch einiges koreanisch, indisch oder vietnamesisch an mir? Anneli beschreibt dies in ihrem Buch sehr gut und gibt damit das Empfinden vieler anderer Adoptierter wieder.

Für mich ist ihre Geschichte sehr bewegend und gleichzeitig ungewöhnlich. Anneli hat das große Glück gehabt, obwohl über ihre Vorgeschichte nichts bekannt war, durch die Fernsehsendung ihre leibliche Familie zu finden. In der Re-

gel braucht man in Korea eine Identitätsnummer, um den Aufenthalt bestimmter Personen ausfindig zu machen; der Name alleine reicht nicht aus. Und in ihrem Fall war nichts von beidem bekannt. Derartig Ungewöhnliches wird sich wohl nicht wiederholen lassen. Auch ich hatte die Freude, Anne-
lis leiblicher Familie während einer Koreareise mit anderen Adoptierten zu begegnen. So konnte ich sehen, dass die Freude, diese Tochter wiedergefunden zu haben, für die Familie immer noch überwältigend war und aus ihren Gesichtern strahlte. Für einige aus der Gruppe, denen es nicht vergönnt war, leibliche Angehörige zu finden, ergab sich eine Art Stellvertretersituation, sich hineinzudenken, wie es wohl wäre, wenn auch sie ihre Eltern finden könnten. Obwohl es vielen Adoptierten nicht gelingt, bei einer Reise in ihr Geburtsland leibliche Angehörige zu finden, beschreiben sie doch, dass die Besuche an Orten und Plätzen, an denen sie gelebt hatten oder aufgefunden wurden, ihnen einen Teil von sich selbst wiedergegeben haben und dadurch ein »schwarzes Loch« aus ihrem Leben verschwand.

Die Erfahrung in der Arbeit mit den Adoptierten zeigt: Je mehr sie über ihre Herkunft und Vergangenheit herausfinden können, desto mehr stärkt es sie und trägt zu ihrer Identitätsfindung bei.

Schon in einer der ersten Broschüren zum Thema Auslandsadoptionen findet sich der vietnamesische Spruch: »Die Vergangenheit muss sein wie ein Fels. Aber nicht einer, den man auf dem Rücken herumträgt, sondern einer, auf dem man steht«.

Maria Holz, terre des hommes, im Juni 2007

Kleines Verzeichnis koreanischer Wörter

Achim-Madang-Show	Name der koreanischen Fernsehsendung
a-ni	Nein
an-young	Hallo
appa	Papa, Vater
chongbu omma	Schwager Mutter
halmôni	Großmutter
nuna	Große Schwester (Anrede des Bruders)
nôlddwigi	Wippe
omma	Mama, Mutter
omoni	Mutter
onni	Ältere Schwester (Anrede der Schwester)
pogo shipda	Ich vermisse dich (für Jüngere, Du-Form)
pogo shipdeo	Ich vermisse dich (für Ältere, höfl. Form)
sarang hae	Ich liebe dich
Yoyûm ôttôhke chinaeshimnikka?	Wie geht es Ihnen?

Danksagung

Ich möchte mich herzlich bei Sylvia Gredig bedanken, mit der ich viele Stunden über meine Geschichte gesprochen, Bilder und Videofilme angesehen habe, damit sie eine genaue Vorstellung von meinen beiden Familien bekam. Ohne ihre große Hilfe würde dieses Buch sicher nicht so sortiert, so schön, so lebendig sein. Sie hat mir geholfen, auf Grundlage meines Manuskripts meine Geschichte in einer gut lesbaren Form niederzuschreiben.

Vielen Dank möchte ich unseren koreanischen Freunden aussprechen. Lieber Bum-Goo, ohne dich wäre ich vermutlich nie in die KBS-Show gekommen. Sie war der Schlüssel zu meiner koreanischen Familie.

Jie-Oun und Kum-Hwa waren von meiner ersten Koreareise an für mich da. Sie haben uns ihre Heimat gezeigt, mich in familiärer Nähe begleitet und waren stets eine große Hilfe, längst nicht nur als Übersetzer in den TV-Sendungen. Ganz besonders möchte ich meiner Freundin Se-In danken, die so unermüdlich übersetzt hat! Was hätte ich nur ohne ihre Hilfe gemacht? Und Sun-Young, die ihre Freundschaft zu meiner Mutter Martina so herzlich auf mich übertragen hat.

Ich danke all meinen lieben »Übersetzern« in Deutschland, die mir helfen, mit meiner koreanischen Familie längere Briefwechsel zu führen: Jong-Hee Kim, Soun-Kyoung Beck, Julia und Mi-Ja Kim-Kern. Ein ganz besonderer Dank geht an meine Freundin Nanja Braun-Müller!

Ein lieber und herzlicher Dank gilt meinen engsten Freunden. Sie haben sich vom Sommer 2003 an mit mir gefreut, sie waren für mich da, als Omma krank wurde, sie haben mir zugehört, Mut gemacht und standen immer hinter mir. Sie ermutigten mich in Durststrecken des Schreibens und haben mir als Probeleser mit vielen Tipps geholfen.

Besonders in den schweren Stunden, bevor ich zur Beerdigung von Omma flog, waren sie für mich da, haben mir über diese Entfernung per Mail und Handy viel Trost gespendet und hätten mich gerne »Tomatensaft trinkend« auf dem langen, schweren Flug begleitet. Auch wenn ich alleine flog, fühlte ich mich in Gedanken nicht alleingelassen. Danke an A., C.!

Vielen Dank möchte ich auch meinem Literaturagenten Lars Schultze und meiner Lektorin Susanne Haffner aussprechen, die von Anfang an immer an dieses Buch geglaubt haben und mich mit aller Kraft unterstützten, sowie der Verlagsgruppe Lübbe: Ich habe mich gleich herzlich aufgenommen gefühlt.

Herzlichen Dank an meine große deutsch-koreanische Familie und ganz besonders an Bernhard! Ihr seid alle Teil dieser Geschichte.

Die ereignisreiche und hoch emotionale Suche nach den eigenen Wurzeln vor dem exotischen Hintergrund Indiens

Asha Miró
TOCHTER DES GANGES
Eine junge Frau auf den Spuren ihrer Kindheit in Indien
Erfahrungen
256 Seiten
mit 48 Seiten Bildtafelteil
ISBN 978-3-404-61573-5

»Ich möchte so gerne Eltern haben« – die fünfjährige Asha fragt immer wieder bei den Schwestern des Waisenhauses in Bombay, wann sie wohl eine echte Familie haben würde. Schließlich wird sie von einem Ehepaar in Barcelona aufgenommen, das bereits ein kleines Mädchen adoptiert hat. Die glückliche Kindheit bei dieser Familie ist ihr höchstes Gut. Eines Tages entschließt sie sich, nach ihrer leiblichen Familie in Indien zu suchen. Sie begibt sich auf ein Abenteuer, an dessen Ende sie die Arme um ihre Verwandten schließen darf. Die Vergangenheit, die sie für immer verloren geglaubt hatte, wird wieder lebendig, und der Kreis um dieses glückliche Leben schließt sich.

Bastei Lübbe Taschenbuch

Es sollte ein Abenteuerurlaub werden – es wurde die Liebe ihres Lebens

Christina Hachfeld-Tapukei
MIT DER LIEBE EINER LÖWIN
Wie ich die Frau eines
Samburu-Kriegers wurde
Erfahrungen
416 Seiten
ISBN 978-3-404-61591-9

Nach dem plötzlichen Tod ihres Mannes reist eine junge Deutsche nach Afrika, um zu vergessen – nicht ahnend, dass dort das größte Abenteuer ihres Lebens auf sie wartet. Sie verliebt sich in einen schönen Krieger der Samburu und wird seine Frau. Fernab jeder Zivilisation, unter den schwierigsten und abenteuerlichsten Bedingungen, lebt sie im wilden Norden Kenias als Stammesmitglied.

Christina Hachfeld-Tapukai erzählt zum ersten Mal ihre außergewöhnliche Geschichte. Ein spannendes, wunderbar geschriebenes Buch, das die Begenung mit einer anderen Kultur beschreibt und von einer unmöglichen Liebe erzählt, die möglich wurde und seit fast zwanzig Jahren hält.

Bastei Lübbe Taschenbuch

MANDSCHUREI
Shenyang
Tonghua
Kimch'aek
NORDKOREA
Dandong
Sinuju
Hamhung
Hungnam
JAPANISCHES MEER
Wonsan
P'yongyang
Namp'o
SORAK-GEBIRGE
Haeju
Naesong
Seoul
Gyeongju
SÜDKOREA
GELBES MEER
Taejon
Pohang
Daegu
Kyongju
Busan
Kwangju
JAPAN